有木昭久著
日本児童遊戯研究所所長

高橋書店

この本を手にとってくださり、ありがとうございます。

あやとりは「いつでも」「どこでも」
「ひとりでも」「おおぜいでも」……
ひもさえあれば、てがるにできる遊びです。
1本のひもでかわいいどうぶつやきれいなけしきが
できあがるのはもちろん、
この本では、あやとりがもっともっと
たのしくてすきになるように
何本ものひもがからみ合うふしぎな作品や
みんなでワイワイもりあがれる遊び方も
しょうかいしています。

ひもから生み出されるさまざまな形、
遊びをぜひおたのしみください。

指先と頭をつかう
あやとりは子どもの力を育みます

こんなに たのしいんだ!!

まずはひもで遊んでみよう

ひもでひとこと

あやとりひもと体をつかって、
みんなをわらわせちゃおう！

何に見えるかな?

あやとりひもをまげたり重ねたり、
すきな形をつくってみよう！

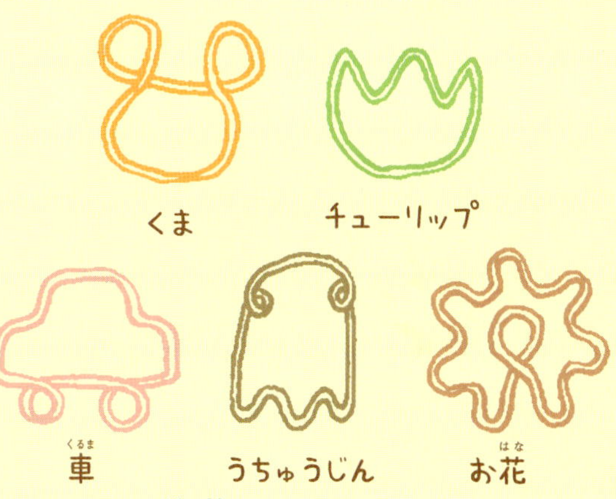

紙の上において、おえかきしてもいいね

この本のとくちょう

ひと目でわかる
オリジナルの
見せ方を考えました

とるひも、外すひもが
色でわかる

作品の
とくちょう
アイコン

「できあがり」が
大きな写真で見られる

人気作品
ランキング

3つの
レベルわけ

作品が
つくられたところ

ひとり・
ひも1本いがいに
ひつようなもの

合体あやとり

人気4位

東京スカイツリー

3人でつくる東京の新名所!!

ふたりの手首にひもをかける

1 両手を外側にむけて回し、—を手首にまきつける

2 両手でべつのひもをつかむ

3 手首の—を外す
注：つかんでいるひもははなさないようにしましょう

4 それぞれの手首を○に上から入れる

5 両手でべつのひもをつかみ、手首の—を外す

6 あと2本のひももも4〜5をくりかえす

7 5本すべてとったら◎が—をつかみ、上に引っぱる

遊び方

からまった5本のひもをのばすと、なわとびに早がわり！

かんたん★

日本(そうさく)

3人・ひも5本

できあがり

※東京スカイツリー・スカイツリーは、東武鉄道（株）・東武タワースカイツリー（株）の登録商標です。

40

41

作品のイメージが
わくイラスト入り

デラックスな
88作品

人気作品ランキングは、読者アンケートおよび編集部調査にもとづくものです。

おまけのつかい方

つくりたい作品や手の大きさに合わせて
ひもの長さをちょうせつしてみてね。
めやすは、子ども用のふつうのひもが 140 ～ 160cm です

❶ そのままむすんで6本のひもをつくる

ほどけにくいむすび方

1 ひもの両はしを
20cm ほど
重ねる

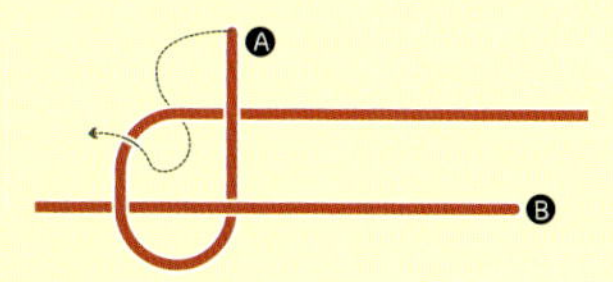

2 Ⓐの先をⒷに
まきつけ、やじるしの
方向に引き出す

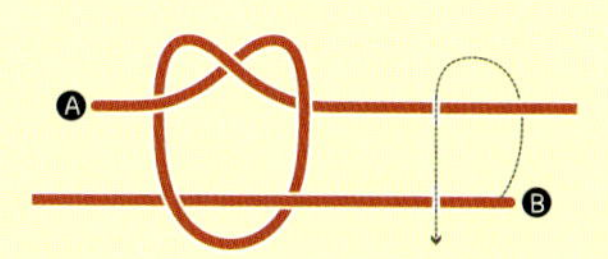

3 Ⓑの先をやじるしの
方向にまきつける

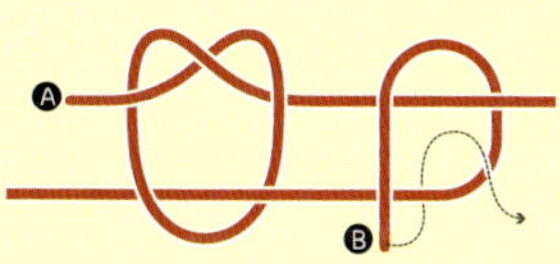

4 Ⓑをやじるしの
方向に引き出す

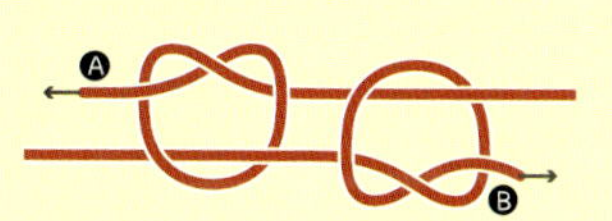

5 左右に引っぱり
むすび目を
きつくしめる

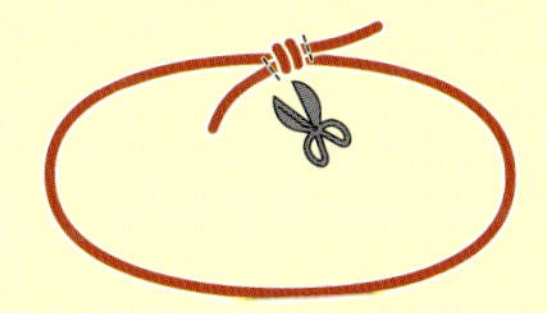

6 ひものはしを
みじかく切る

できあがり

❷ すきな3色でみつあみにする

ひもが長いとからまり
やすいので、紙などに
まいておくといいよ

❸ かぎばりあみして3本をつなげる

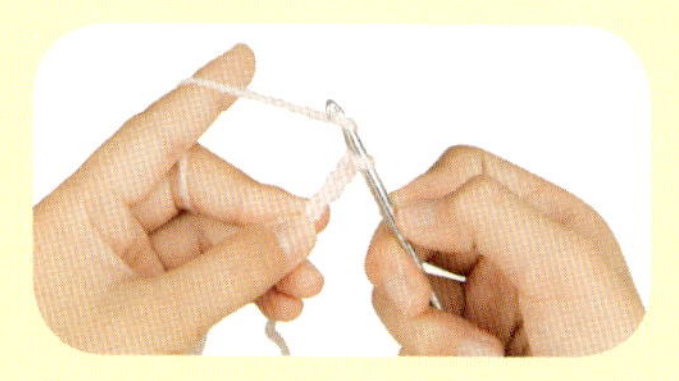

「くさりあみ」をくりかえそう。
1本だとみじかいので、
3本つなげるといいよ

注:7号のかぎばりがてきしています

❹ ビーズを通して目にする

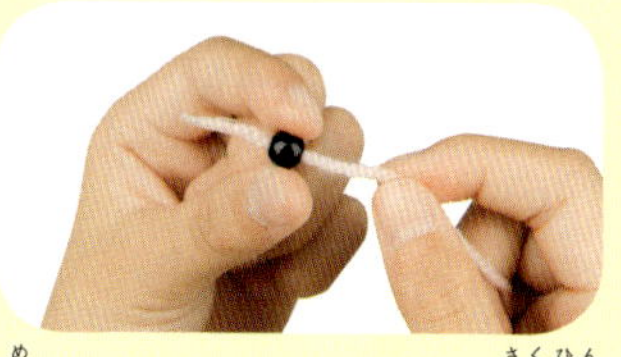

目をつけるとかわいい作品
はP32.44.55.72.76.87.
100.116.118.122を
見てね

もくじ

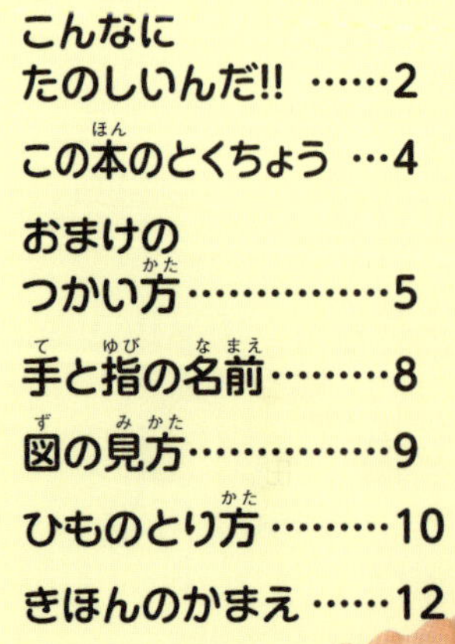

手品あやとり

ひもがぬけたりいどうしたり、おどろきのあやとり

合体あやとり

ひもが2本いじょうからみ合う大作がせいぞろい

ワイワイあやとり

ふたりいじょうでたのしめて、もりあがることまちがいなし

かんたんあやとり

はじめてでもあっという間につくれちゃう

あてっこあやとり

キレイにつくってなんの形かあててもらおう

おはなしあやとり

ストーリーがついているから、みんなに聞かせよう

へんしんあやとり

形がどんどんへんかしていくふしぎな作品

チャレンジあやとり

ちょっとむずかしいけれど、できあがりにはかんどう！

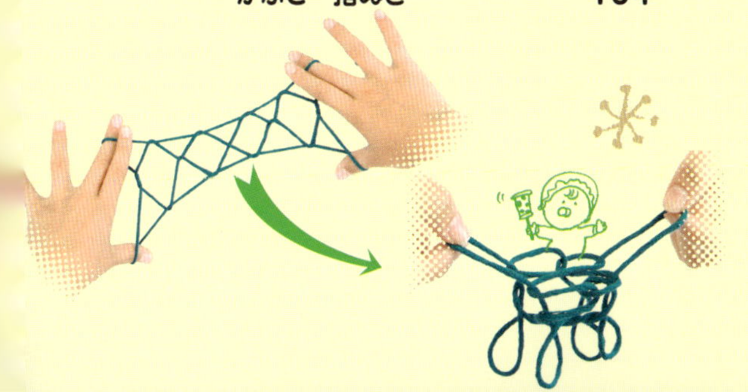

アートディレクション　辻中浩一(Œuf)
ブックデザイン　辻中浩一・吉田帆波(Œuf)
モデル　高橋岳大くん、高橋玲帆ちゃん
写真　田原朋子
イラスト　のだよしこ、坂川由美香
編集協力　田中絵里子
校正　株式会社鷗来堂

手と指の名前

作品をつくる前に、手や指のよび方をおぼえておきましょう。とるときは、はらとせにちゅういします。

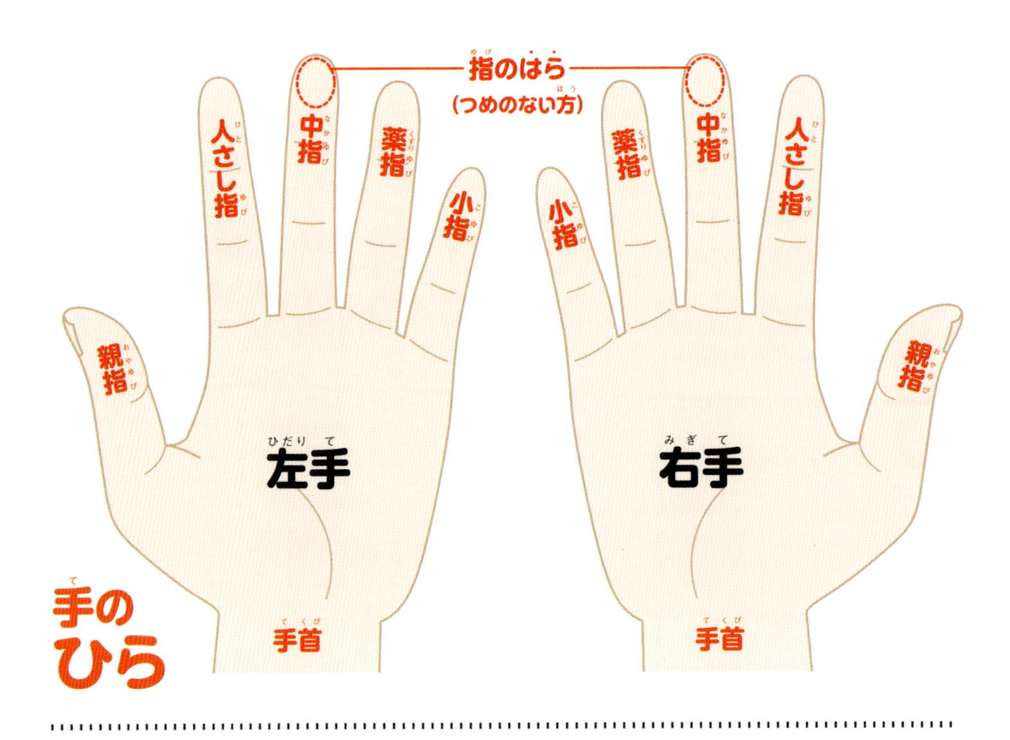

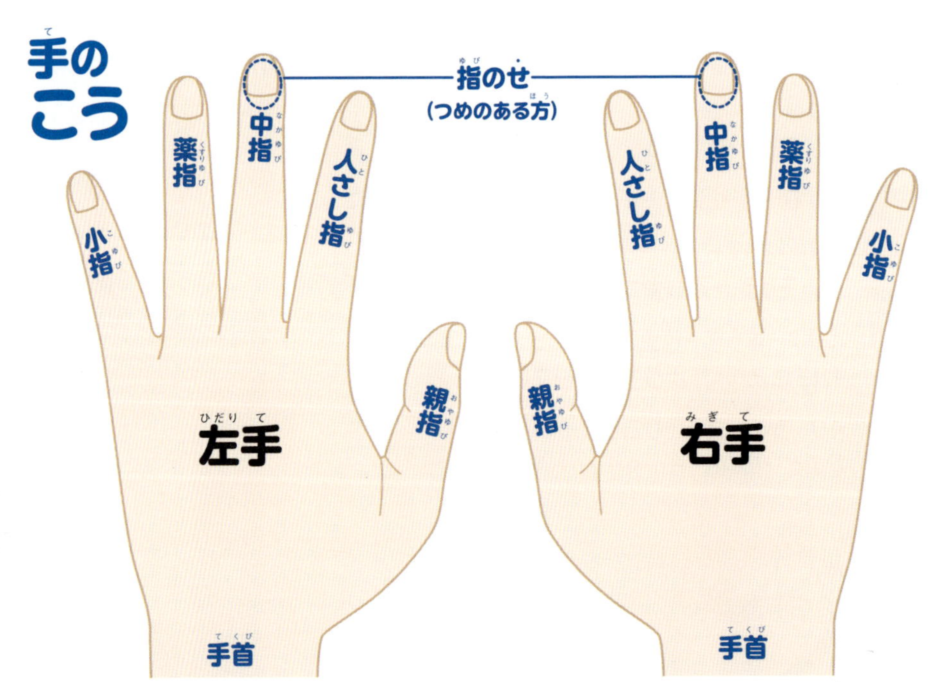

図の見方

この本でつかっている図の見方とうごき方です。わかりやすく色ややじるしをつかってせつめいしているので、正しくつくっていきましょう。

ひもをとる

色がかわっている指で
同じ色のひもを
とります

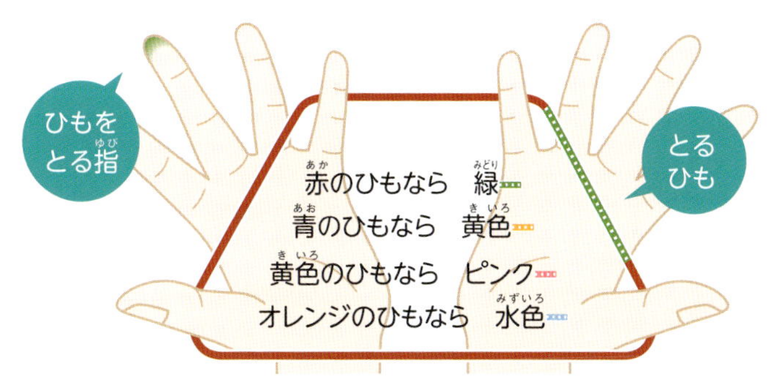

ひもを外す

外すひもと、
そのひもが
かかっている指が
黒になっています

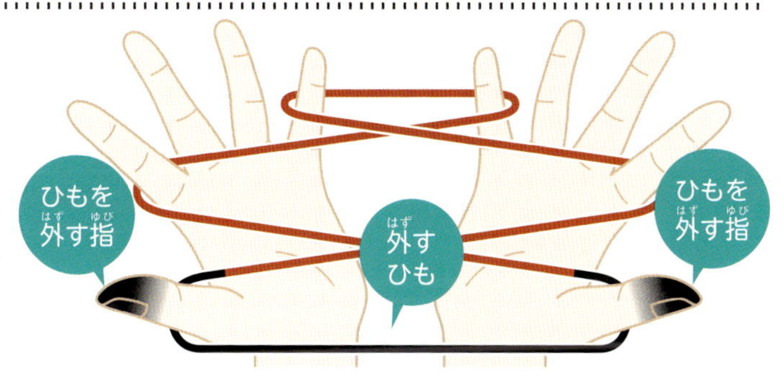

指や手をうごかす

黒の細い点線の
やじるしに合わせて
うごかします

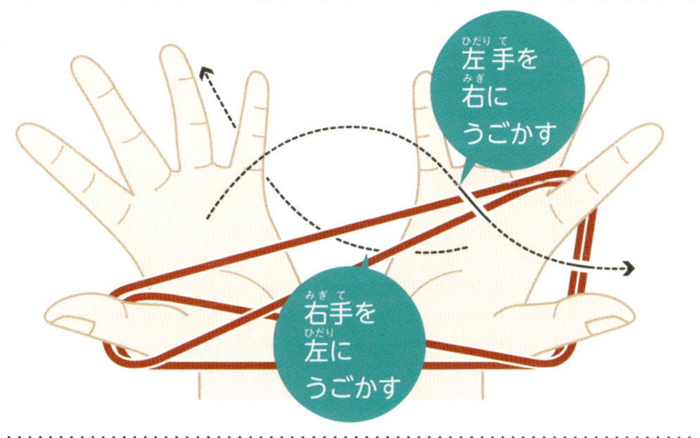

ひもや手の間に指や手を入れる

水玉もようの空間◎に
指や手を入れます。
黒の細い点線のやじるしが
ひもの上にあるか下にあるか
ちゅういしましょう

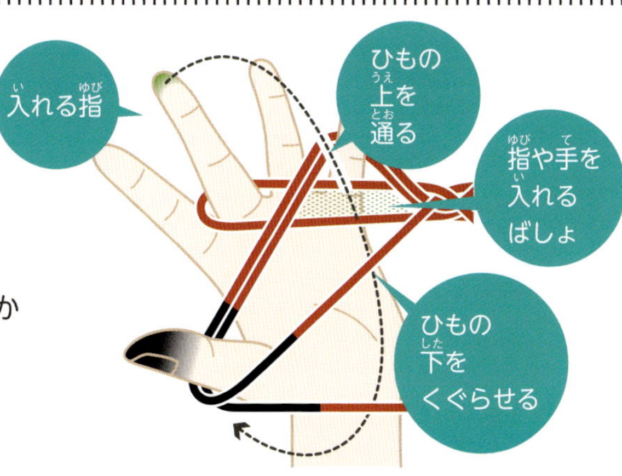

ひものとり方

ひものとり方をまちがえると、作品がうまくつくれません。どの指で、どのほうこうからとるのか気をつけましょう。

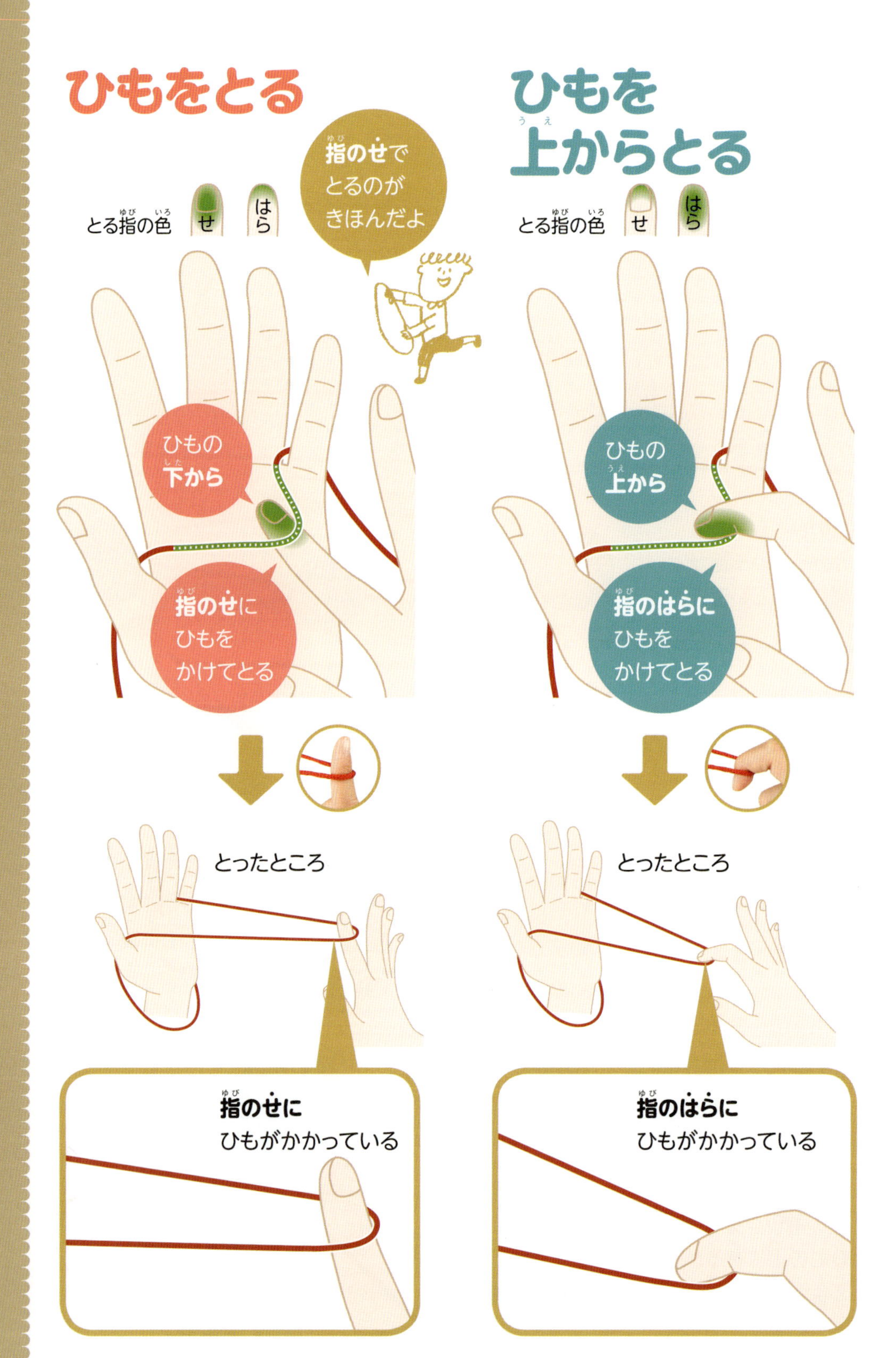

ナバホとり

アメリカに昔からすんでいた
あやとりの名人であるナバホの人たちの
名前からつけられたとり方だよ

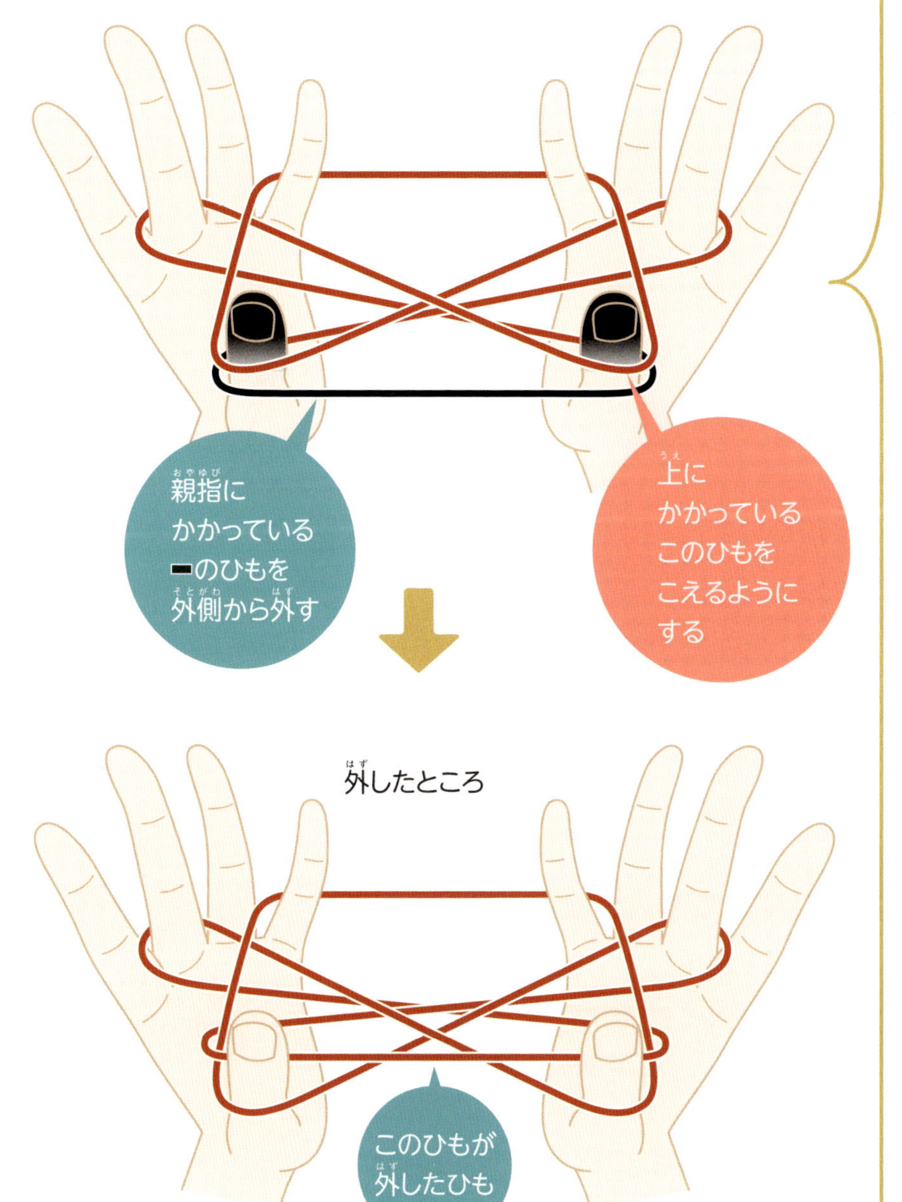

うまくできないときはこのようにやってみよう

1 左手のひもを右手でつかむ

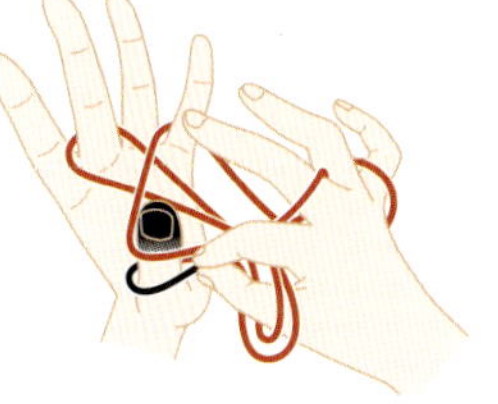

2 つかんだまま上のひもをこえて外す

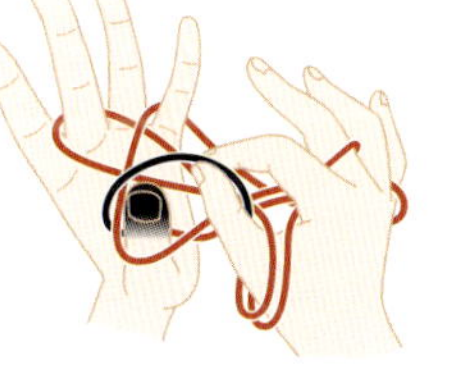

3 右手のひもを左手でつかむ

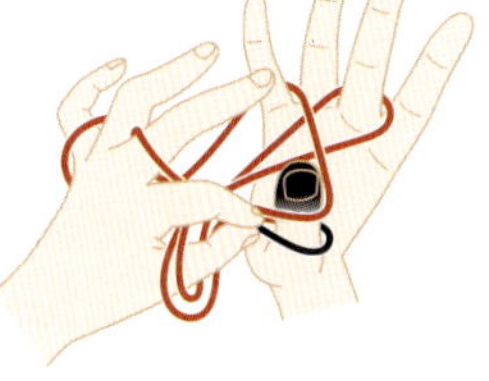

4 つかんだまま上のひもをこえて外す

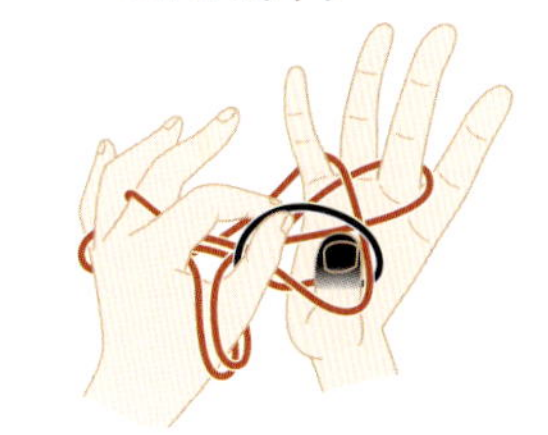

きほんのかまえ

あやとりでは、3つのかまえをよくつかいます。これをおぼえて、きみも〝あやとりマスター〟をめざしちゃおう！

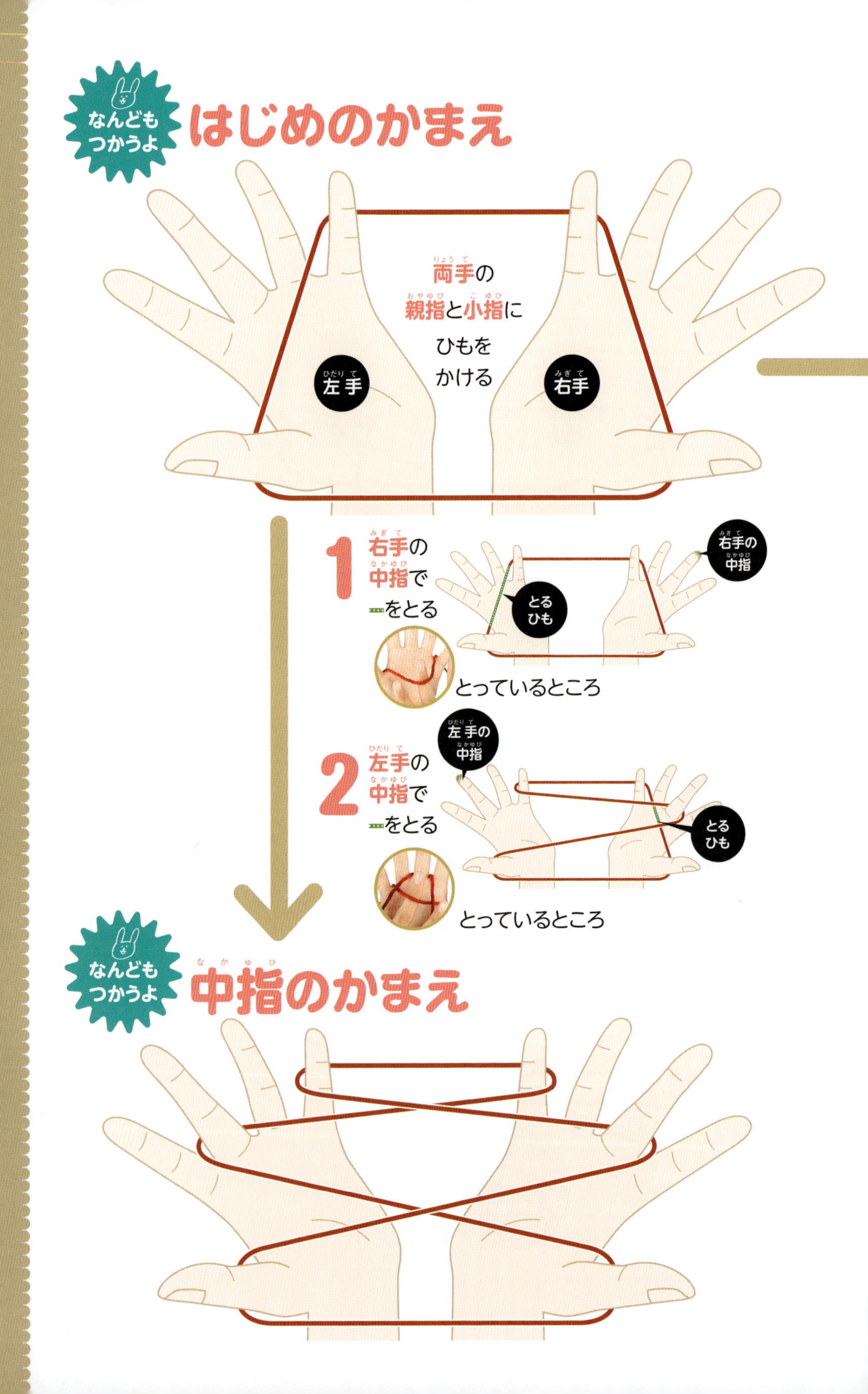

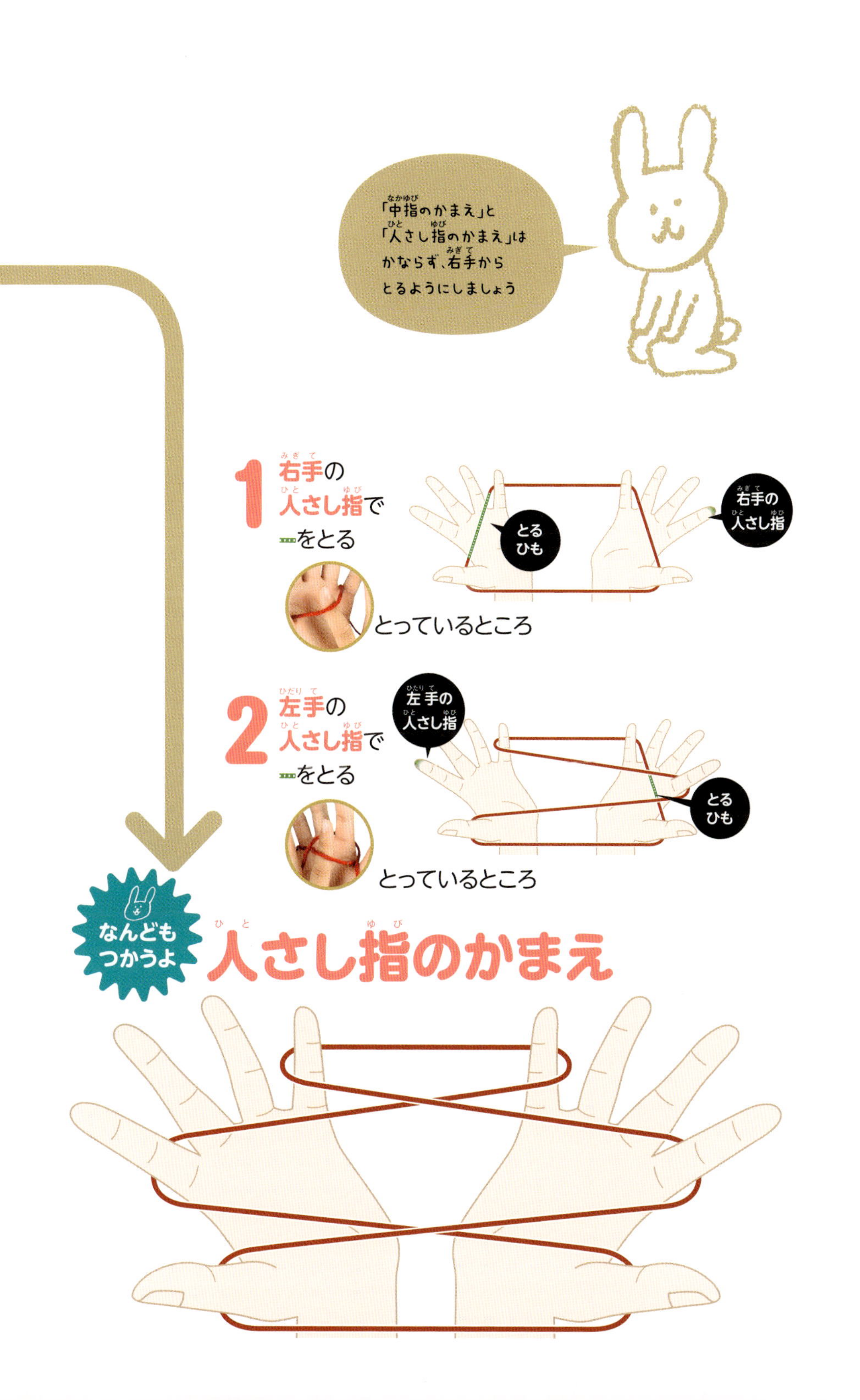
「中指のかまえ」と
「人さし指のかまえ」は
かならず、右手から
とるようにしましょう
1 右手の人さし指でーをとる
とるひも
右手の人さし指
とっているところ
2 左手の人さし指でーをとる
左手の人さし指
とるひも
とっているところ
なんどもつかうよ

人さし指のかまえ

作品のつくり方

ひとりでも、お父さんお母さんとでも、お友だちとでも、
たのしく遊べるあやとり作品88点をあつめました。

8このテーマから気になるものにチャレンジするもよし、
「かんたん」「ふつう」「むずかしい」のレベルからえらぶもよし、
作品のとくちょうからさがすもよし、
たくさんつくって、お気に入りの作品を見つけてね。

さっそくページをめくって
あやとりの世界へぼうけんに出かけましょう。

人気3位

おちるゆびわ

ゆびわがおちたときのびっくり顔がうれしい！

はじめのかまえ P12 ひものまん中にゆびわを通す

1 右手の中指で━をとる

2 左手の中指で━をとる

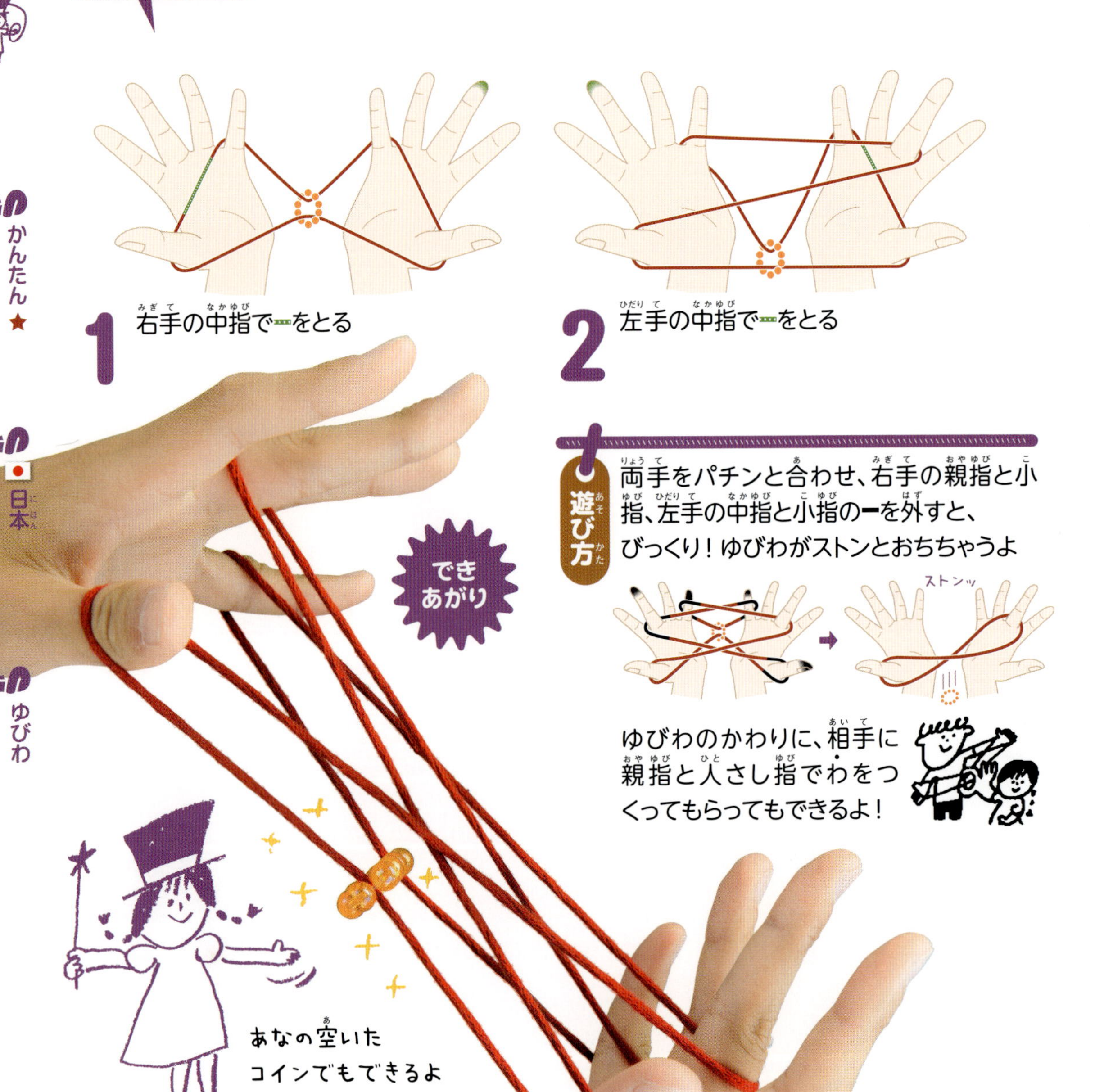

遊び方

両手をパチンと合わせ、右手の親指と小指、左手の中指と小指の━を外すと、びっくり！ゆびわがストンとおちちゃうよ

ストンッ

ゆびわのかわりに、相手に親指と人さし指でわをつくってもらってもできるよ！

かんたん★
日本
ゆびわ

指ぬき

スルスルッとひもがぬけていくのが気もちいい

中指のかまえ P12

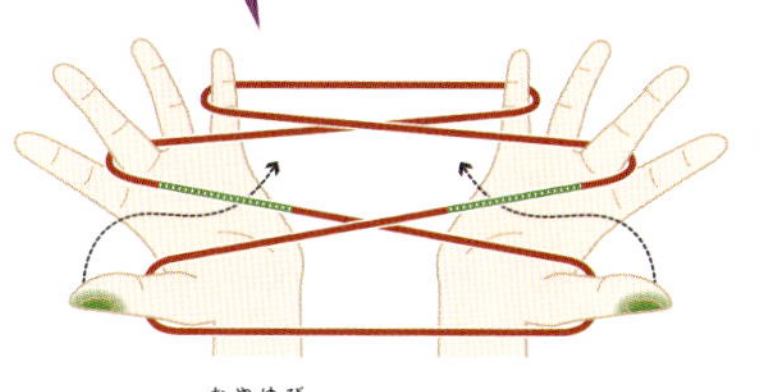

1 親指で▬をとる

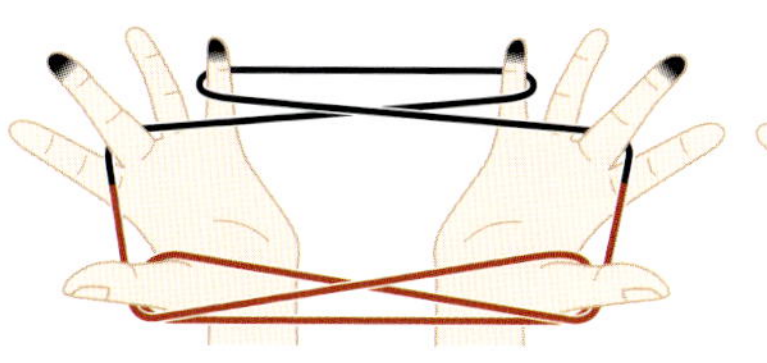

2 中指と小指の▬を外す

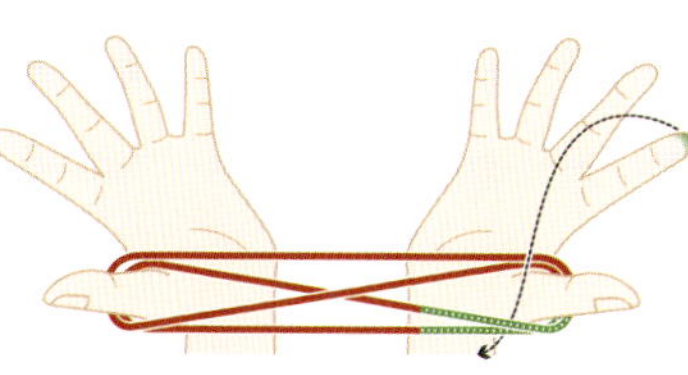

3 右手の人さし指で▬を2本とる

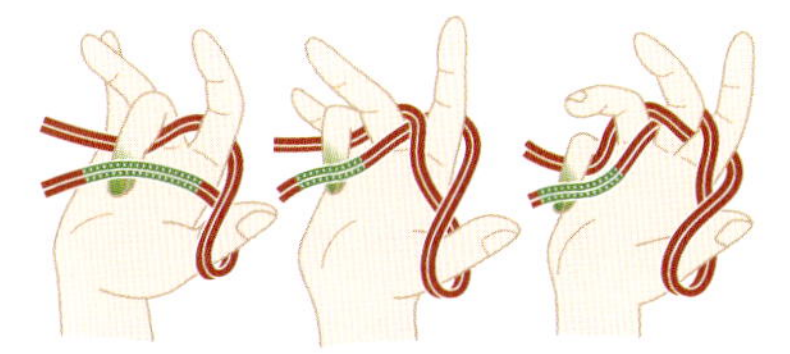

4 中指→薬指→小指のじゅんで▬を2本ずつとる

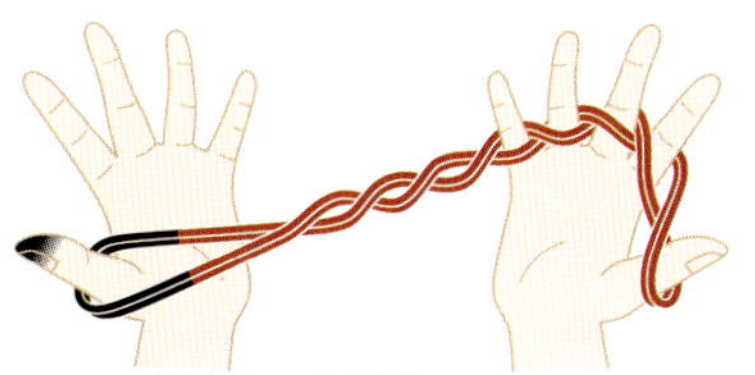

5 左手の親指の▬を2本とも外す

遊び方

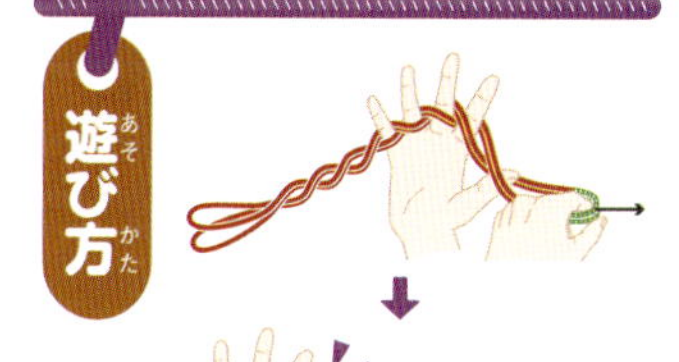

左手で▬を引っぱると、あらふしぎ！ひもが指からぬけていくよ

できあがり

かんたん★

日本

中指ぬき

指にからまっていたはずのひもをぬいてみせます

左手の中指にひもをかける

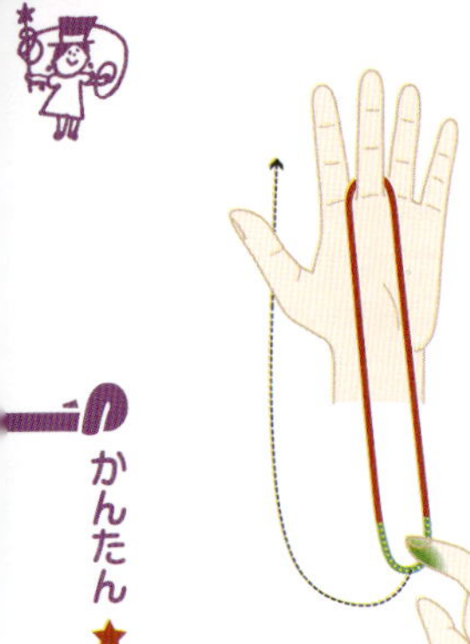

1 右手の人さし指に▬を引っかけ、左手のこう側に回す

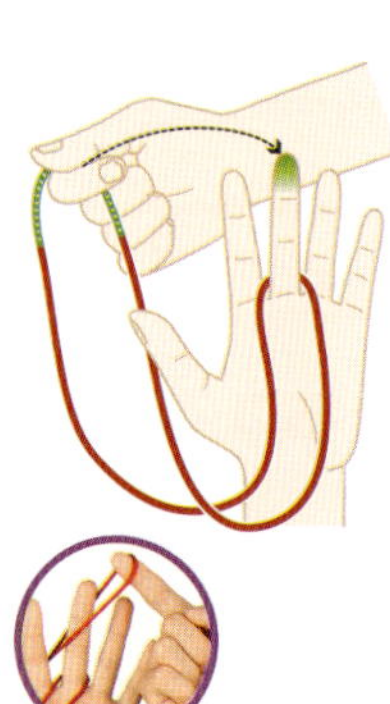

2 左手の中指に▬をかけ、そのまま引き出す
注:右手の手のひらがこちらをむくようにしてかけます

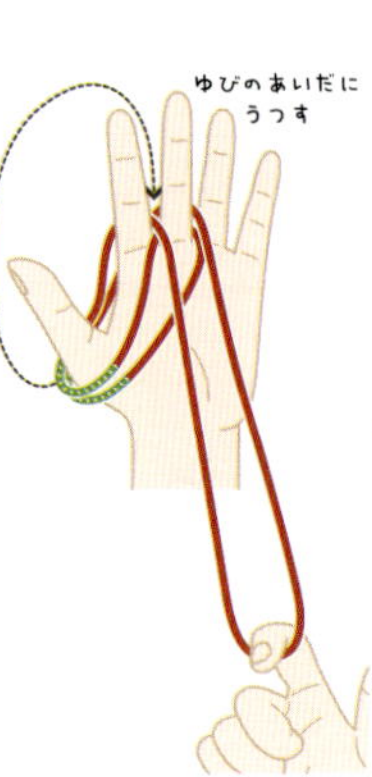

3 人さし指と中指の間に▬を2本ともうつす

遊び方

右手で▬を引っぱると、中指からひもがスルスルッとぬけちゃうよ!

かんたん★

日本

手じょう

たいほ！　でも、すぐににがしてあげましょう

相手の手首にひもを1しゅうまきつける

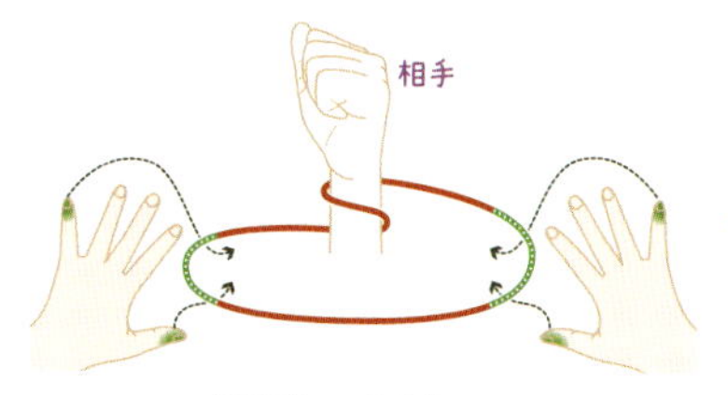

1 親指と小指で ━ をとる

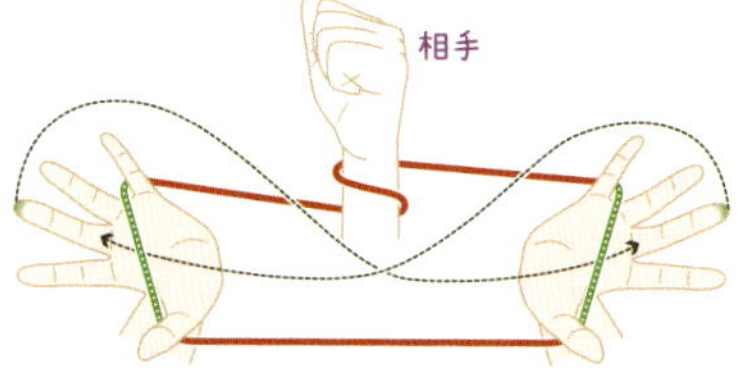

2 はんたいの中指で ━ をとり合う

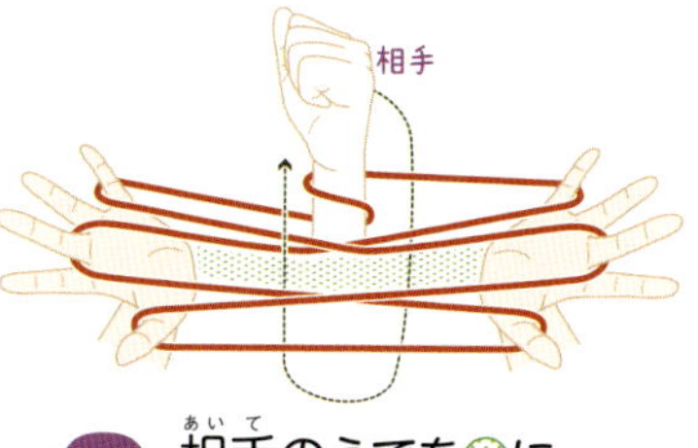

3 相手のうでを◎に下から入れてもらう

遊び方

親指と小指の━を外して両手をパッと広げよう。手首からひもがスルリとぬけて、相手もびっくりしちゃうはず！

相手 → 相手 スルンッ

かんたん★
日本
ふたり

きえたネックレス

きえる！ あそべる！

おしゃれなネックレスがあれっ、ぬすまれた!?

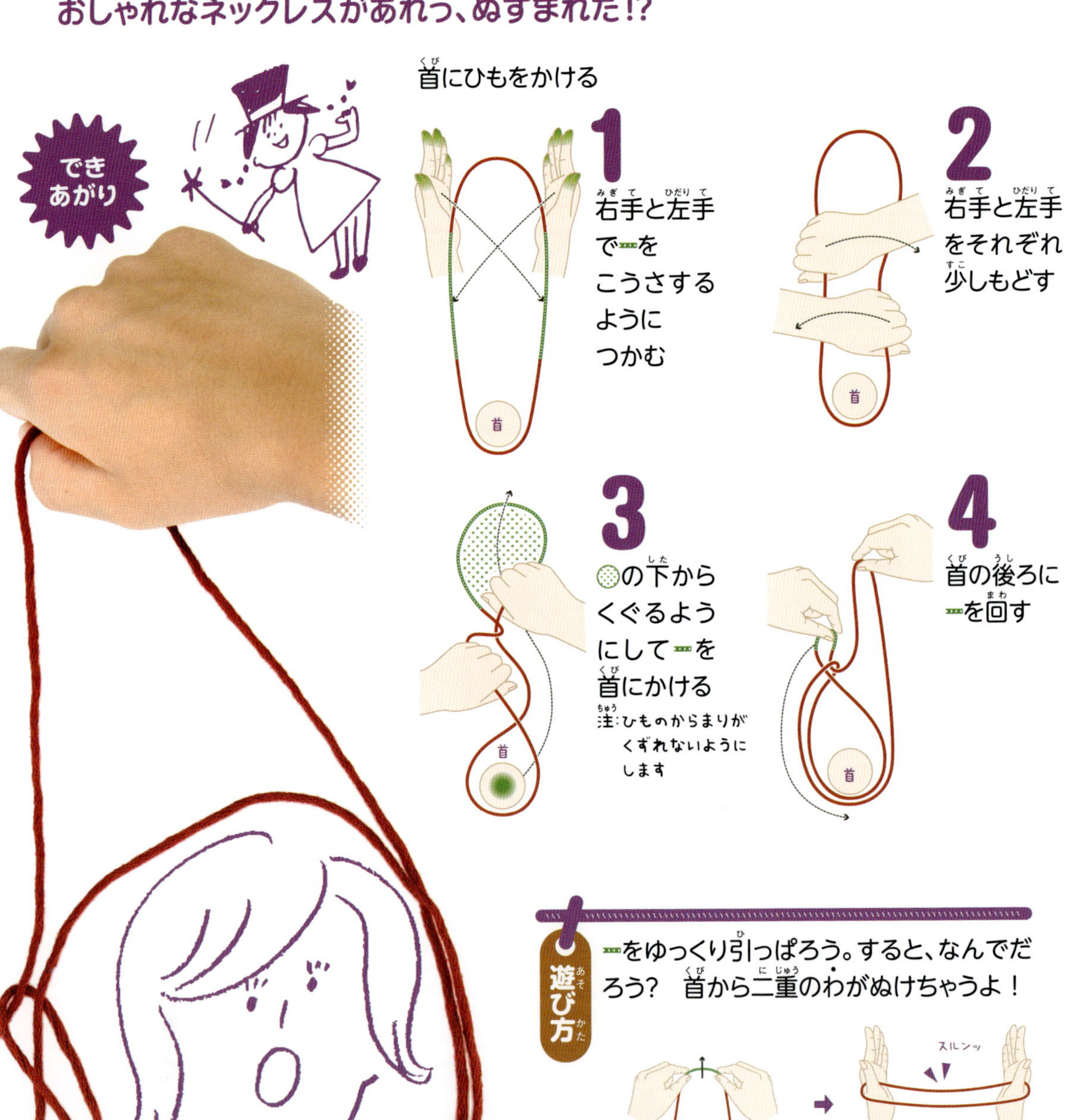

遊び方

▬をゆっくり引っぱろう。すると、なんでだろう？　首から二重のわがぬけちゃうよ！

首 → スルンッ 首

注：とり方をしっぱいするとうまくぬけないので、ゆっくり引っぱるようにしましょう

つながるわ

2つのわっかがくっついた!? なんで?

ひものはしをそれぞれもつ

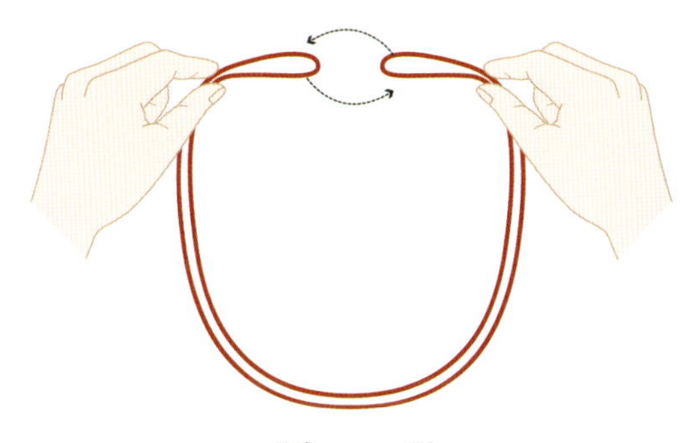

1 ひもの両はしを重ねる

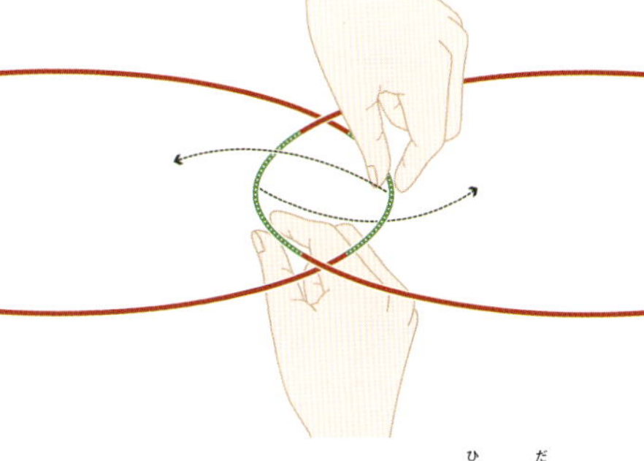

2 ━をこうさするように引き出す
注:相手に気づかれないよう、なるべくすばやくやりましょう

フッといきをかけ、━を外して左右に引っぱると、すごい！2つのわがつながっているよ

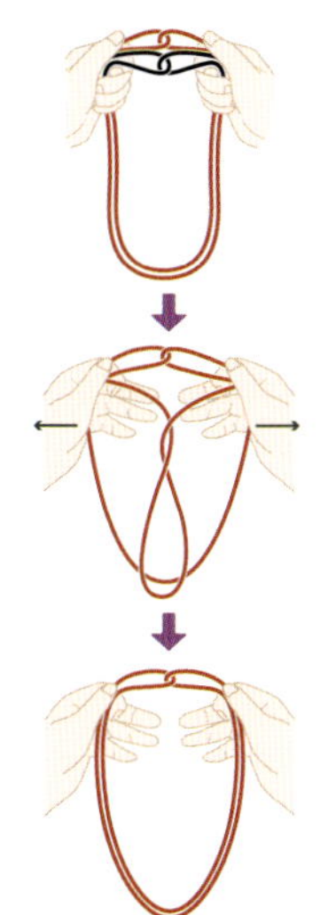

ひもうつし

なんどもくりかえして、小指までいどうさせられるかな?

左手の人さし指にひもをかける

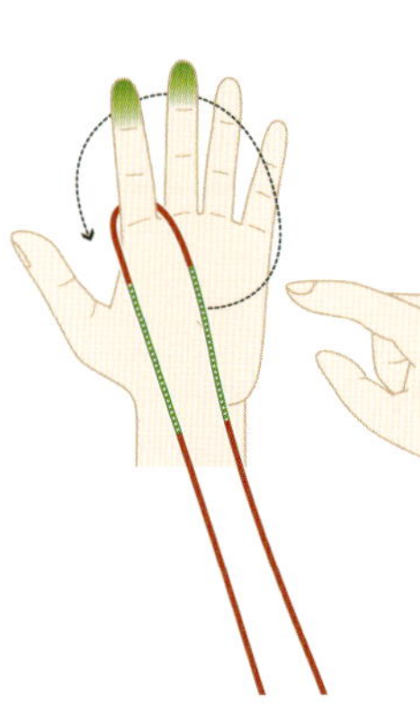

1
右手で▬を2本ともつかみ、左手の中指と人さし指に2しゅうまきつける

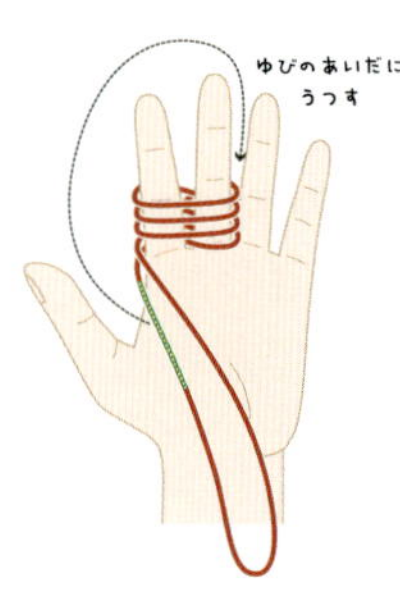

2
中指と薬指の間に▬をうつす

注:なるべく相手に気づかれないようにしましょう

できあがり

遊び方

右手で▬を2本ともつかみ、まきついているひもを外すと、あれれ!? ひもが中指にうつっているよ

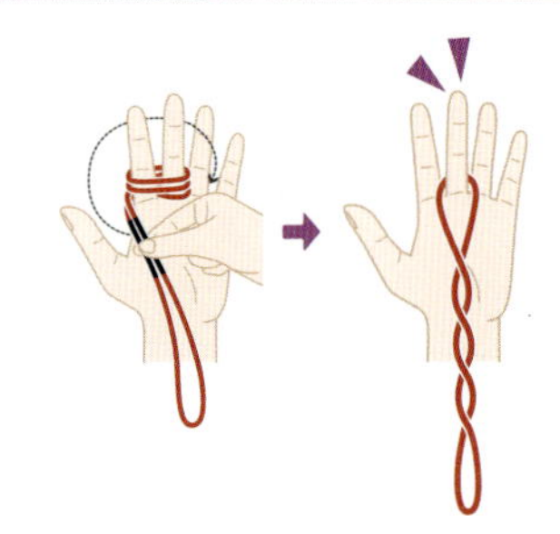

かんたん★

日本

へんしん

パッとカラーチェンジ！　いろんな色でためしてみよう

ひもの間にもう1本のひもを通す

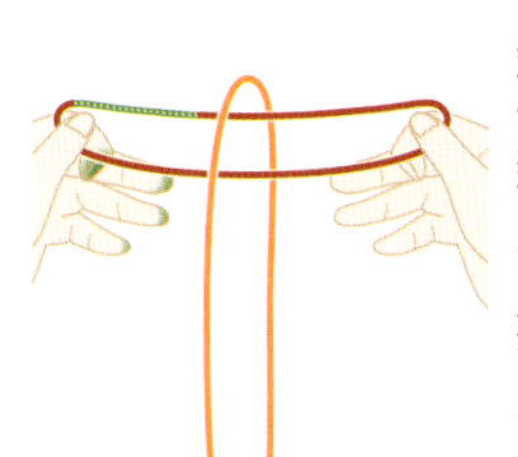

1 左手の親指いがいの4本の指で▭をとる

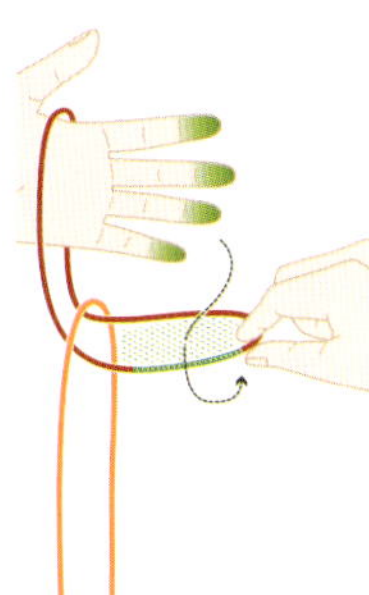

2 左手の親指いがいの4本の指を◎に上から入れ▭をとる

遊び方

左手にかかっている4本のひものどれか1本を下に引っぱってもらおう。ひもの色が上下へんしんしちゃうよ！

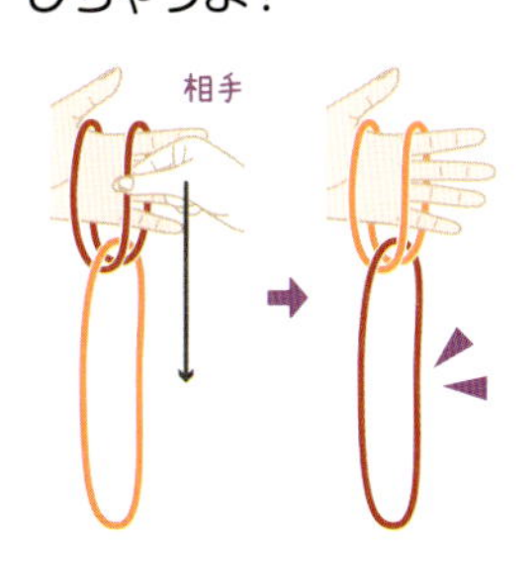

2本をいっしょに引っぱると、二重のあやとりひものかんせい！

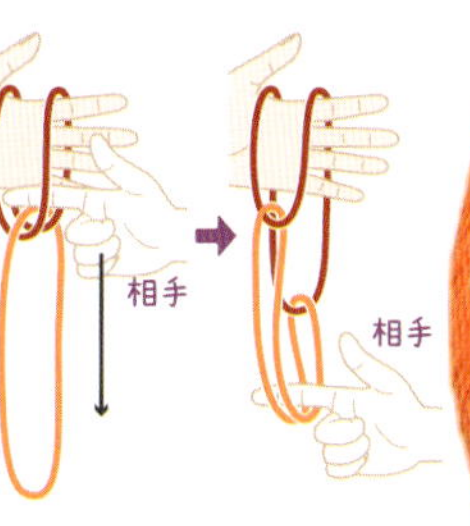

二重のひもができたら、「あてっこあやとり」などをつくってみよう

できあがり

くしゃみ

はなからクシュンッととび出すひもでおどろかせちゃおう

両手でひもをもつ

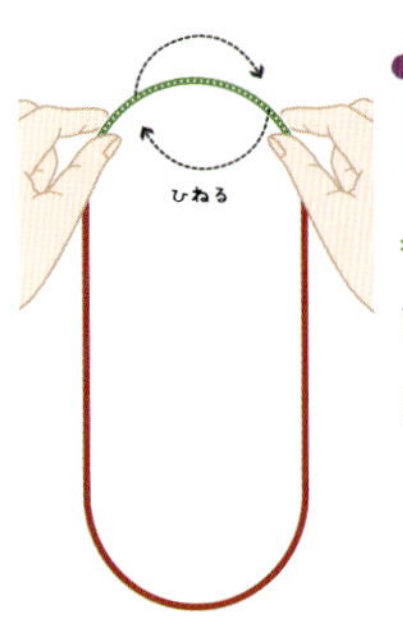

1 ▬をひねってわをつくる

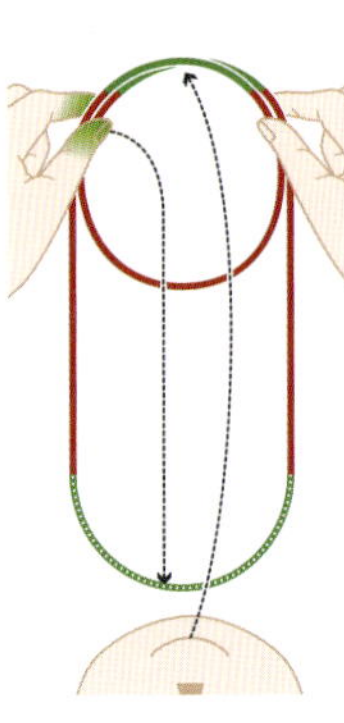

2 つくったわの▬を2本とも口でくわえ、左手で▬をつかむ

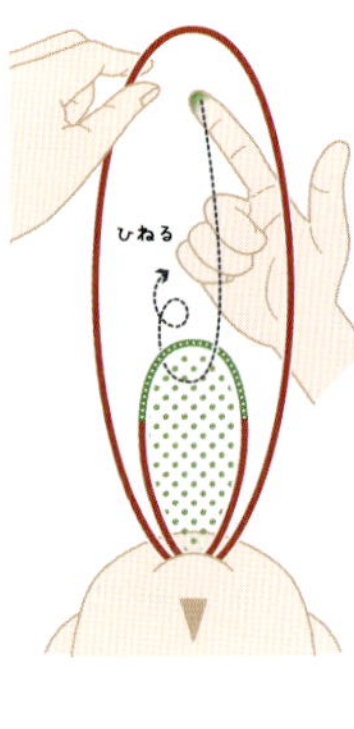

3 右手の人さし指を◎に上から入れ▬をひねる

注:8の字をつくるようにします

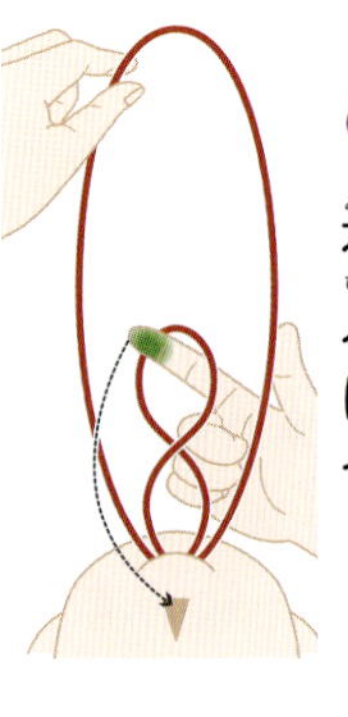

4 右手の人さし指をはなにつける

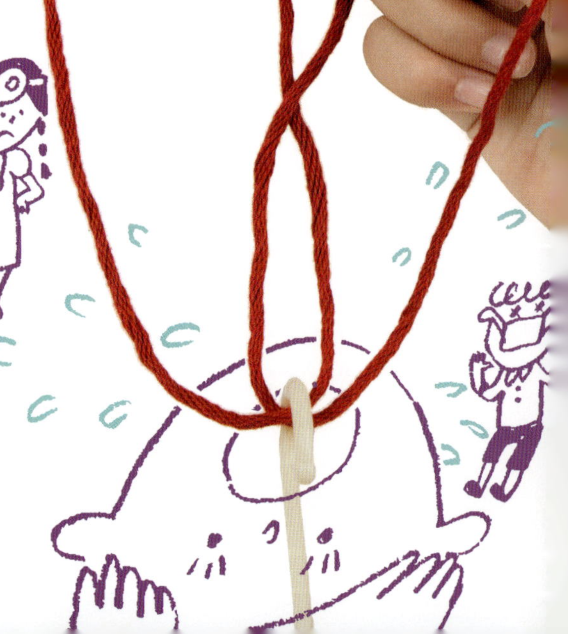

遊び方

左手で▬を引きながら口をはなそう。
はなからひもがとび出したように見えるよ!

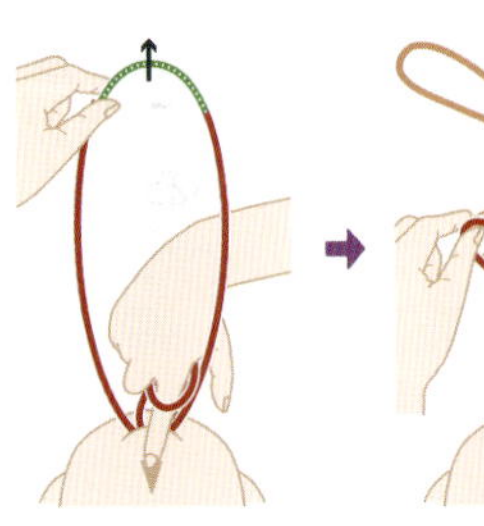

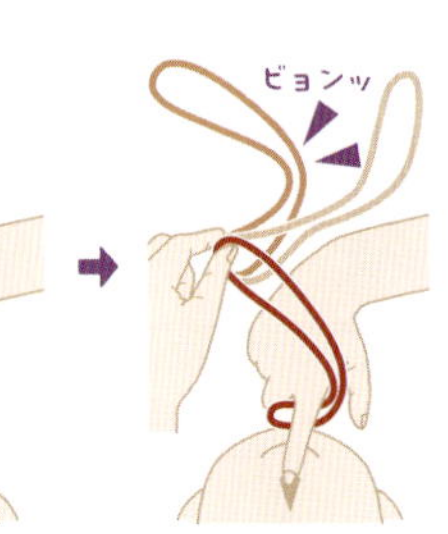

かんたん★
トレスかいきょう

もちつき

ペッタンペッタン、ふたりでなかよくおもちをつこう

P12 ふたりでかまえる

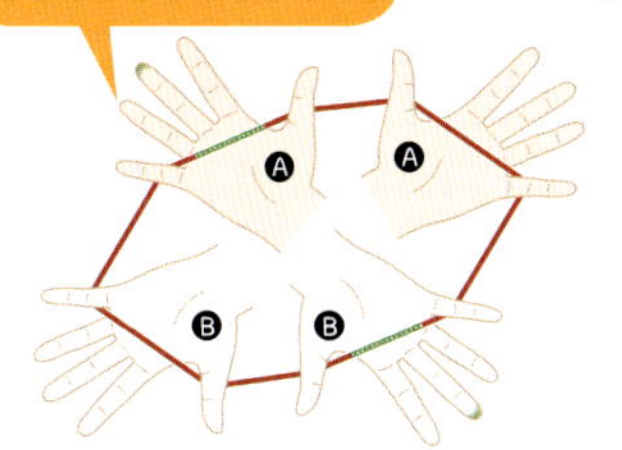

1 おたがいに右手の中指で━をとり合う

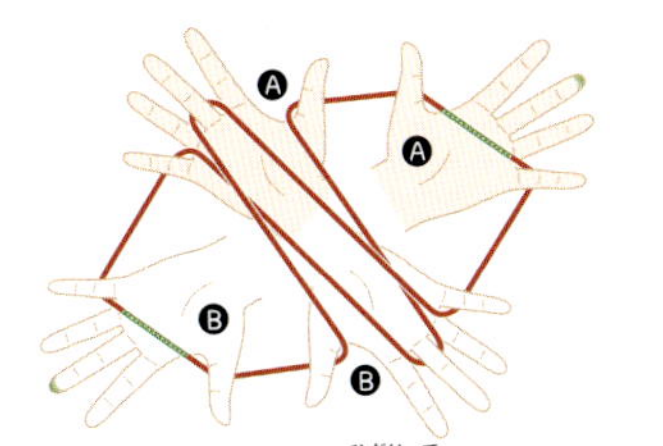

2 おたがいに左手の中指で━をとり合う

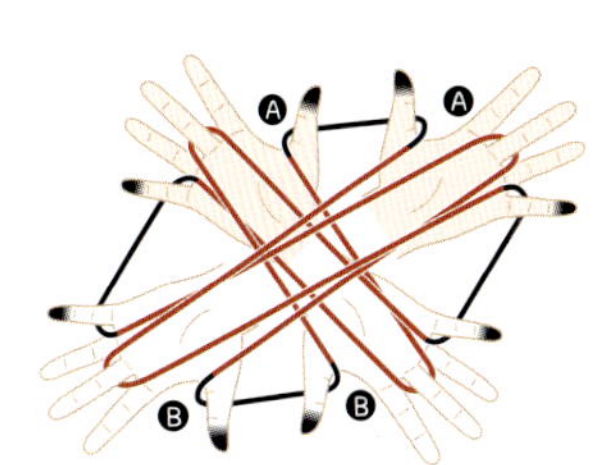

3 親指と小指の━を外して両手を広げる
注:中指のひもは外れないようにしましょう

手をぶつけて音を出しながら遊ぼう

遊び方

おたがいの右手と右手、左手と左手をこうごに引っぱろう!「アルプス一万じゃく」の歌に合わせてもおもしろいよ

かんたん★ 日本ほか ふたり

のこぎり

まるで木を切っているみたいにギコギコ手を引いてみよう

手首にひもを1しゅうずつまきつける

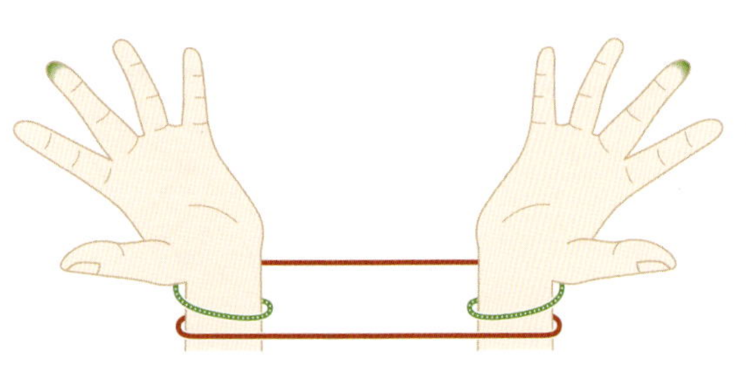

1 はんたいの中指で━をとり合う

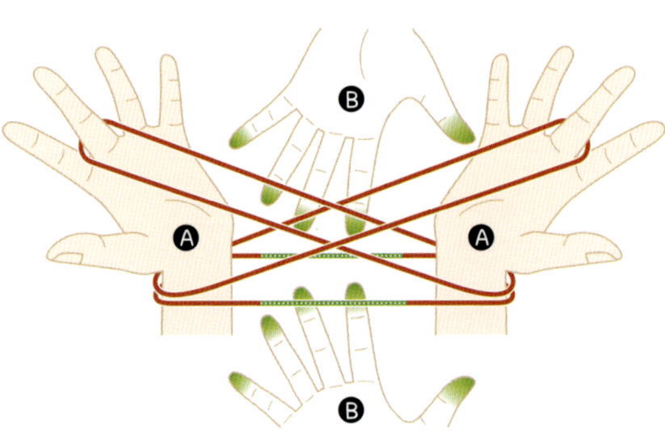

2 Bが両手で━をそれぞれつかむ

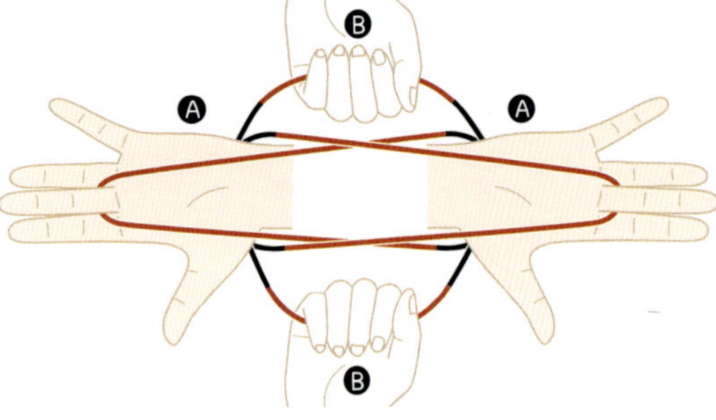

3 Bが━をAの手首から外す

注:Aは中指のひもいがいを外します

おたがいに引っぱったりゆるめたりしてみよう! のこぎりのようにギコギコと手がうごくよ

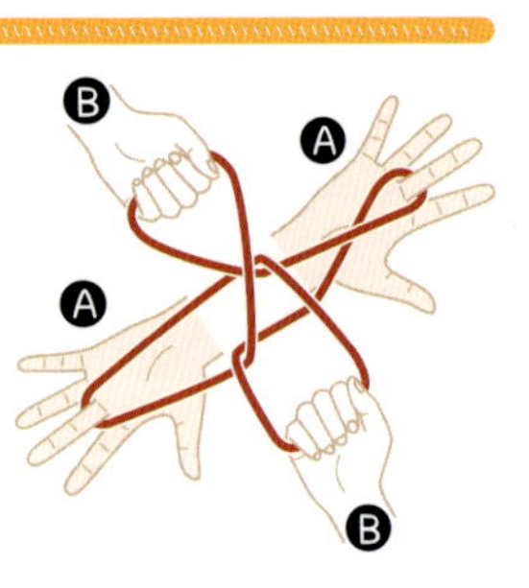

かんたん★

日本ほか

ふたり

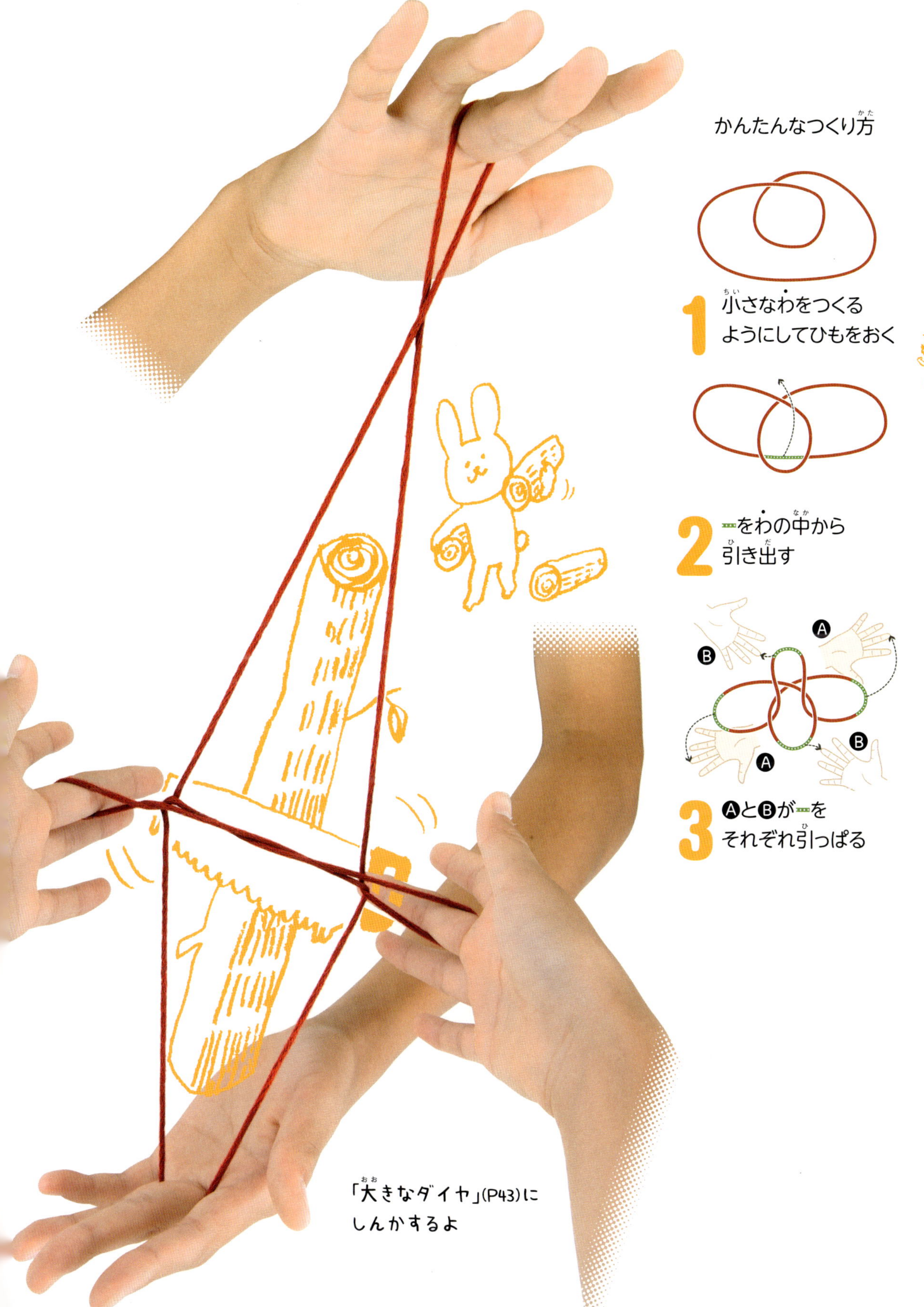

かんたんなつくり方

1 小さなわをつくるようにしてひもをおく

2 ━をわの中から引き出す

Ⓑ Ⓐ Ⓐ Ⓑ

3 ⒶとⒷが━をそれぞれ引っぱる

「大きなダイヤ」(P43)にしんかするよ

こと

上手につくれば音楽をかなでられるかも

P12

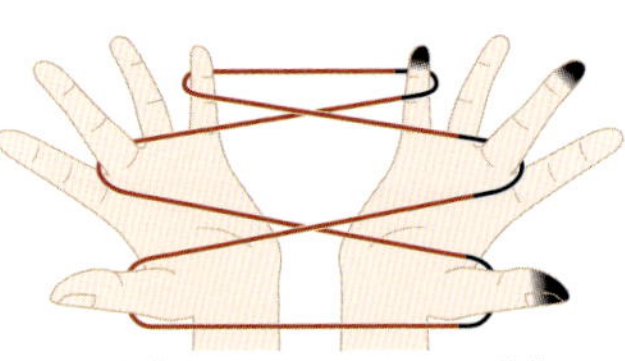

1 右手の━をすべて外す

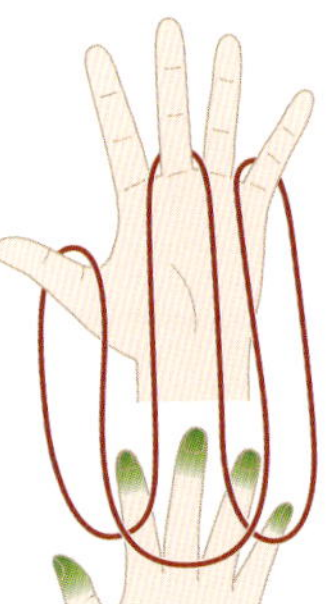

2 左手の指と同じところに、右手の同じ指を下から入れる

Ⓑが両手でひもをペンペンとはじいてみよう

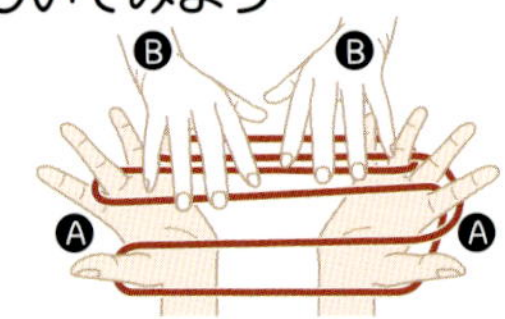

「ペン」「ペン」「ことの」「いい音が」「なるよ」のかけ声でじゅんにあなに指を入れてひもをとり、こうたいしよう

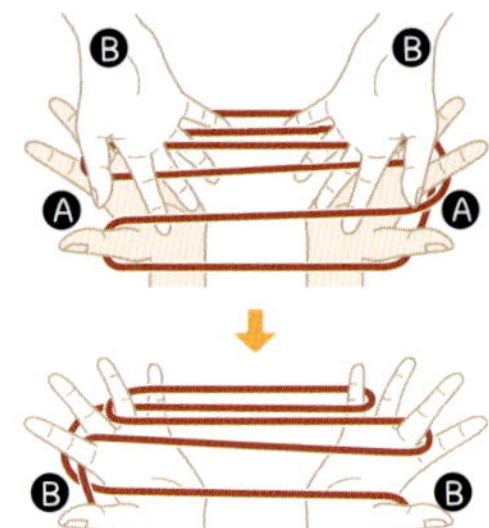

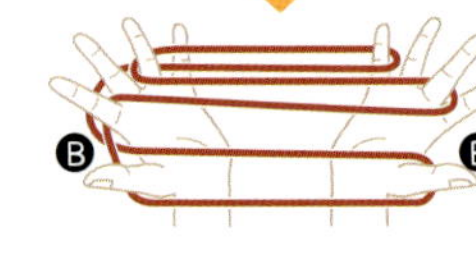

できあがり

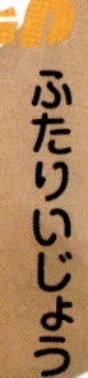

うらない

“きち”と出るか“きょう”と出るか、今日のうんせいは!?

ひもを半分におり、右手の人さし指にかける

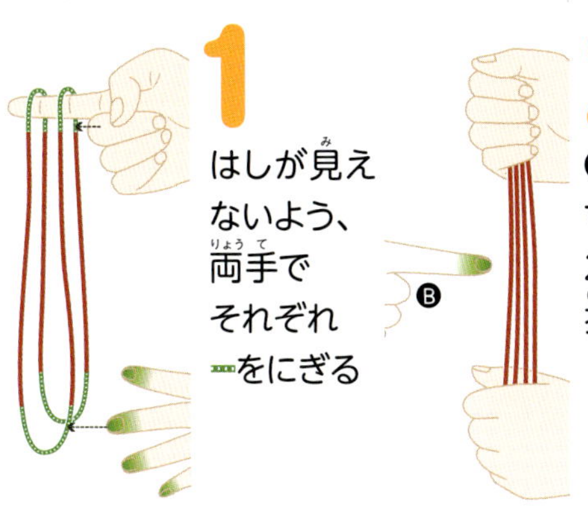

1 はしが見えないよう、両手でそれぞれ━をにぎる

2 Bがすきなひも2本の間に指を入れる

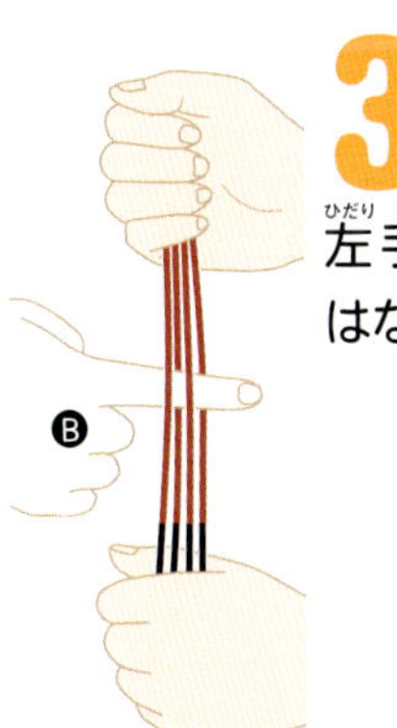

3 左手の━をはなす

できあがり

遊び方

Bが指をゆっくり下ろしてみよう!

ひもに引っかかったら今日はついていないかも･･･

スルッとぬけたらラッキー!

かんたん★

日本

ふたり

ふたり指ぬき

ふたりの指はくっついているのに、なんでひもが外れるの?

ふつう ★★
日本
ふたり

Ⓐの右手の親指と、Ⓑの右手の人さし指にひもをかける

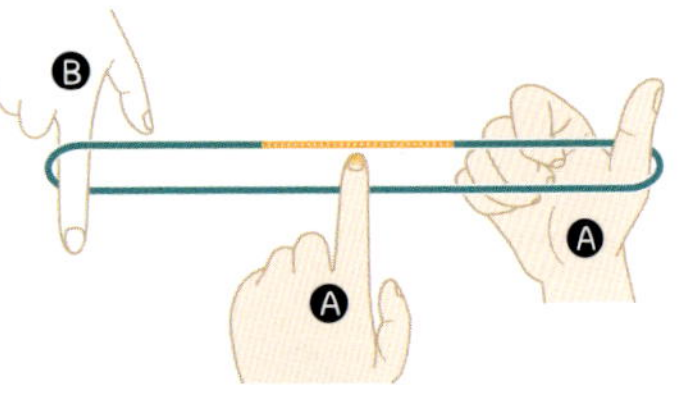

1 左手の人さし指で━を引き出す
注:ひものかかり方をまちがえないようにしましょう

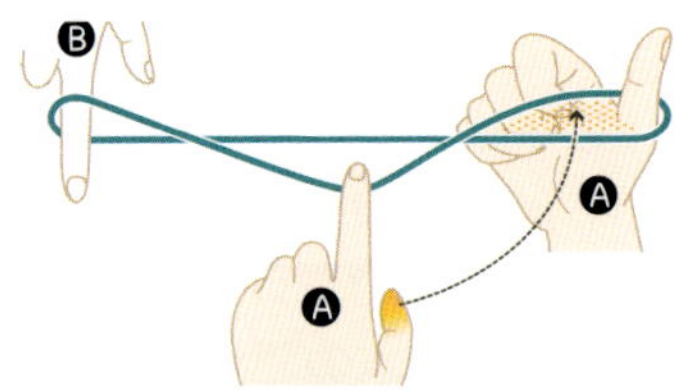

2 左手の親指を◎に上から入れる

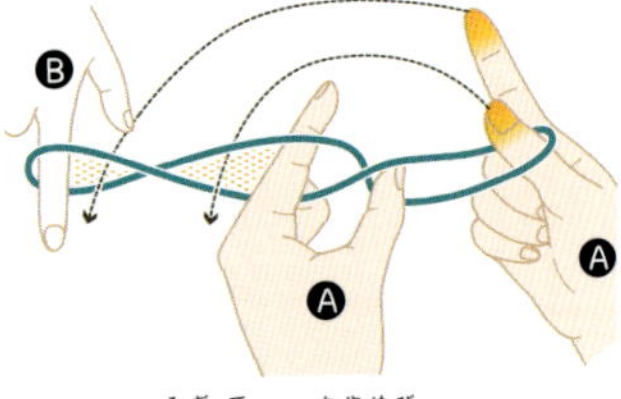

3 右手の親指と人さし指を◎にそれぞれ下から入れる

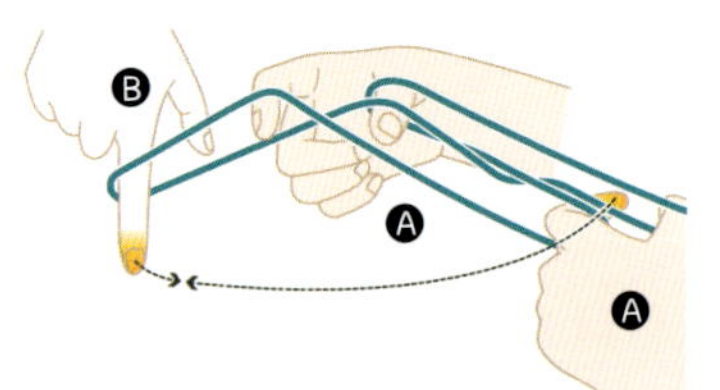

4 左手の人さし指をⒷの人さし指にくっつける

できあがり

親指の━を外しながら右手を引っぱると、おどろき! ふたりの指からスルリとひもがぬけていくよ

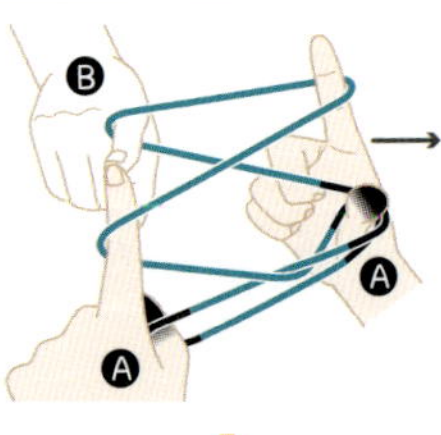

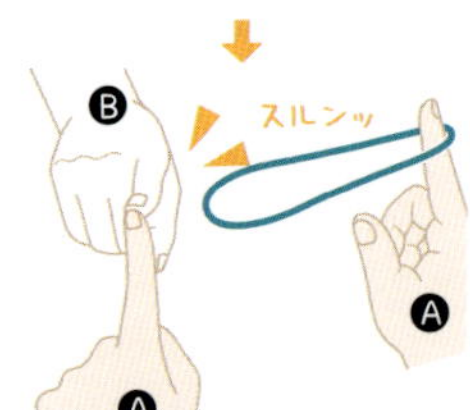

リレーあやとり

どっちのチームが早くできるかきょうそうだ!

手首にひもをかける

1 両手で▭をつかんでわをつくる

2 ▭を左手と右手それぞれのこうにかける

3 Ⓑが両手で▭をつかむ

4 Ⓑがひもをつかんだまま両手を◯に上から入れ、手首をかえす

注:つかんでいたひもは手に引っかかります

遊び方

▭をつかんで3～4をくりかえす

つづけてなんどでも同じ形でとっていけるふしぎなあやとり!
チームに分かれて、リレーきょうそうをしてみよう

できあがり

30びょう間に何回できるかチャレンジしてもいいね

2ひきの金魚

スーッと金魚が左右におよいでいく。まるですいそうみたい

中指と小指にひもをかける

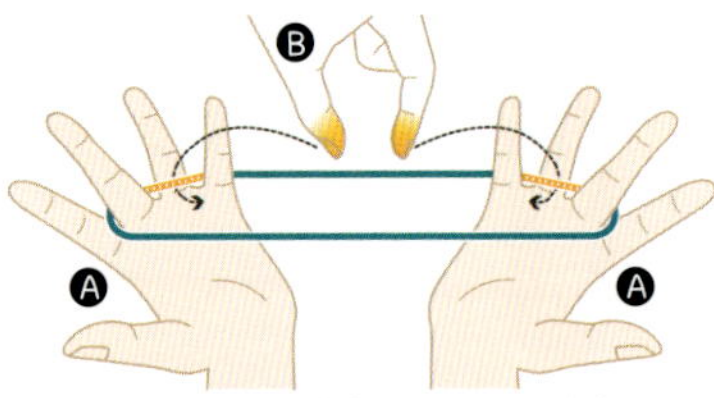

1 Ⓑが親指と人さし指で━をそれぞれとる
注:Ⓑはさいごまでひもをはなさないようにします

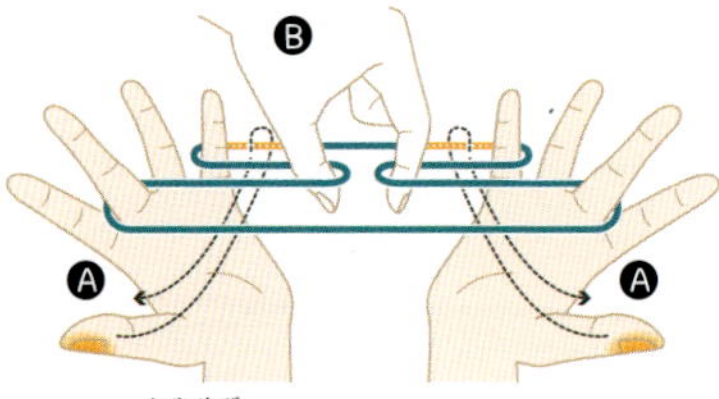

2 親指で━を下からとる
注:すべてのひもの下をくぐります

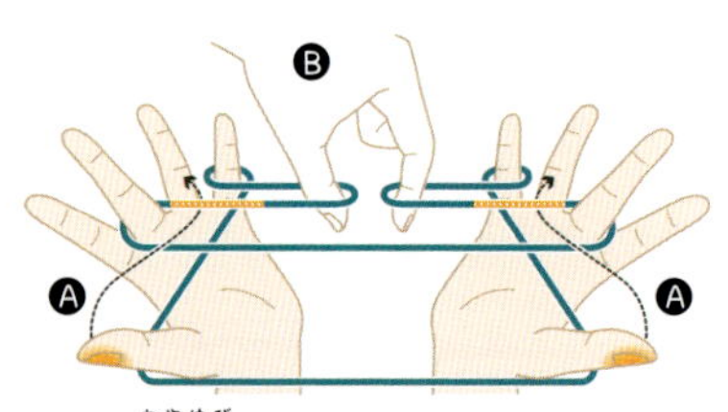

3 親指で━をとる

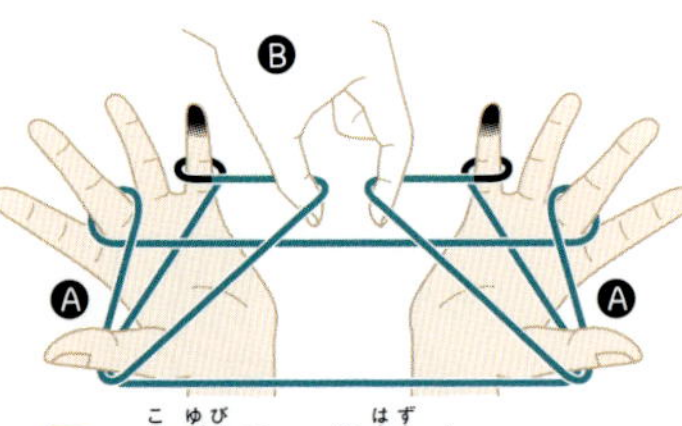

4 小指の━を外す

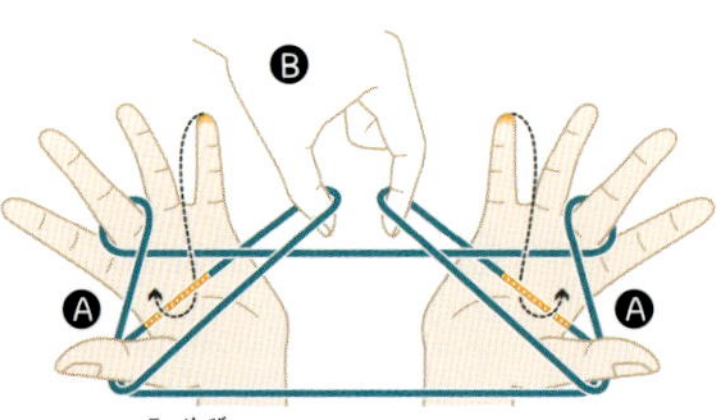

5 小指で━をとる

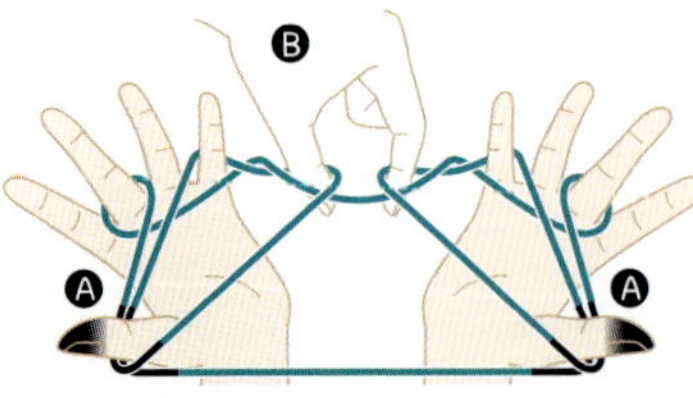

6 親指の━を2本とも外す

両手を左右に広げると、2ひきの金魚がスーッとおよいでいくよ

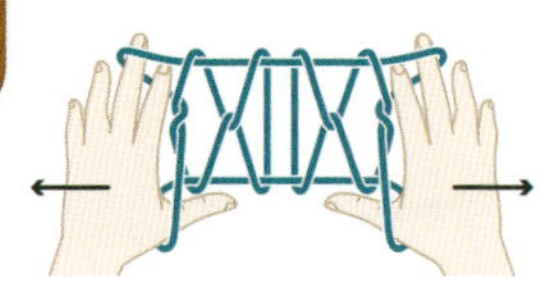

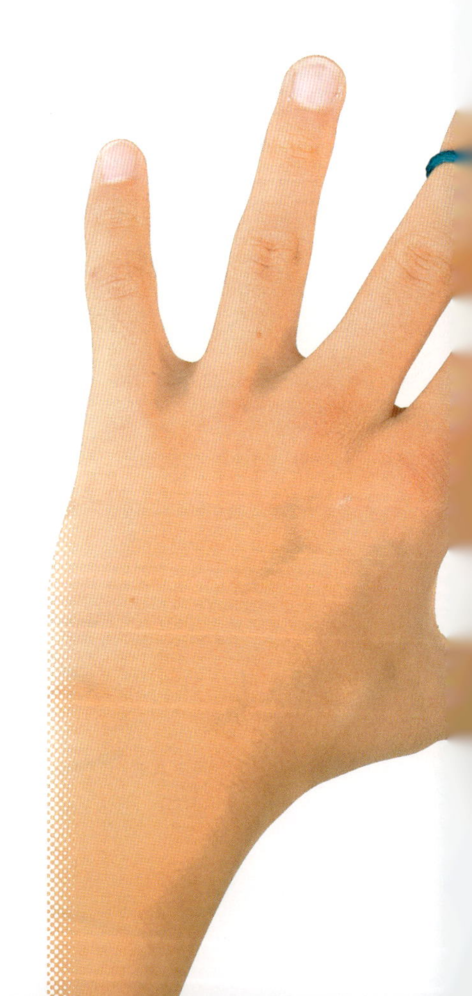

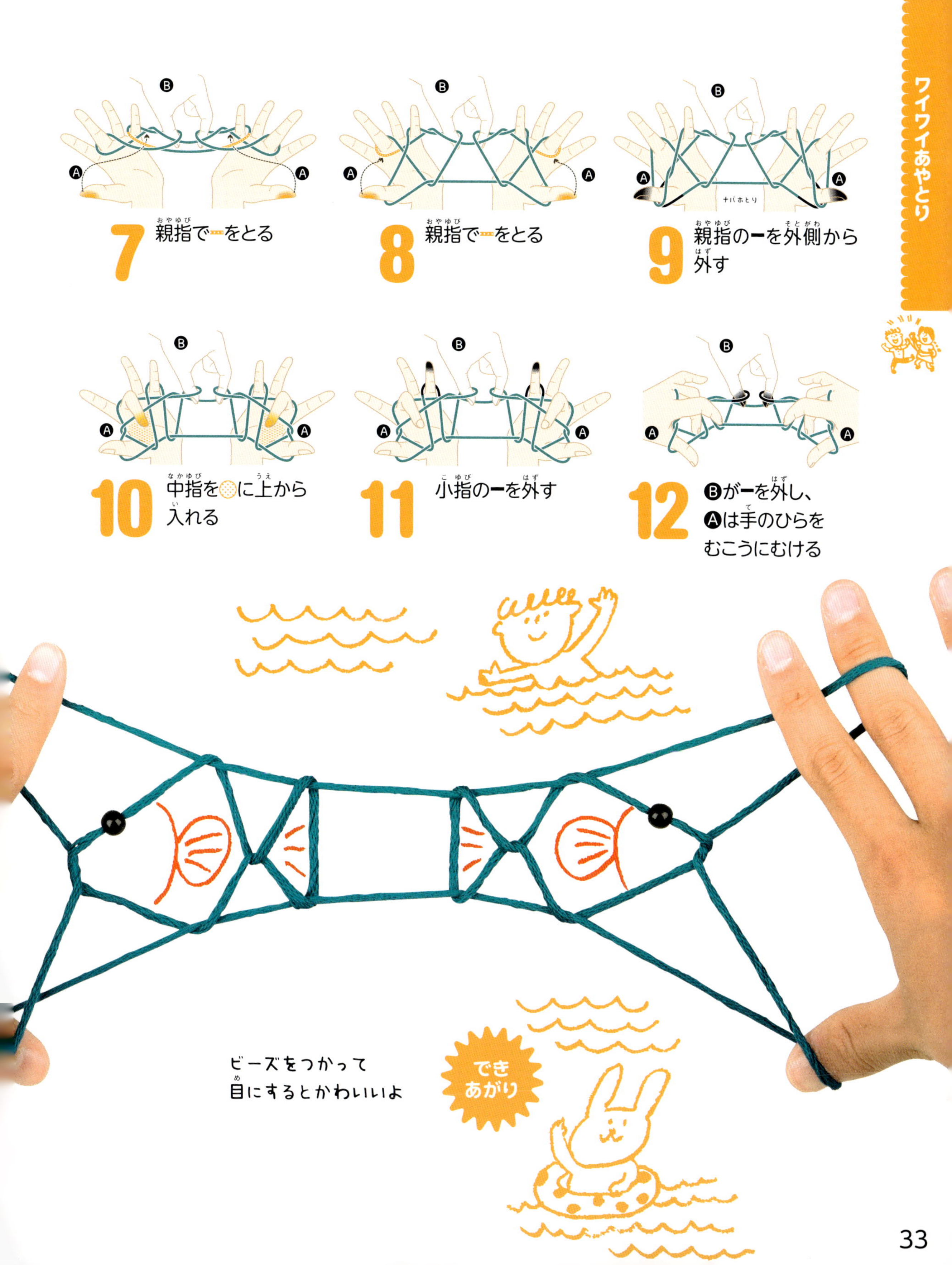
Ⓑ
Ⓐ
7 親指で━をとる
8 親指で━をとる
ナバホとり
9 親指の━を外側から外す
10 中指を◎に上から入れる
11 小指の━を外す
12 Ⓑが━を外し、Ⓐは手のひらをむこうにむける
ビーズをつかって目にするとかわいいよ
できあがり

人気6位 ぶんぶくちゃがま

きっとお母さんも知っているから、いっしょに遊んでみよう

手首にひもを1しゅうずつまきつける

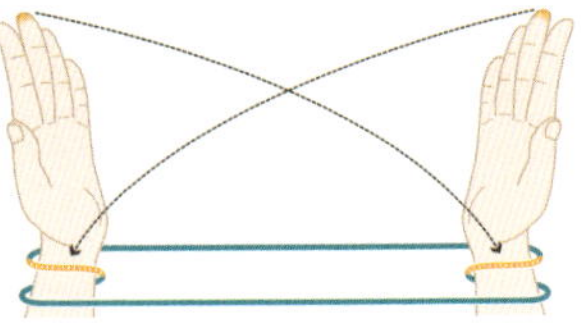

1 はんたいの中指で ━ をとり合う

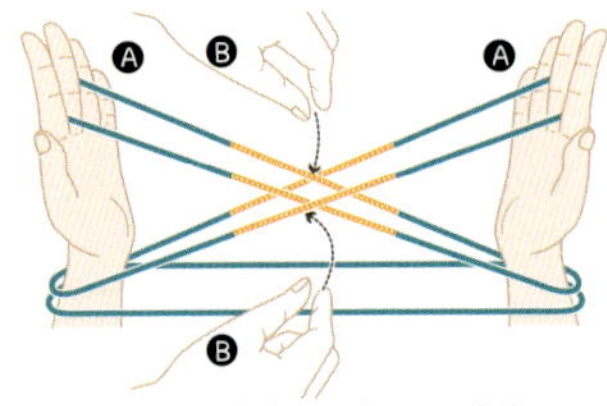

3 Ⓑが親指と人さし指で ━ をそれぞれ2本ずつつかむ

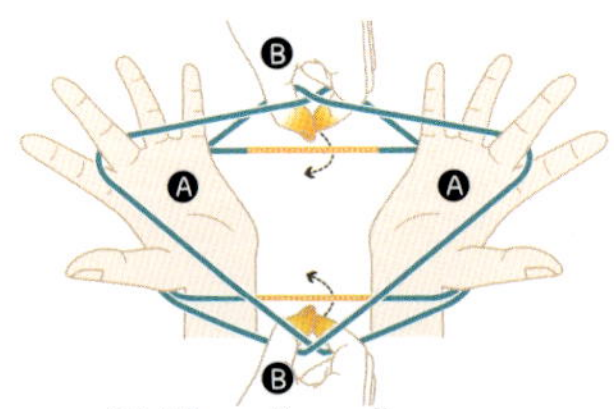

4 外側に引き出し ━ を下からとる

2

5

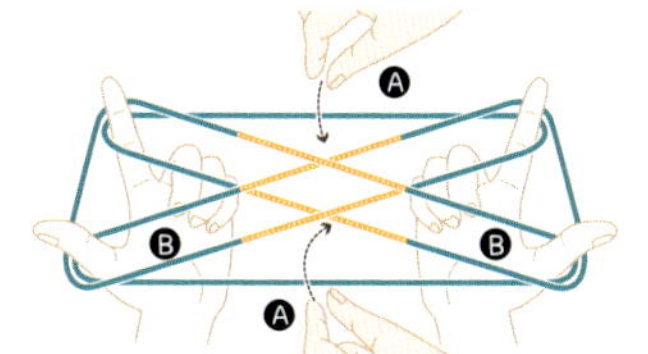

6 Aが親指と人さし指で
をそれぞれ
2本ずつつかむ

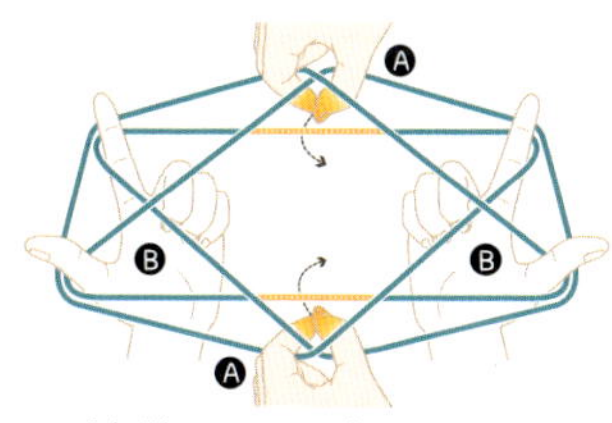

7 外側に引き出し
を下からとる

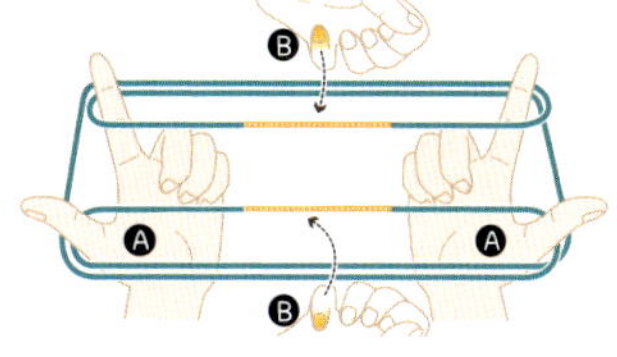

9 Bが小指でを
こうさするように
とる

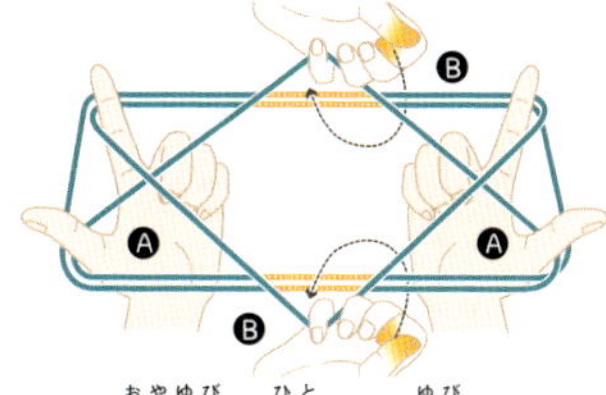

10 親指と人さし指で
を2本とも
下からとる
注:小指のひもは外れ
ないようにします

川

8

11

ふね

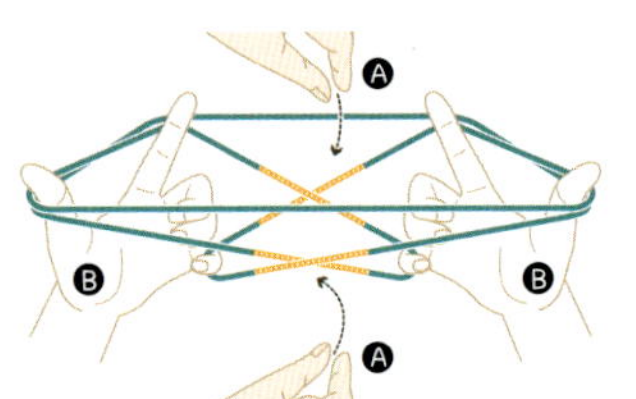

12 Ⓐが親指と人さし指で をそれぞれ2本ずつつかむ

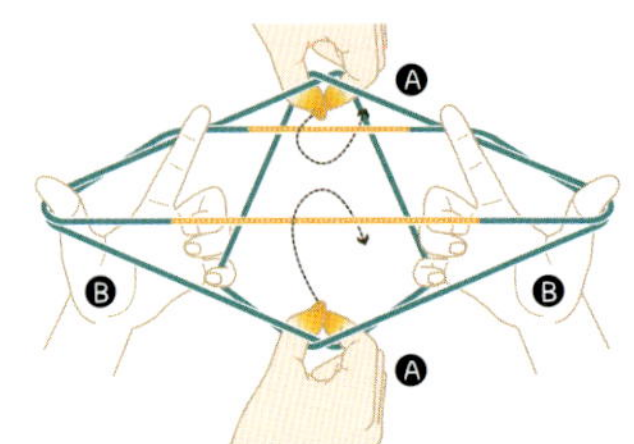

13 外側に引き出し を上からとる

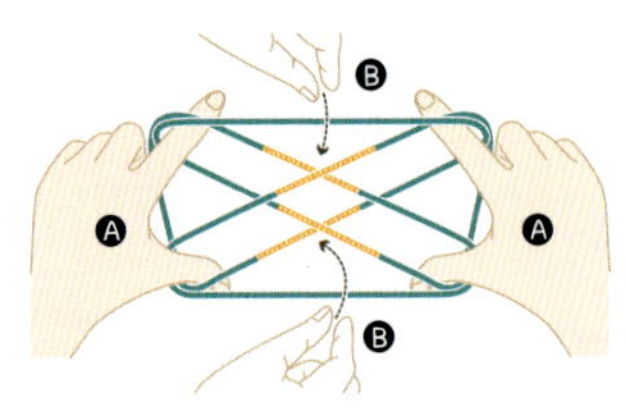

14 Ⓑが親指と人さし指で をそれぞれ2本ずつつかむ

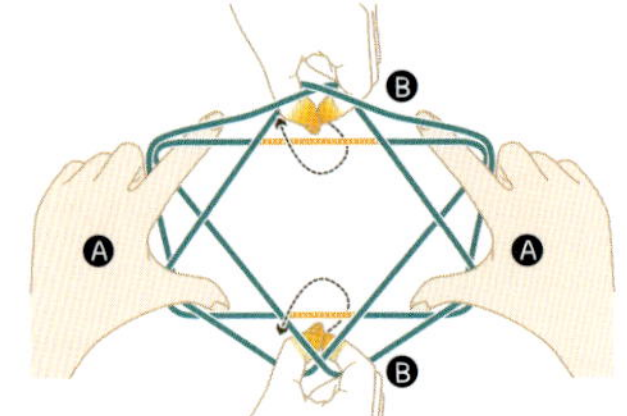

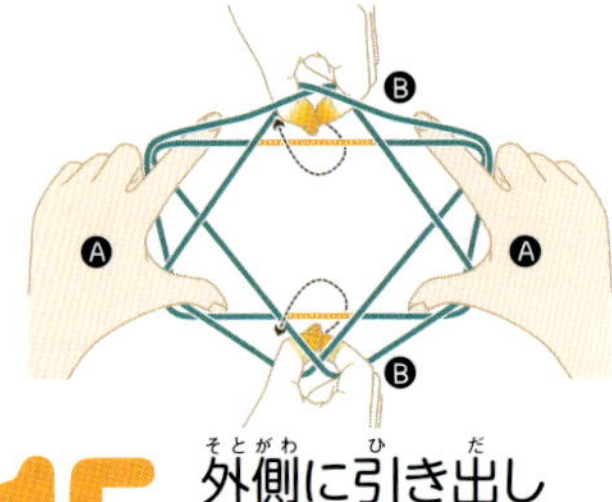

15 外側に引き出し を下からとる

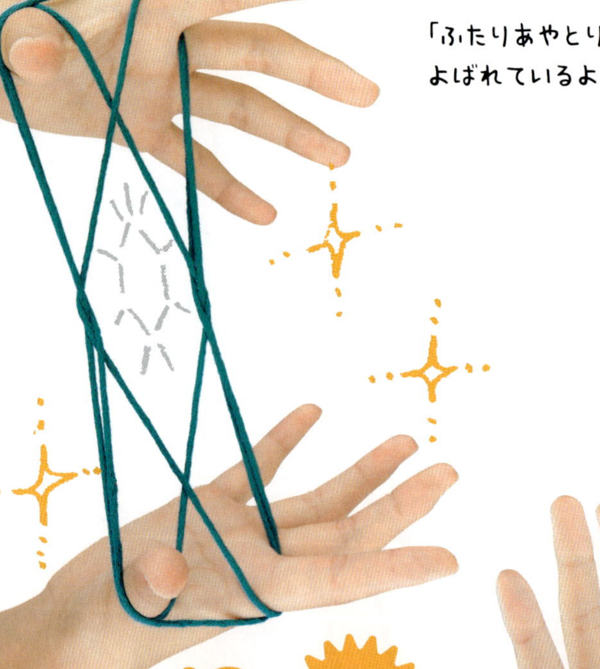

16 ダイヤモンド

「ふたりあやとり」ともよばれているよ

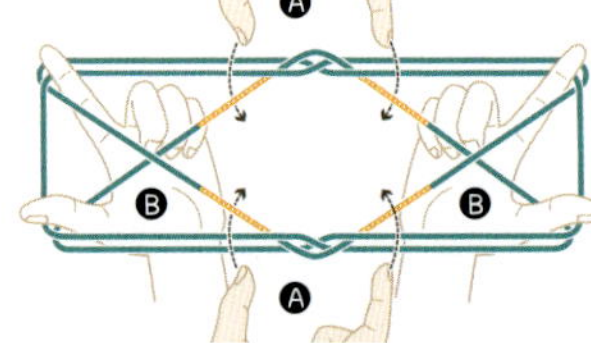

17 Ⓐが親指と人さし指で をそれぞれ2本ずつつかむ

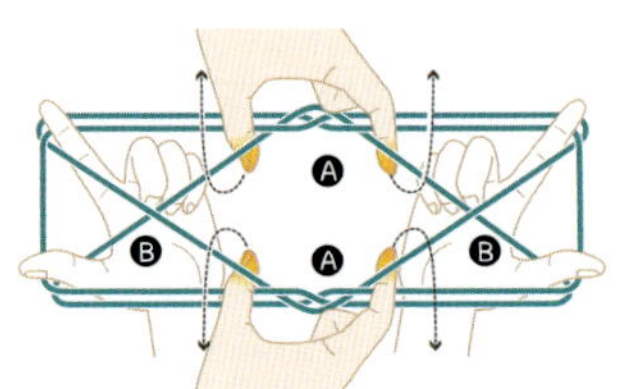

18 指先が上をむくようにして、両手を広げる

19 かえる

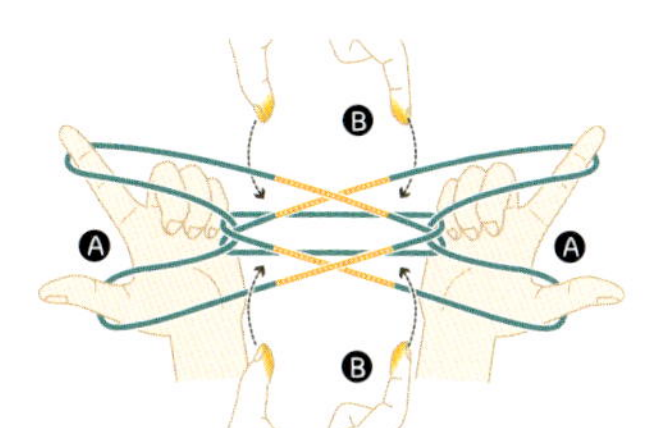

20
Bが親指と人さし指で ━をそれぞれ 2本ずつつかむ

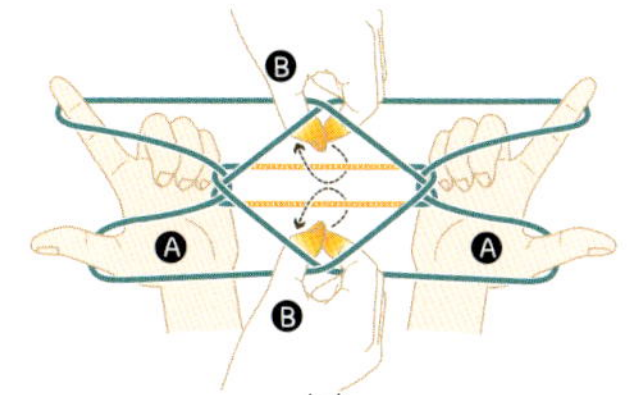

21
━を下からとる

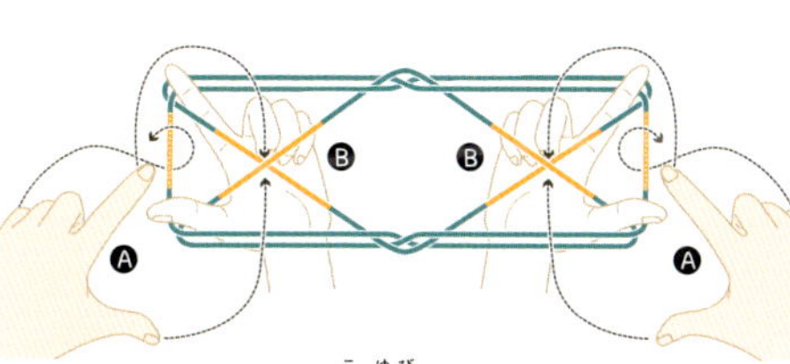

22
Aが小指で━をとり、親指と人さし指で ━をそれぞれ 2本ずつつかむ

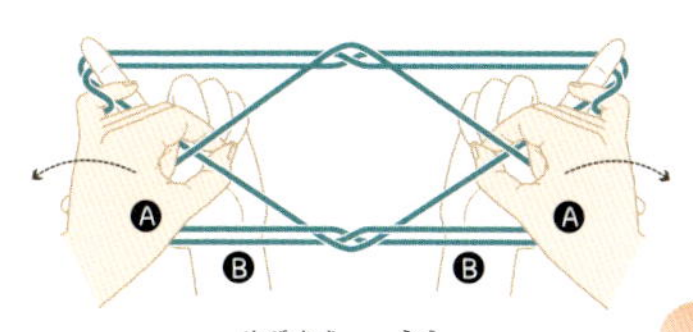

23
指先が上を むくようにして、両手を広げる

ここまでできたら 大せいこう! 「大きなかめ」(P44)に しんかするよ

24

遊び方

3人から6人でそれぞれ1本ずつ ひもをつかみます。「ぶんぶくちゃがまのおが 切れた」と言いながら、たがいに引っぱろう。

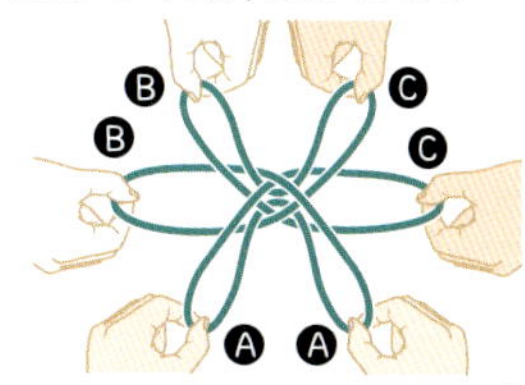

さいごの「た」のときに手を はなし、ひもが引っかかって しまった人のまけ!

くものす

きれいなあみ目に虫が引っかかっちゃうかも

中指のかまえ P12

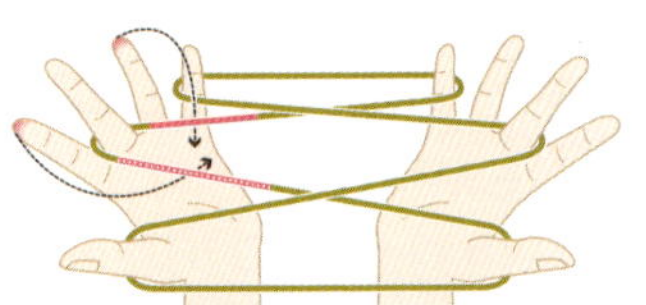

1 左手の人さし指で━、薬指で━をとる

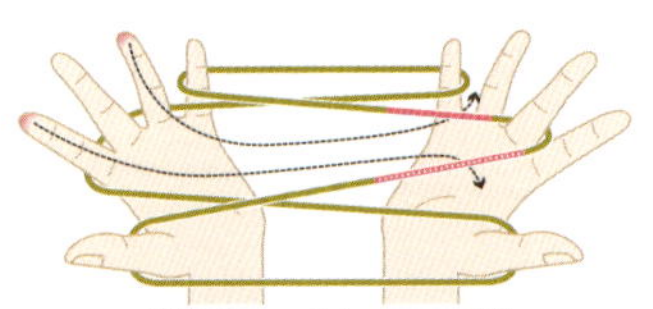

2 左手の人さし指で━、薬指で━をとる

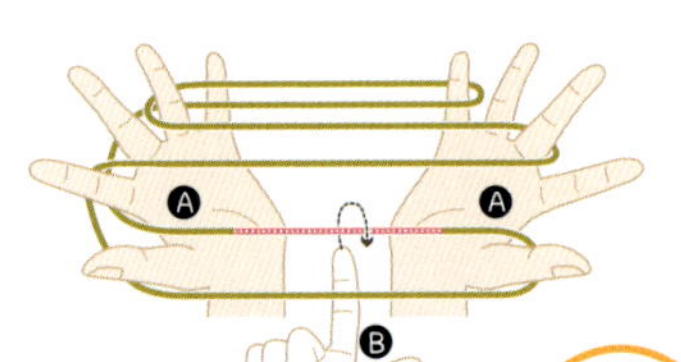

3 Bが右手で━を下から引き出す

注：手前にあるひもの下をくぐるようにします

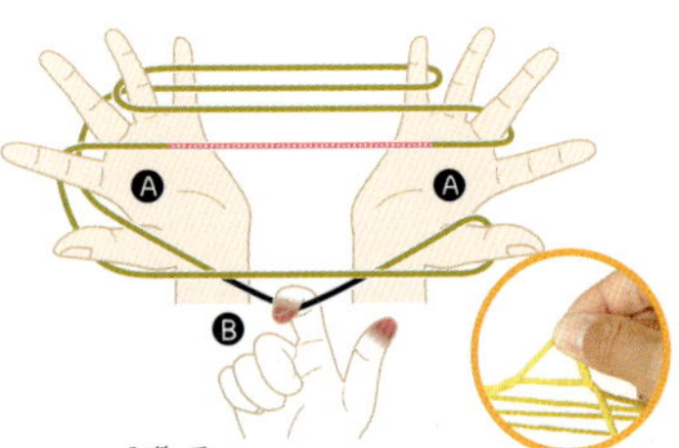

4 右手で━をつかんでから━を外す

注：━のひもに━のひもが引っかかるようにします

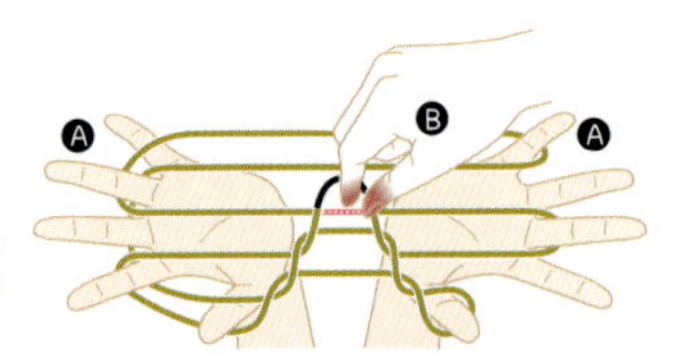

5 右手で━をつかんでから━を外す

注：━のひもに━のひもが引っかかるようにします

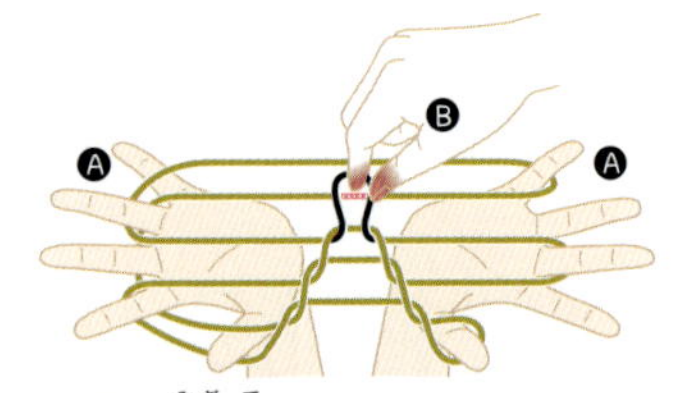

6 右手で━をつかんでから━を外す

注：━のひもに━のひもが引っかかるようにします

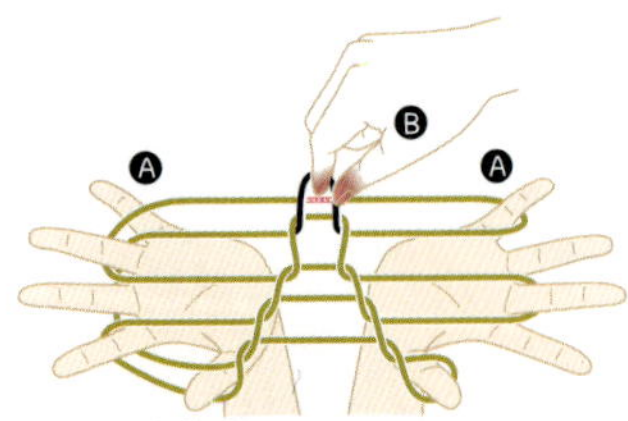

7 右手で━をつかんでから━を外す

注：━のひもに━のひもが引っかかるようにします

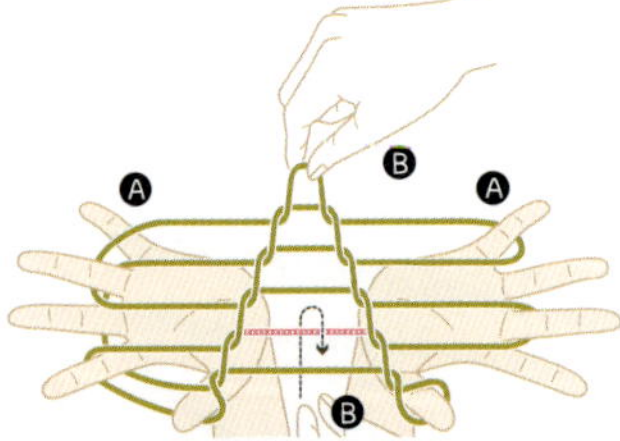

8 Bが左手で━を下から引き出す

注：手前にあるひもの下をくぐるようにします

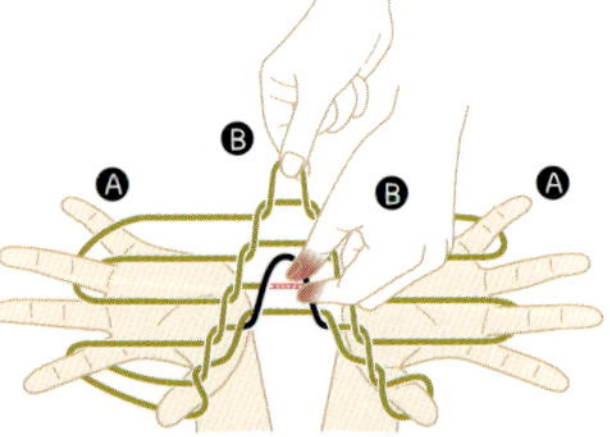

9 左手で━をつかんでから━を外す

注：━のひもに━のひもが引っかかるようにします

むずかしい ★★★

日本

ふたり

10 左手で┅をつかんでから━を外す
注：┅のひもに━のひもが引っかかるようにします

11 左手で┅をつかんでから━を外し、右手でもつ
注：┅のひもに━のひもが引っかかるようにします

12 8～11をくりかえす
注：┅の3本をとっていきます

人気4位 東京スカイツリー

3人でつくる東京の新名所!!

ふたりの手首にひもをかける

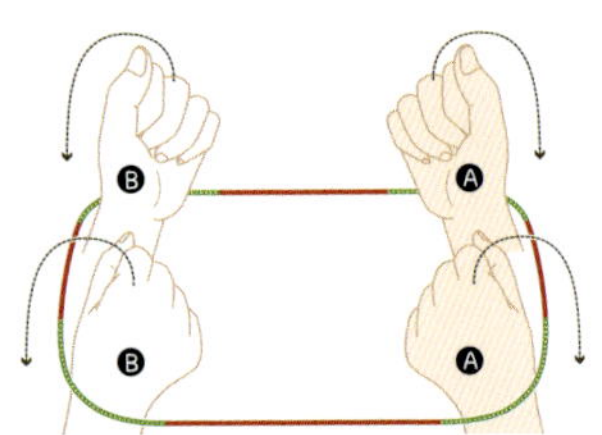

1 両手を外側にむけて回し、━を手首にまきつける

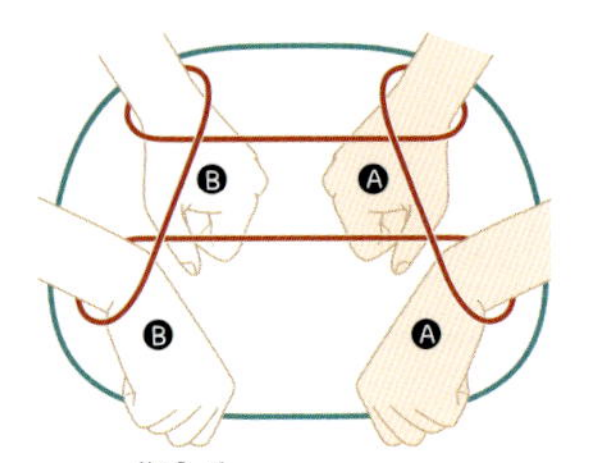

2 両手でべつのひもをつかむ

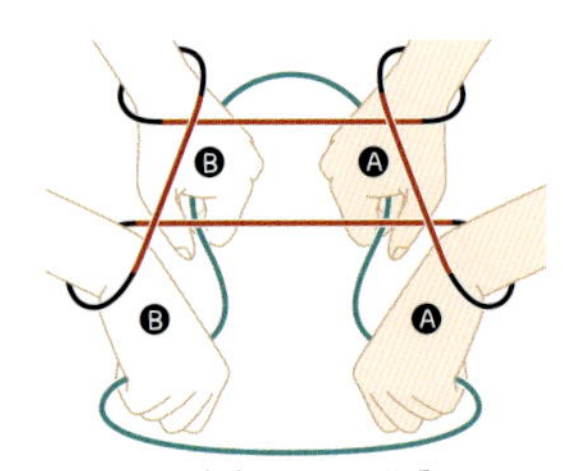

3 手首の━を外す
注:つかんでいるひもははなさないようにしましょう

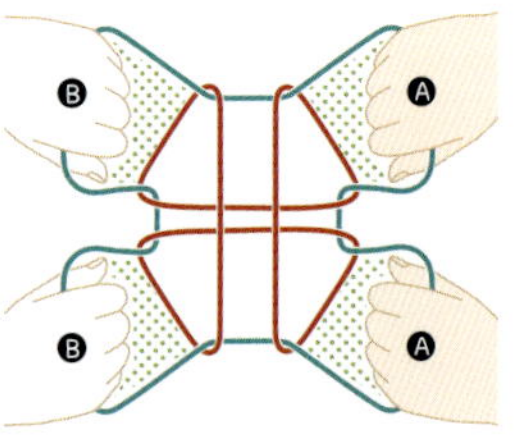

4 それぞれの手首を◌に上から入れる

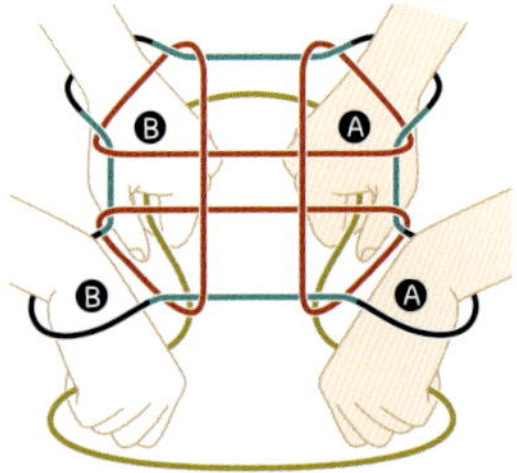

5 両手でべつのひもをつかみ、手首の━を外す

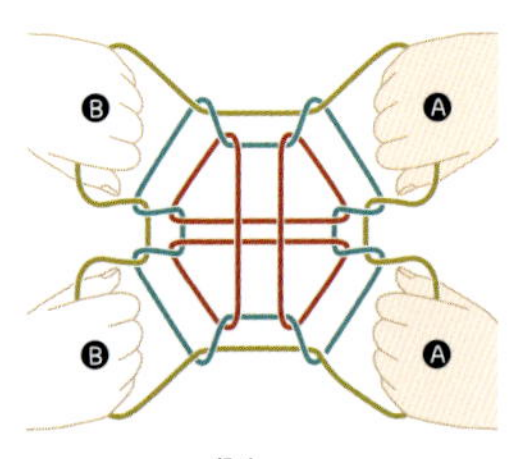

6 あと2本のひもも4〜5をくりかえす

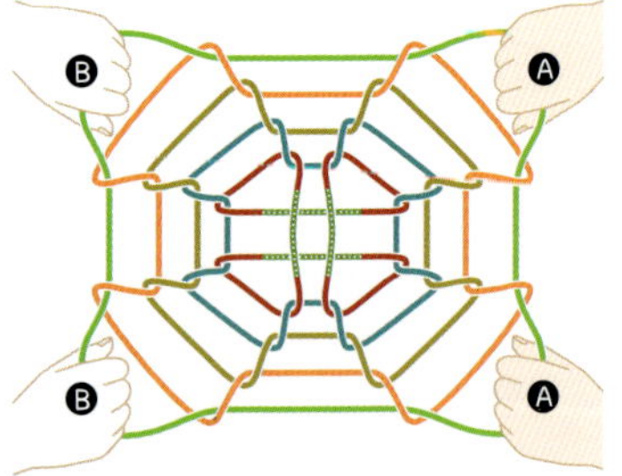

7 5本すべてとったらⒸが━をつかみ、上に引っぱる

※東京スカイツリー・スカイツリーは、
東武鉄道（株）・東武タワースカイツリー（株）の登録商標です。

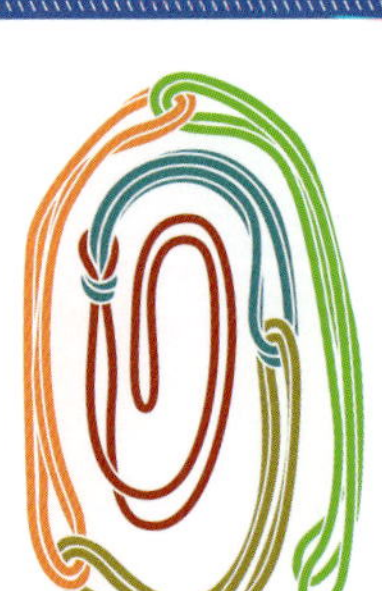

からまった5本のひもをのばすと、
なわとびに早がわり!

できあがり

9この三角形

じつは13この三角形がかくれているんだ。見つけられるかな?

ふたりの手首にひもをかける

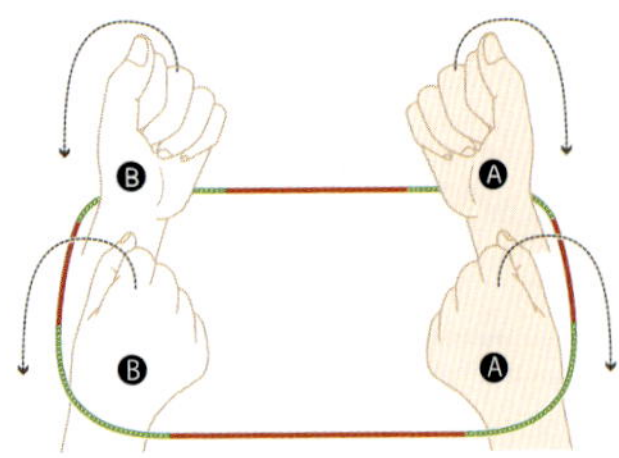

1 両手を外側にむけて回し、━を手首にまきつける

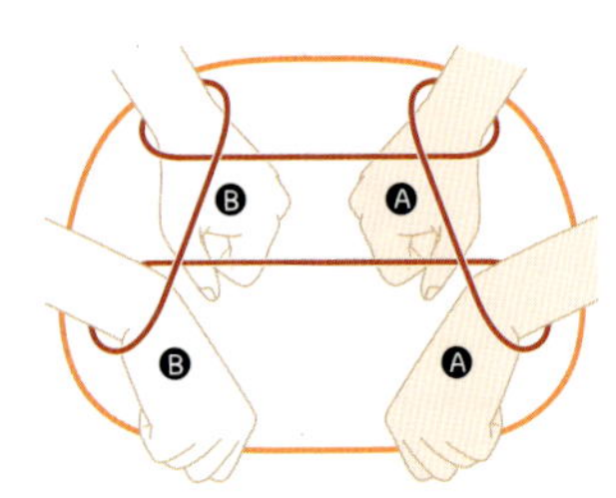

2 両手でべつのひもをつかむ

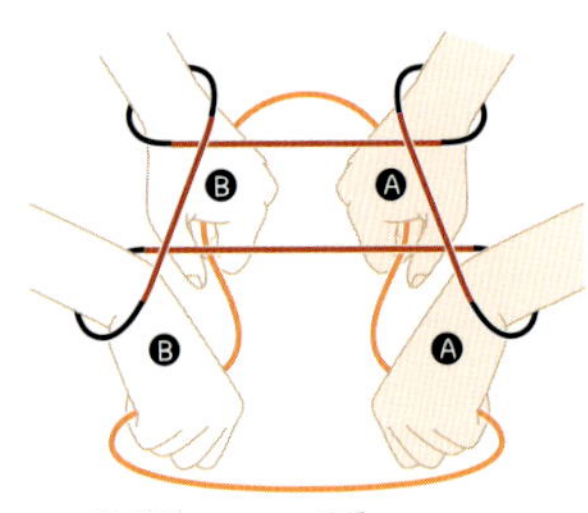

3 手首の━を外す
注:つかんでいるひもははなさないようにしましょう

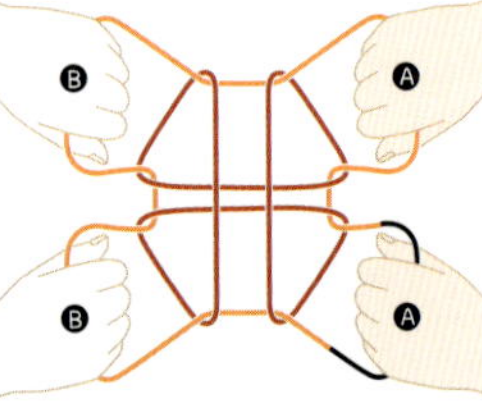

4 どこか1かしょ手をはなす

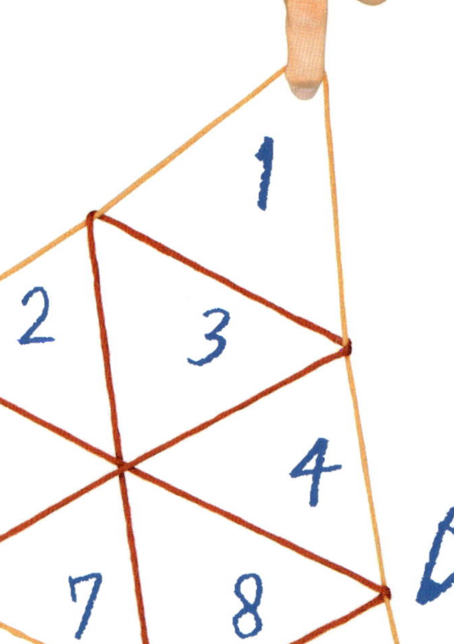

できあがり

かんたん★
日本ほか
ふたり・ひも2本

大きなダイヤ

ひものいちをかえれば、ちがった形になるよ

ひもをおく

1 「のこぎり」(P26)をつくり上におく

2 ふたりで2かしょずつ をそれぞれ引き出す

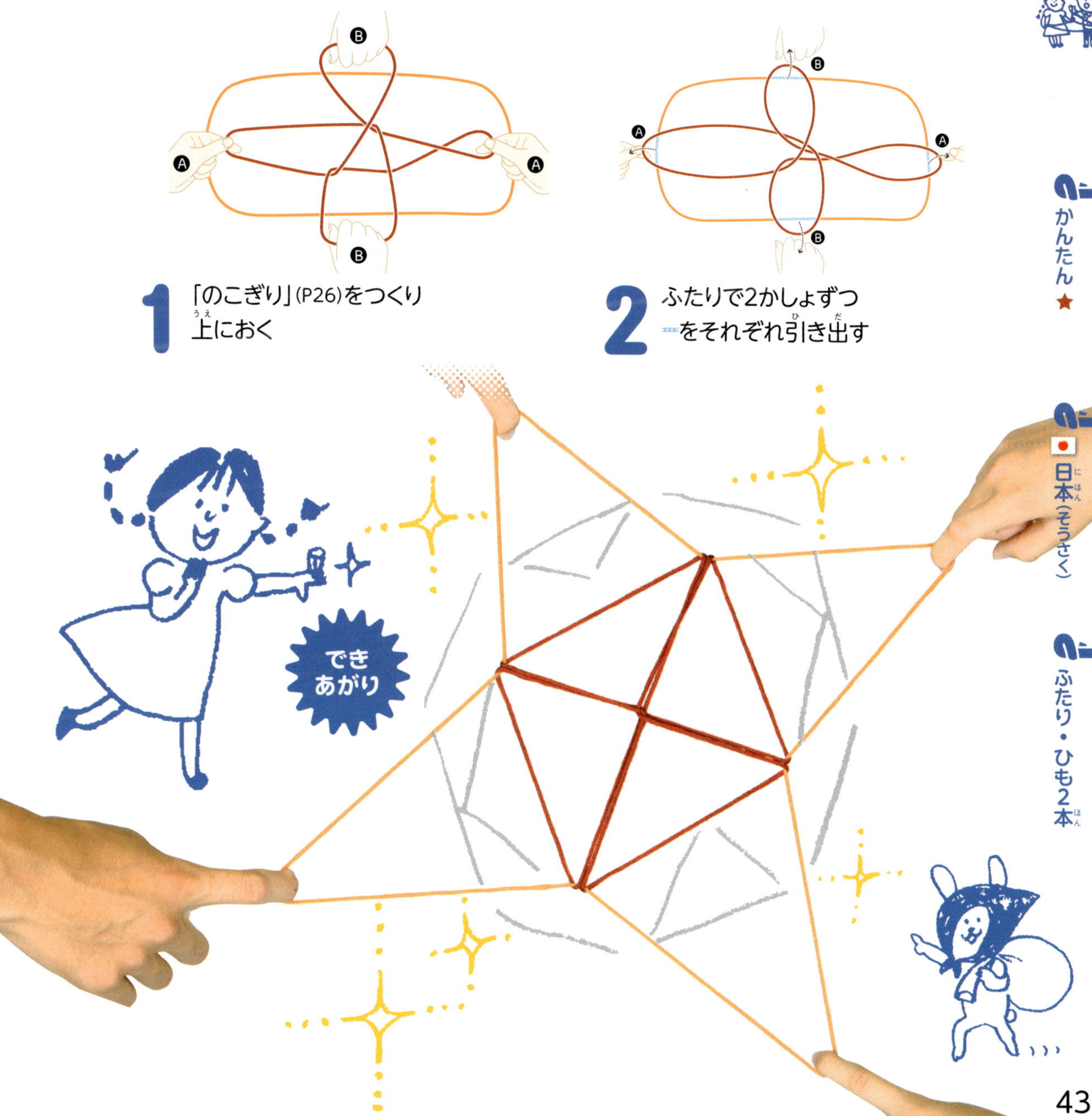

大きなかめ

手足の長さをちょうせつして、より「かめ」っぽくしてみよう

ひもをおく

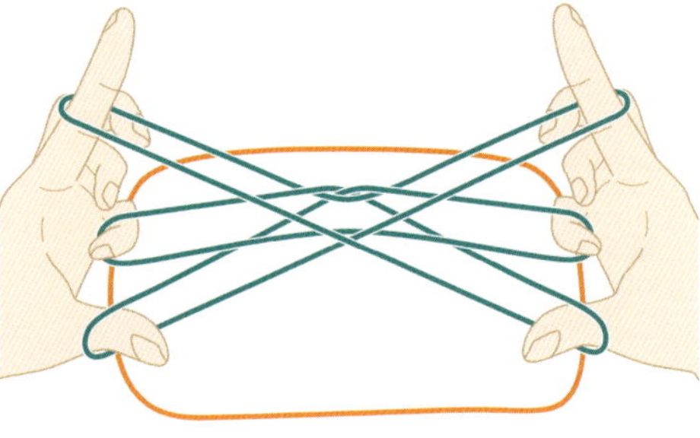

1 「ぶんぶくちゃがま」(P34)をつくり上におく

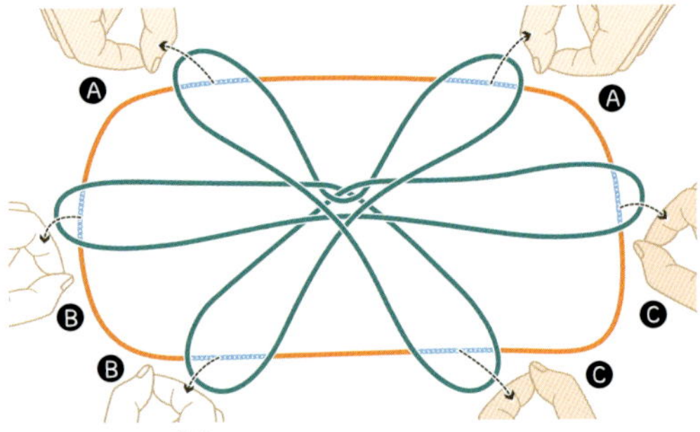

2 3人で2かしょずつ をそれぞれ引き出す

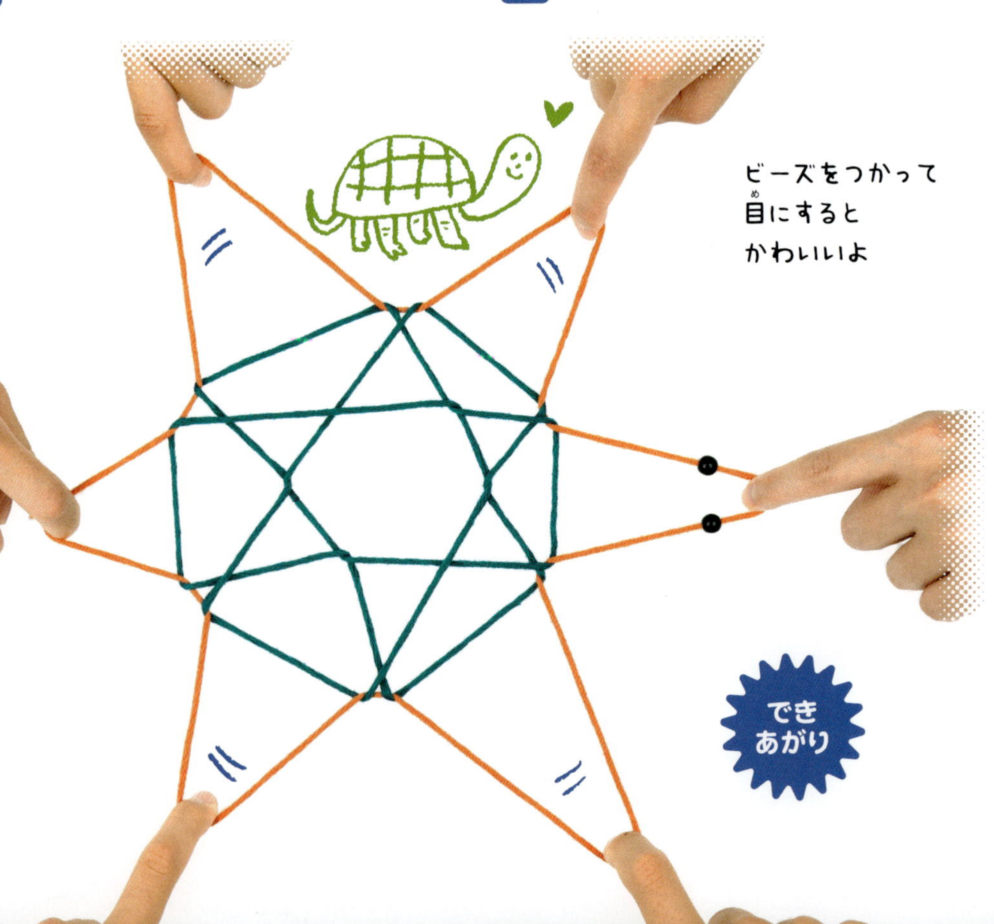

ビーズをつかって
目にすると
かわいいよ

できあがり

うちゅう

うちゅうにうかぶ“人工えいせい”をイメージしているんです

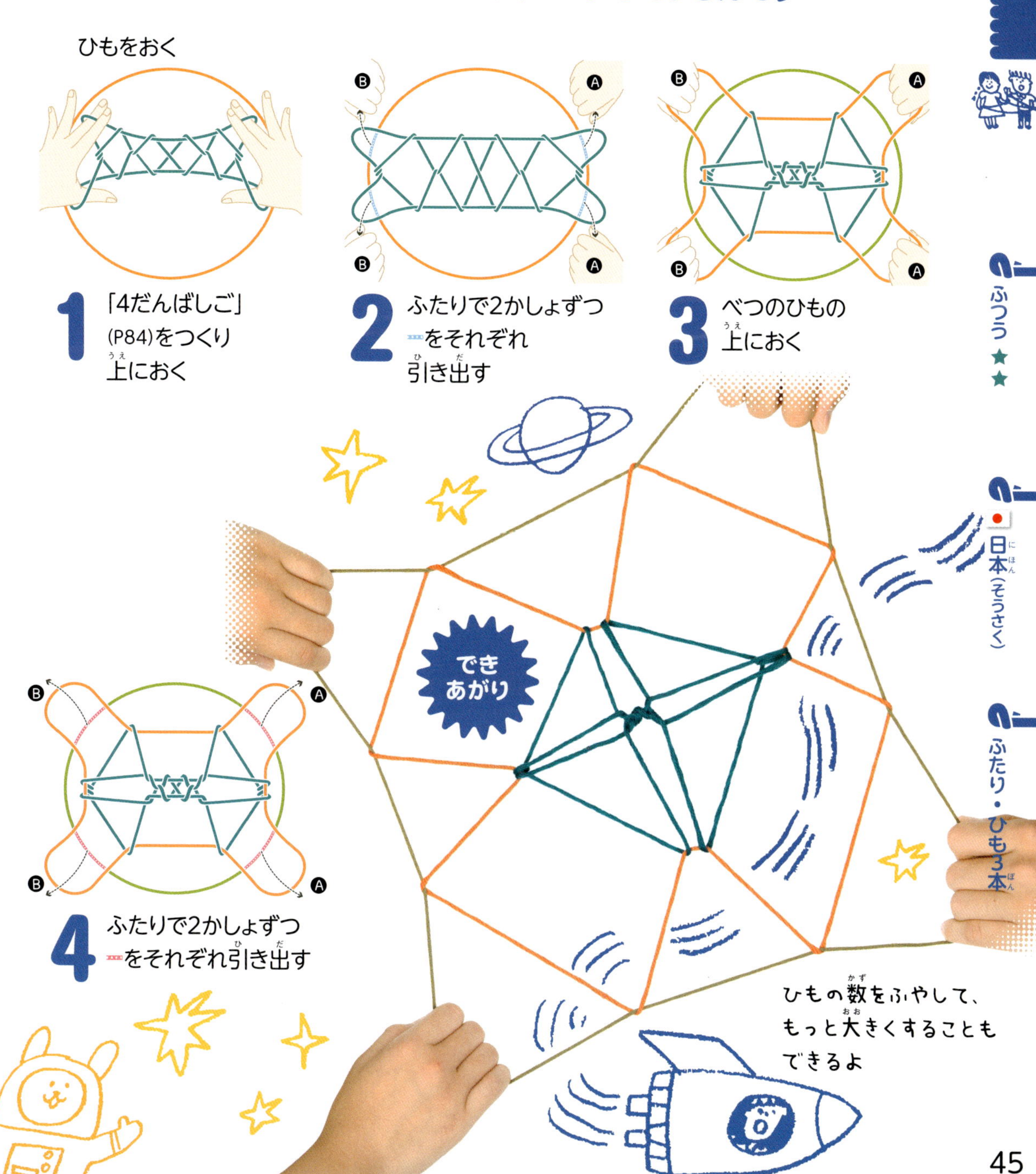

おうち

この中でねむれたらいいのにな

人さし指のかまえ P13　ふたりでべつべつにかまえてむかい合う

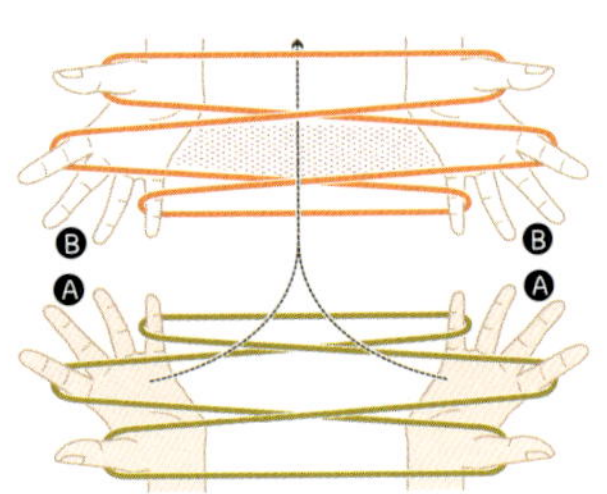

1 Ⓐが両手を◯に上から入れる

2 Ⓑが人さし指の━を外す
注:外したひもはⒶの手首にかかります

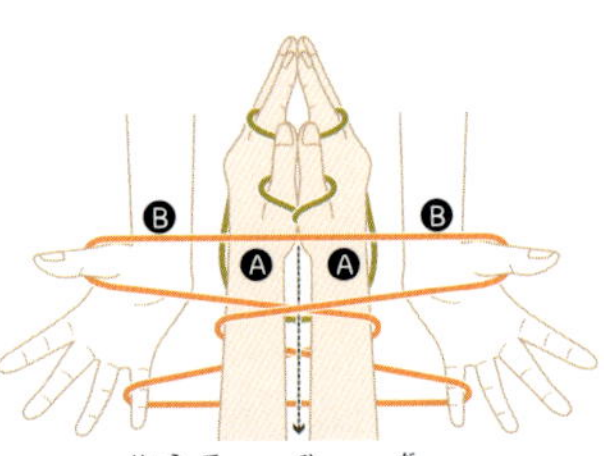

3 Ⓐが両手を引き出す

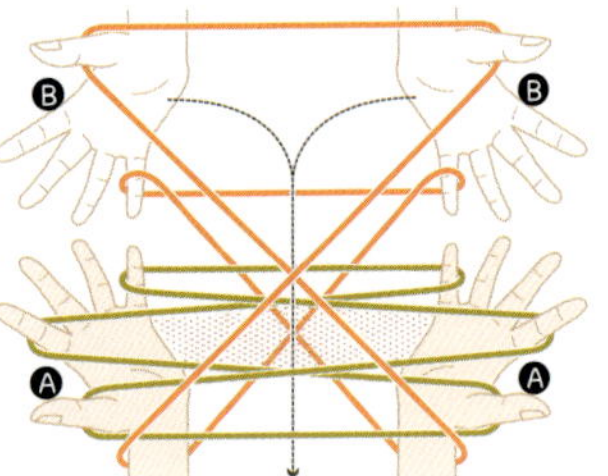

4 Ⓑが両手を◯に上から入れる

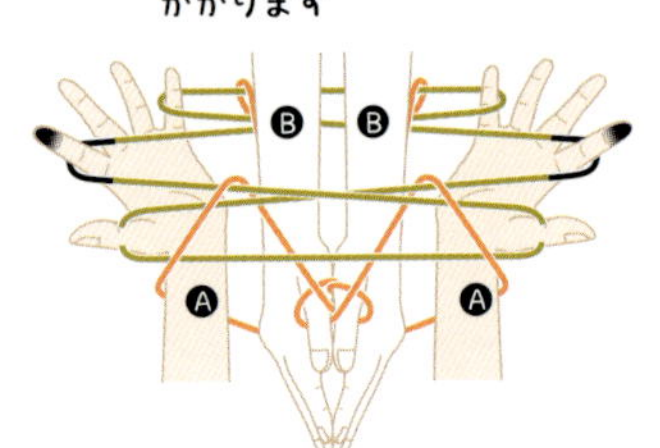

5 Ⓐが人さし指の━を外す
注:外したひもはⒷの手首にかかります

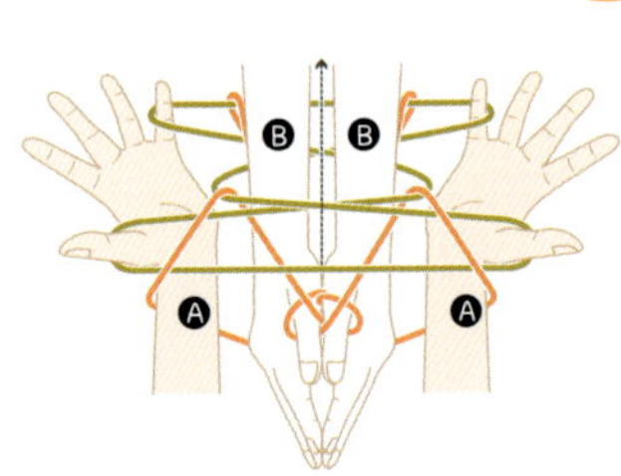

6 Ⓑが両手を引き出す

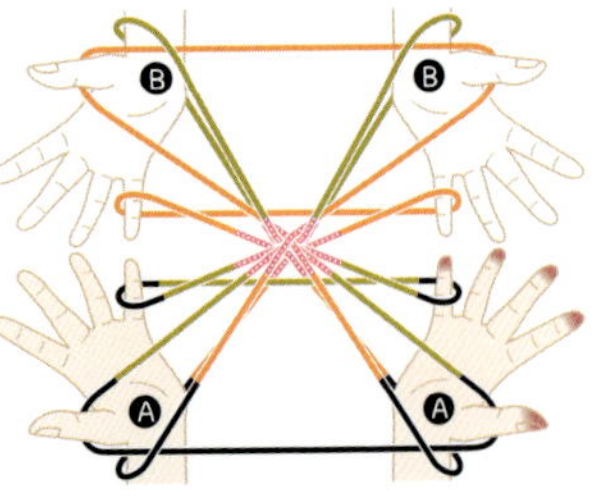

7 Ⓐがすべての━を外し、右手で━をにぎる

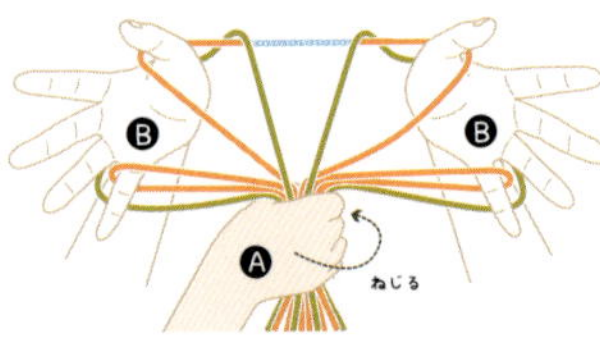

8 Ⓐがにぎったひもをなんどかひねり、━の上にかける

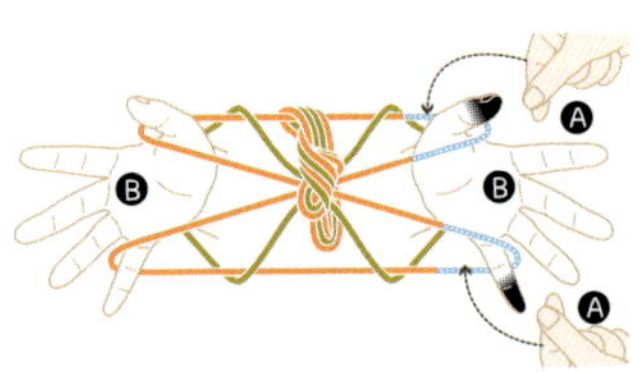

9 Ⓐが右手と左手で━をそれぞれつかむ
注:Ⓑの指からは外します

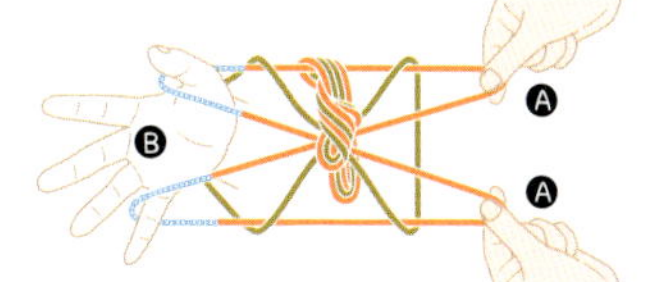

10 Ⓑが右手と左手で ▬ をそれぞれつかむ
注：Ⓑの指からはいちど外します

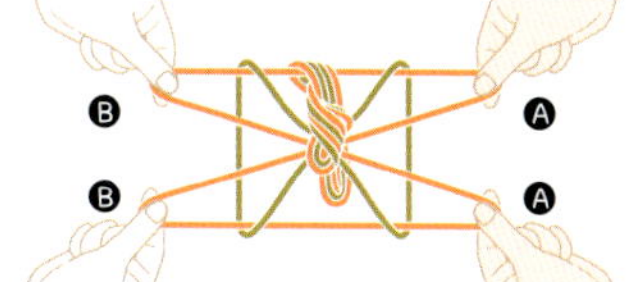

11 両手をそれぞれ引っぱる

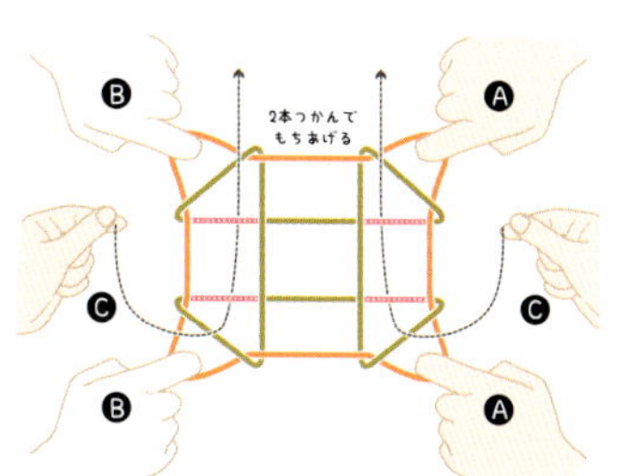

12 Ⓒが右手、左手で ▬ をそれぞれ2本ずつつかみ、上へ引っぱる

さいごにまん中を
かた手でもつと
「山」になるよ

2本ふたりあやとり

2色のひもでとりあいっこ。どんな形ができるかな？

中指のかまえ P12

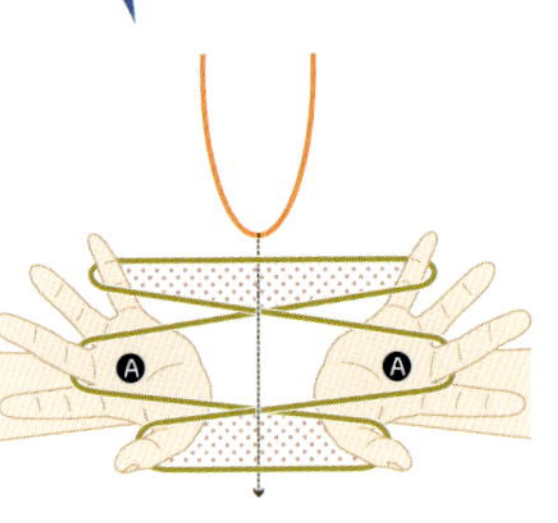

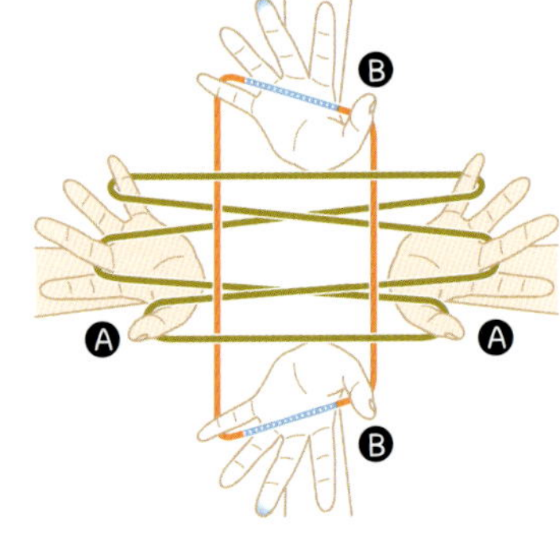

1 ◌にべつのひもを通し、Ⓑがはじめのかまえ(P12)をする

2 Ⓑがはんたいの中指で━をとり合う

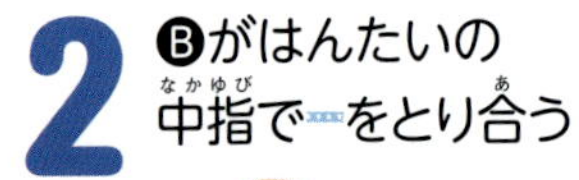

3 Ⓐが指をとじ、両手を◌に下から入れる

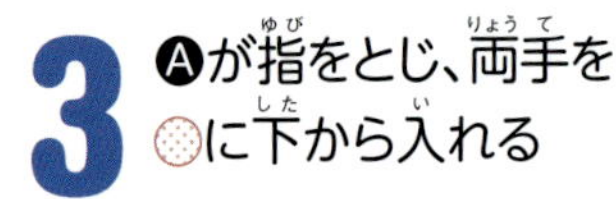

むずかしい ★★★

日本（そうさく）

ふたり・ひも2本

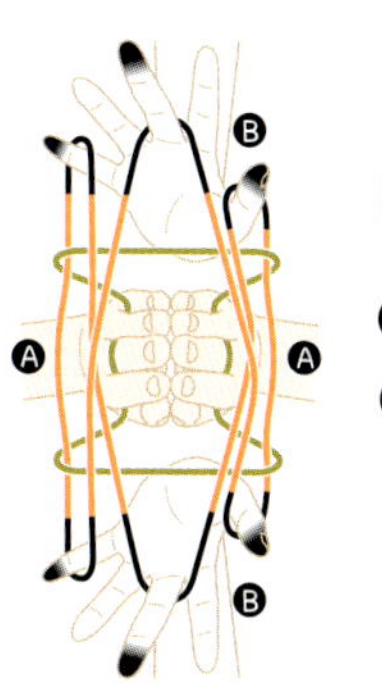

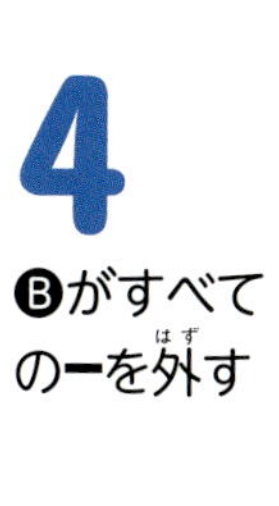

4

Ⓑがすべての━を外す

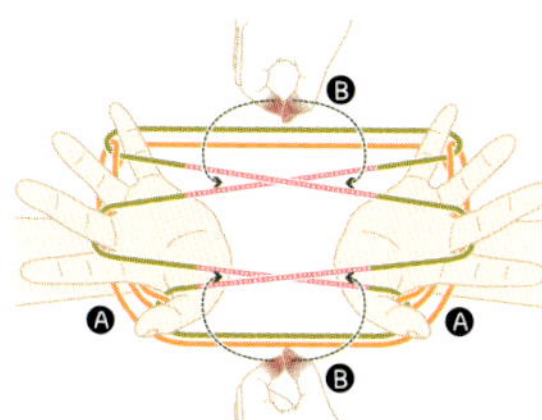

5

Ⓑが親指と人さし指で━をそれぞれ2本ずつつかむ

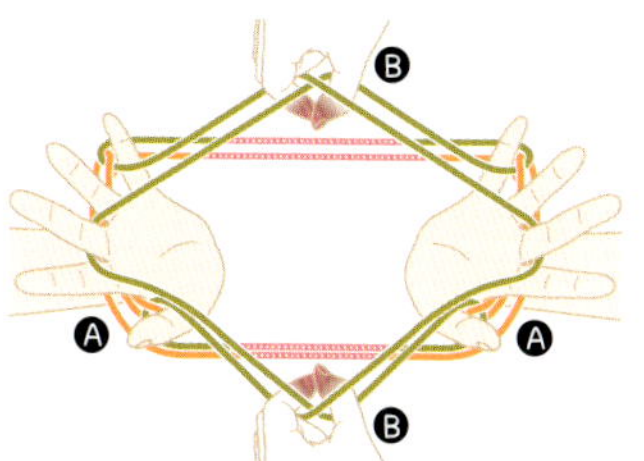

6

外側に引き出し━を2本とも下からとる

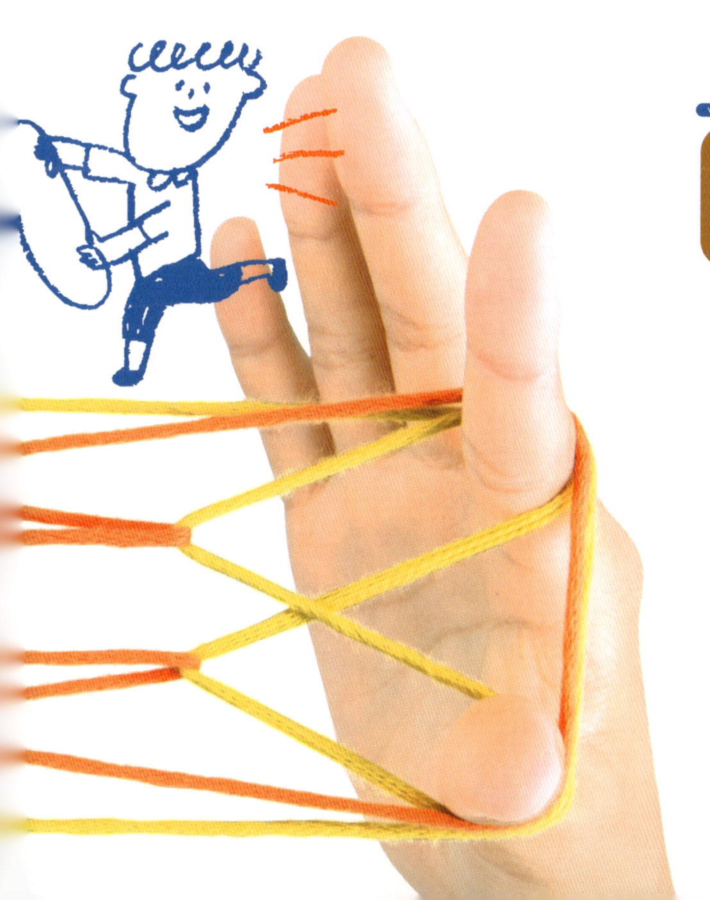

遊び方

5からふたりでひもをとり合うと
下のように2本のひもが
きれいにからまっていくよ。
どんな形が
つくれるか、チャレンジしてみよう！

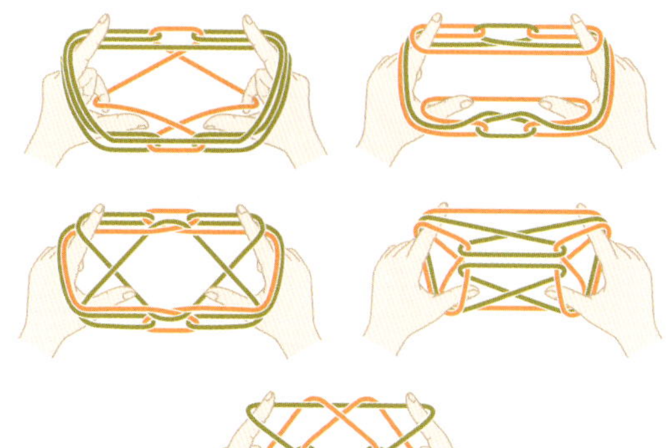

人気1位

まほうのほうき

大人気の作品！　パンッとたたけば“ほうき”があらわれる

はじめのかまえ P12

ひものまん中を1回ひねる

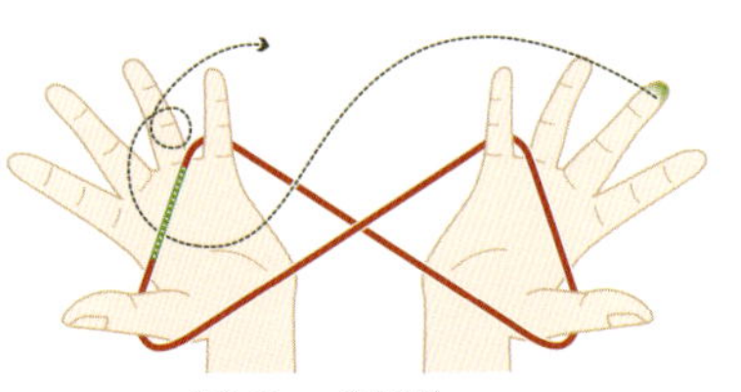

1 右手の中指で▬をとり、1回ひねる

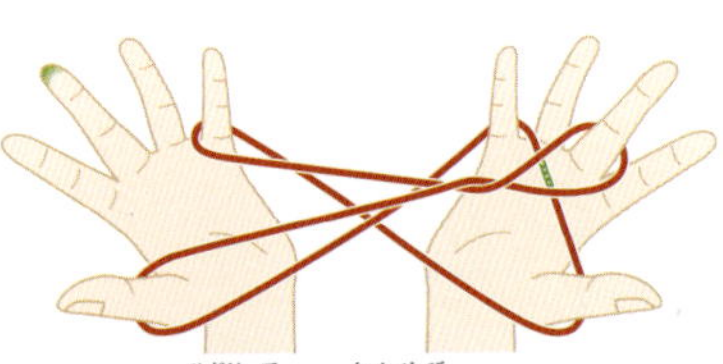

2 左手の中指で▬をとる

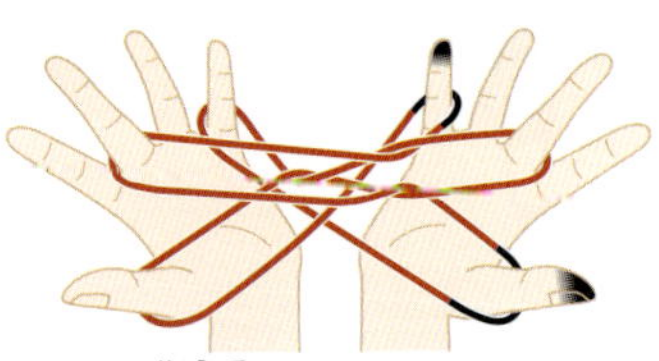

3 両手をパンと合わせて、右手の親指と小指の▬を外し、両手を広げる

かんたん★

日本ほか

ふじさん

7㎝のふじさん。本当は3776m！

中指のかまえ P12

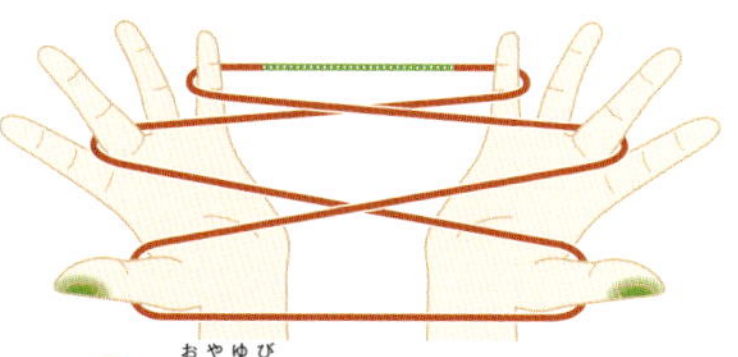

1 親指で▬をとる

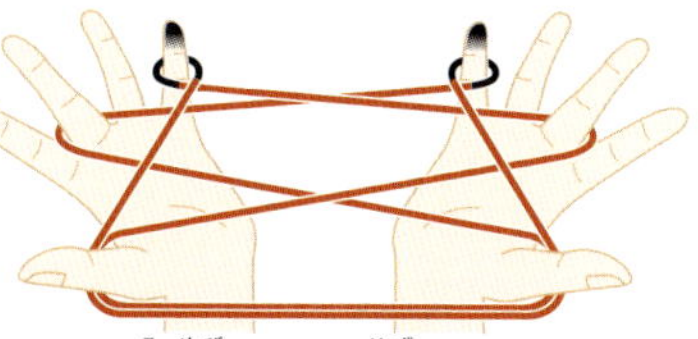

2 小指の▬を外す

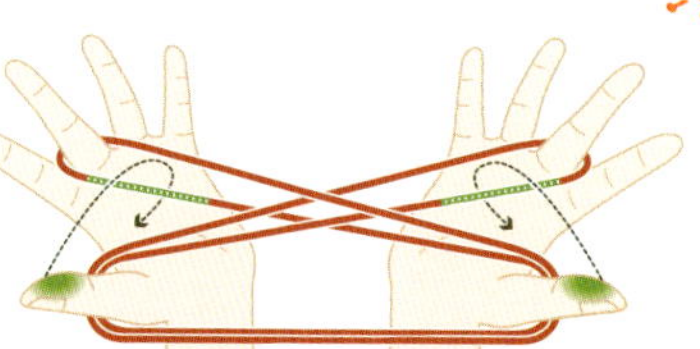

3 親指で▬を上からとる

注：親指にかかっている2本のひもは外れないようにしましょう

4 中指で▬を2本とも上からとる

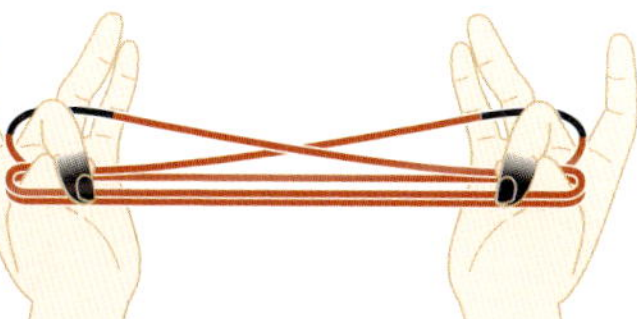

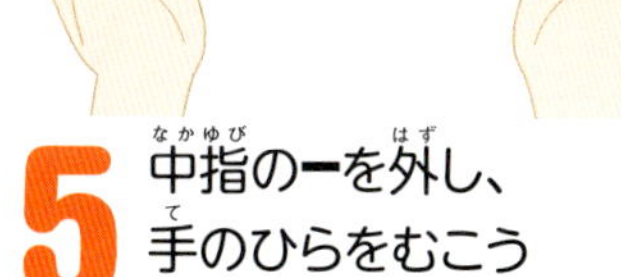

5 中指の▬を外し、手のひらをむこうにむける

できあがり

三重星

かんせいしたら“ながれ星”にしておねがいごとをしよう

左手の親指と中指に三重にしたひもをかける

1 右手の人さし指で▬を引き出す

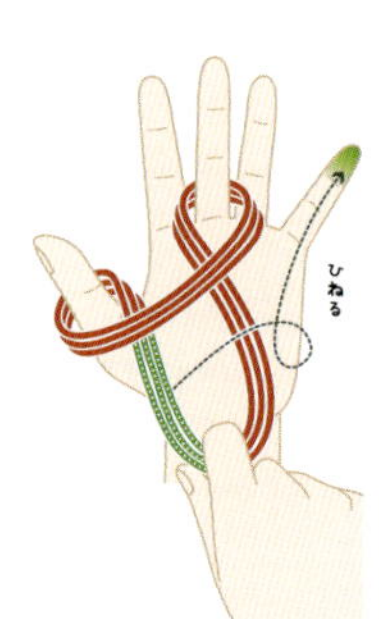

2 ▬をむこう側にひねり小指にかける

3 右手の人さし指を◎に上から入れ、▬を引き出す

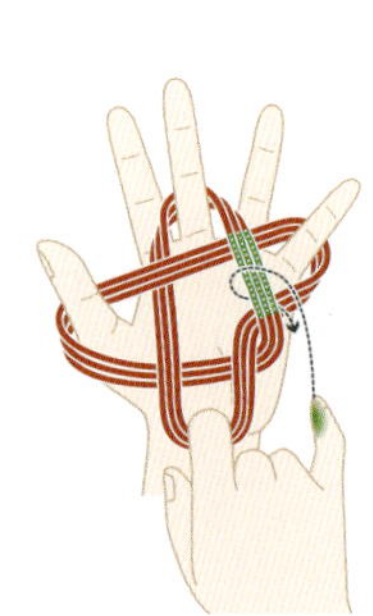

4 右手の小指で▬を上からとる

できあがり

ひもの長さによって二重星や四重星にもなるよ

かんたん★

日本（そうさく）

お月さま

人気8位

雲のかかったお月さま。上手に丸くできるかな？

中指のかまえ P12

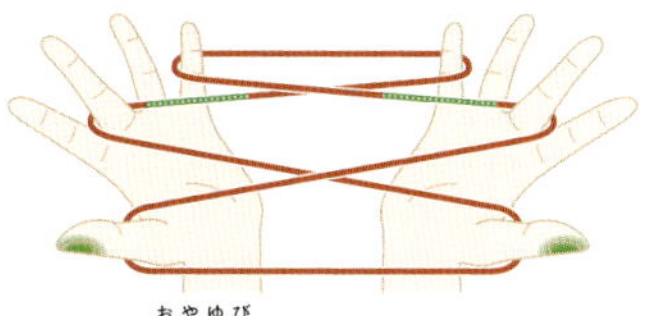

1 親指で■をとる

2 右手の中指で■をとる

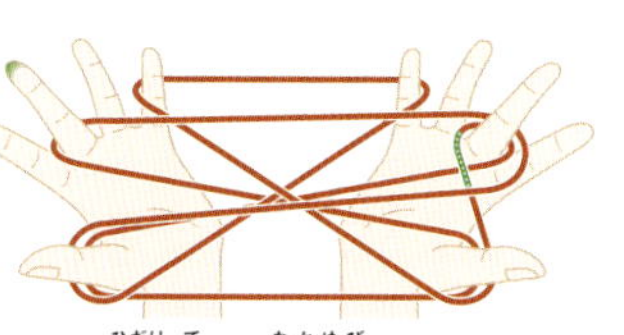

3 左手の中指で■をとる

4 親指の■を外側から外して、指先をむこうにむける

竹

1日1mいじょうのびることもあるすごいやつ

かんたん★

日本

右手の親指と人さし指にひもをかける

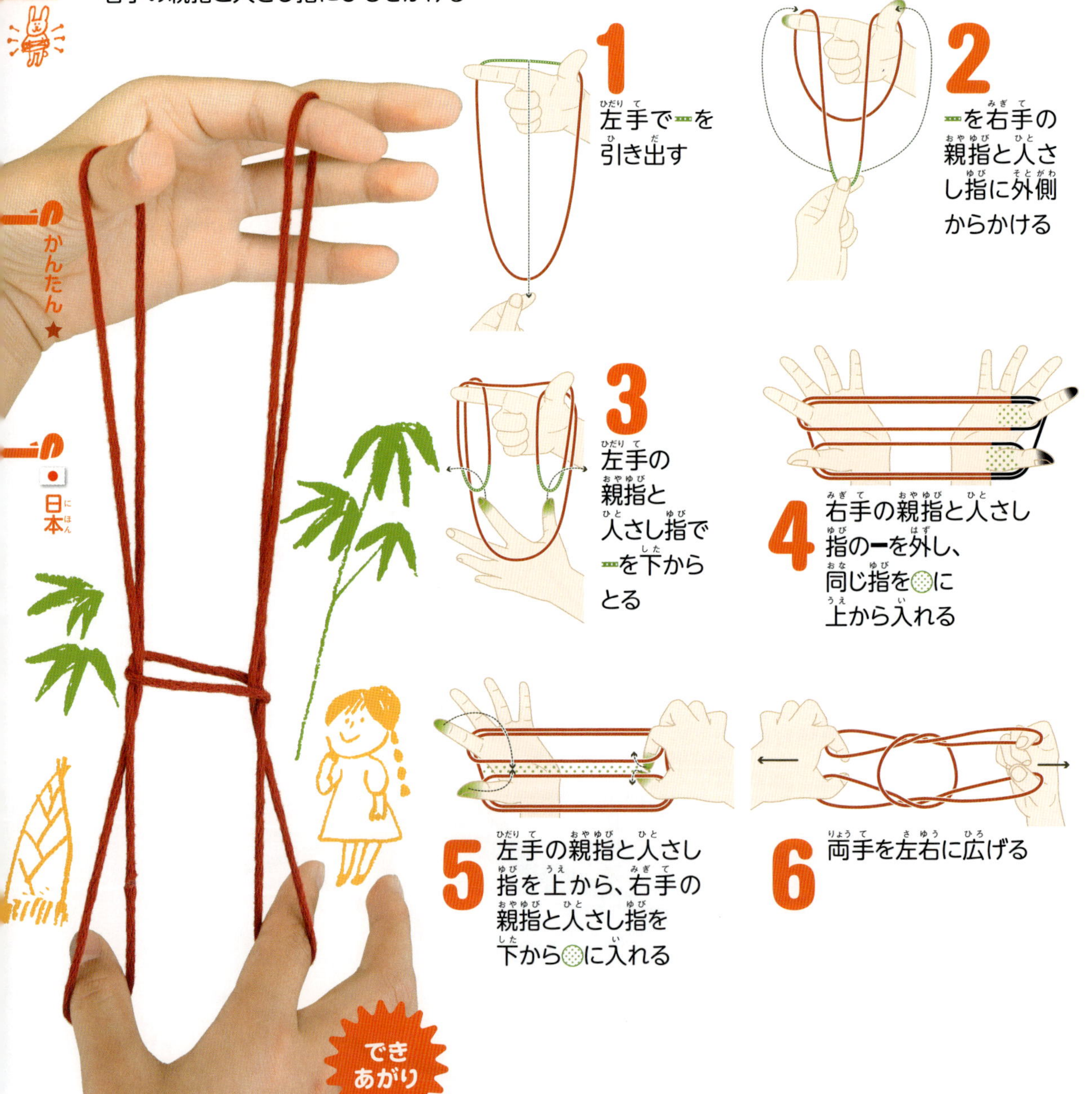

1 左手で━を引き出す

2 ━を右手の親指と人さし指に外側からかける

3 左手の親指と人さし指で━を下からとる

4 右手の親指と人さし指の━を外し、同じ指を◎に上から入れる

5 左手の親指と人さし指を上から、右手の親指と人さし指を下から◎に入れる

6 両手を左右に広げる

かたつむり

ひもをグルグルまきつけて、かたつむりのからをつくろう

人さし指のかまえ P13

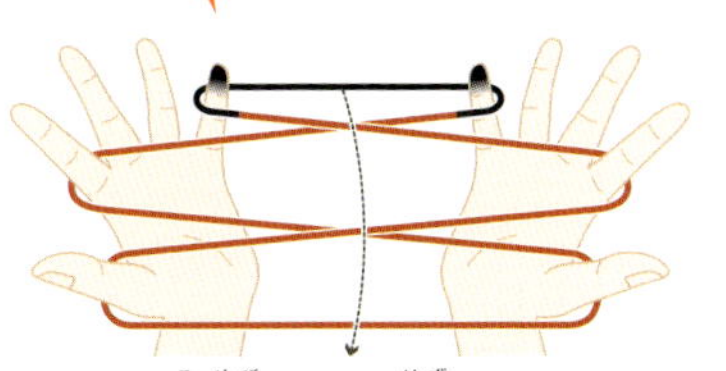

1 小指の━を外し手前にたらす

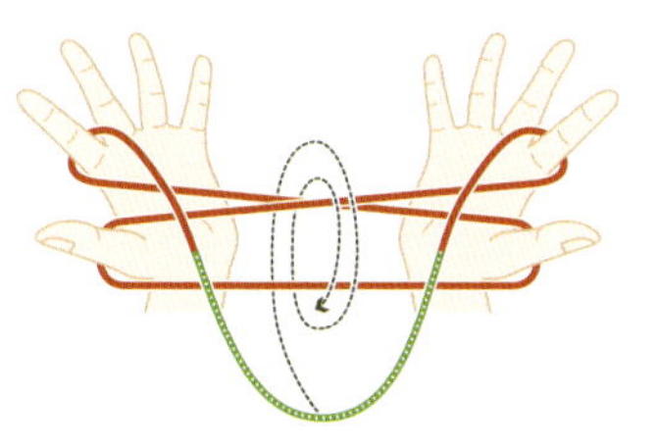

2 ━をほかのひもにグルグルとまきつける

注：やりにくい場合はほかの人に手つだってもらいましょう

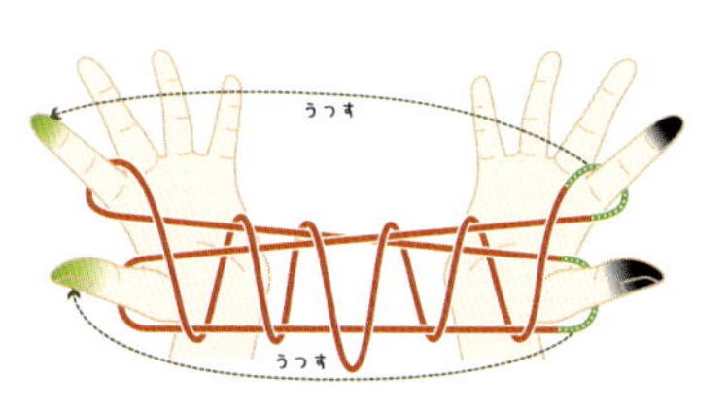

3 右手の親指、人さし指の━を、左手の親指、人さし指それぞれにうつす

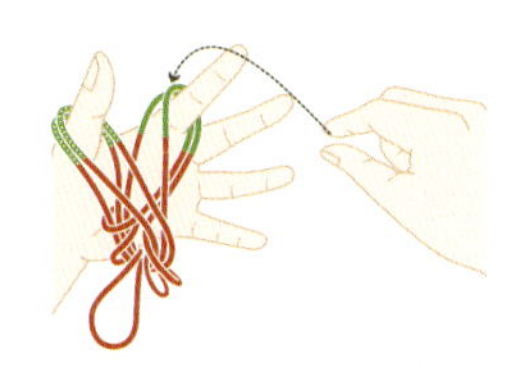

4 親指の━を左手で、人さし指の━を右手でつかむ

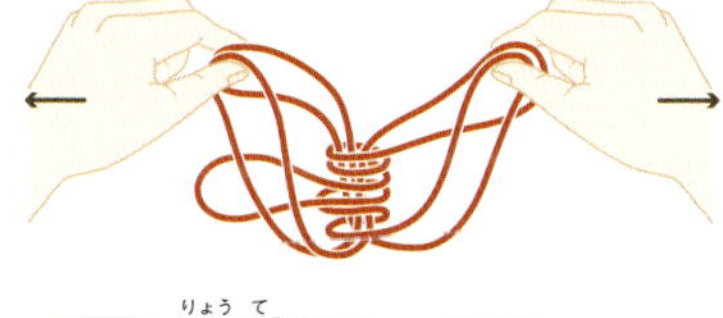

5 両手をゆっくりと左右に広げる

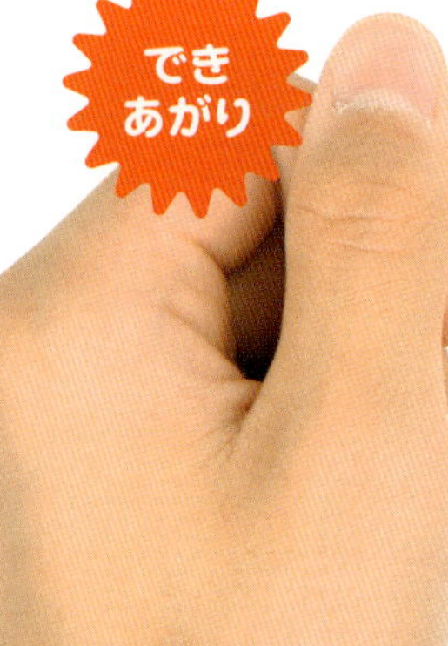

ビーズをつかって目にするとかわいいよ

そり

つくり方はかんたん！　みんなは何をのせる?

P12

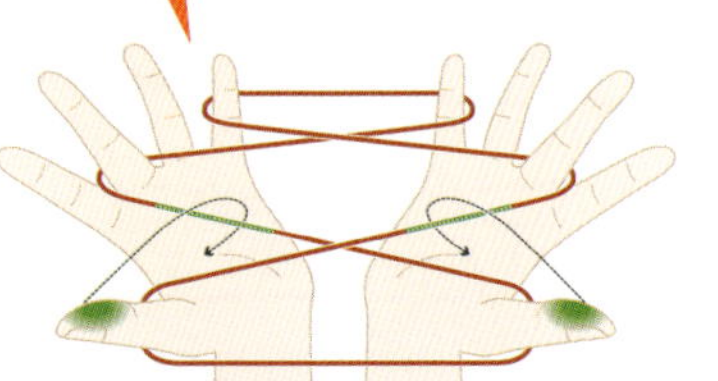

1 親指で▬を上からとる

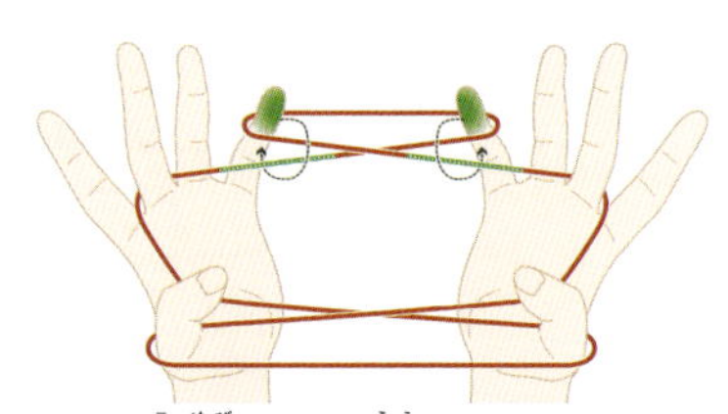

2 小指で▬を上からとる

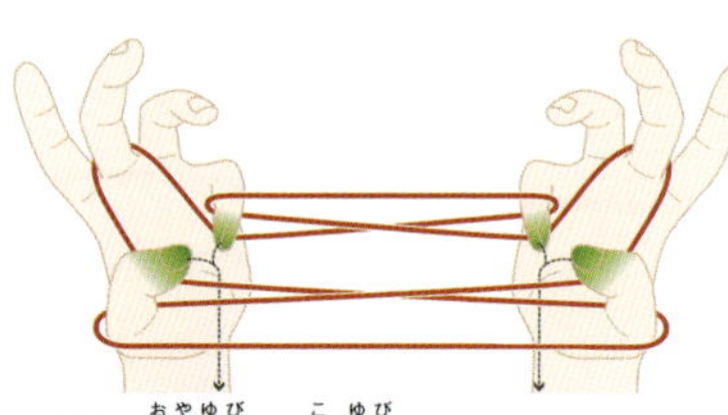

3 親指と小指をおし下げる

できあがり

やぐら

ぼんおどりなどでたいこをたたいたりする高い台。それが「やぐら」だ！

はじめのかまえ P12

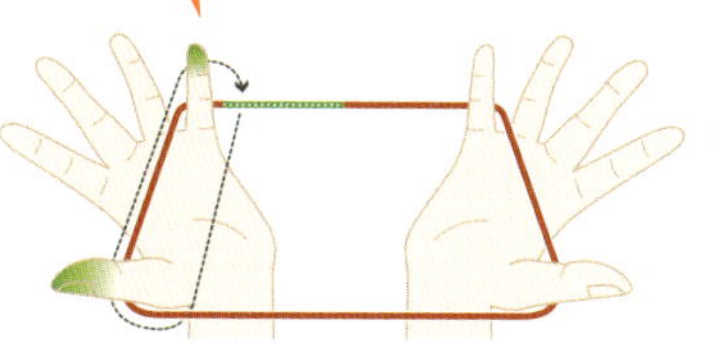

1 左手の親指と小指に━を1しゅうまく
注:時計まわりにまきましょう

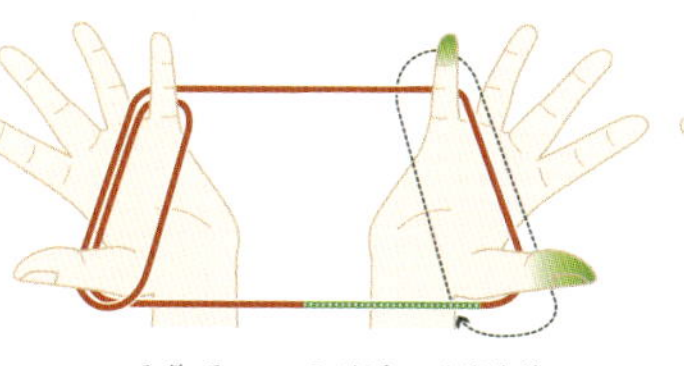

2 右手の小指と親指に━を1しゅうまく
注:時計まわりにまきましょう

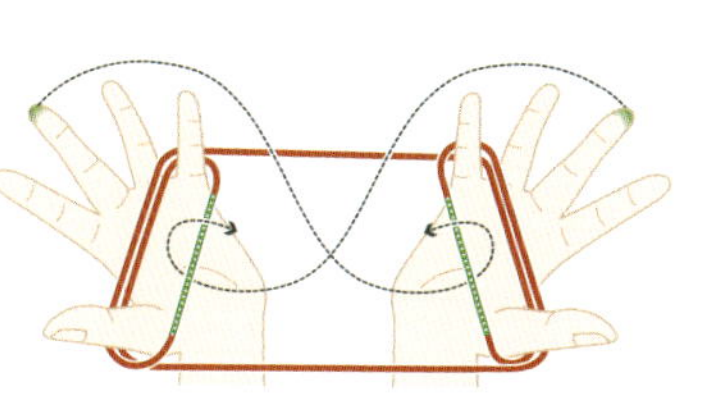

3 はんたいの中指で━をとり合う

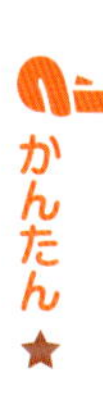

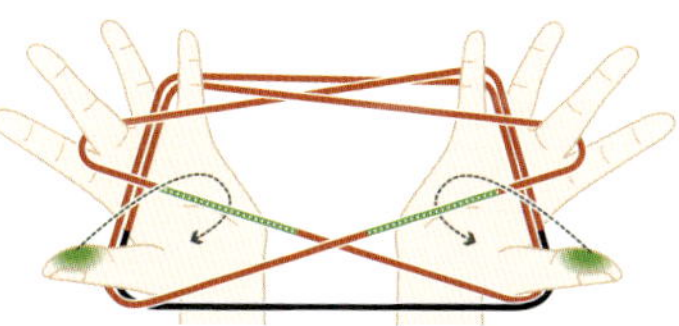

4 親指で━を上からとる
注:━はしぜんに外れます

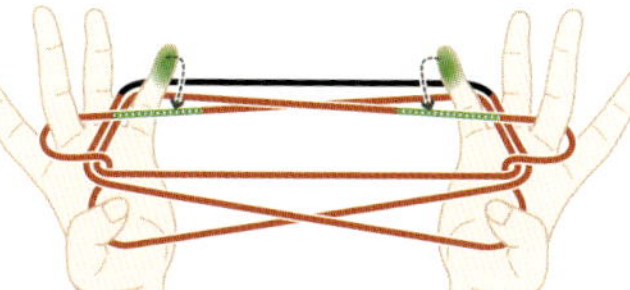

5 小指で━を上からとる
注:━はしぜんに外れます

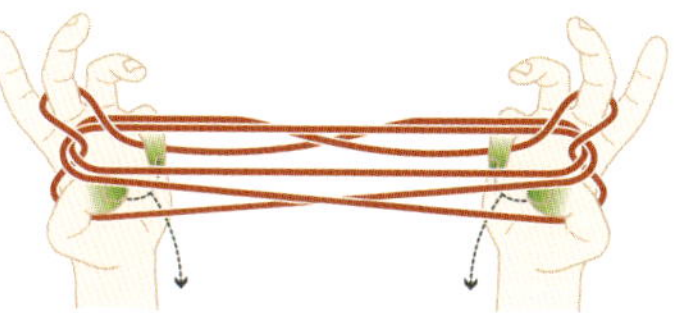

6 親指と小指をおし下げる

矢

すきな人のハートをうちぬけ！

中指のかまえ P12

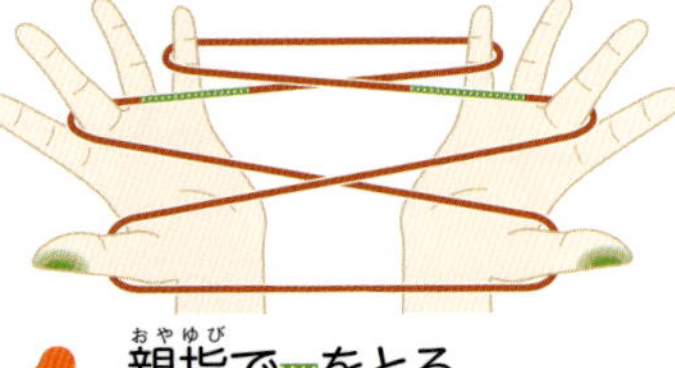

1 親指で▬をとる

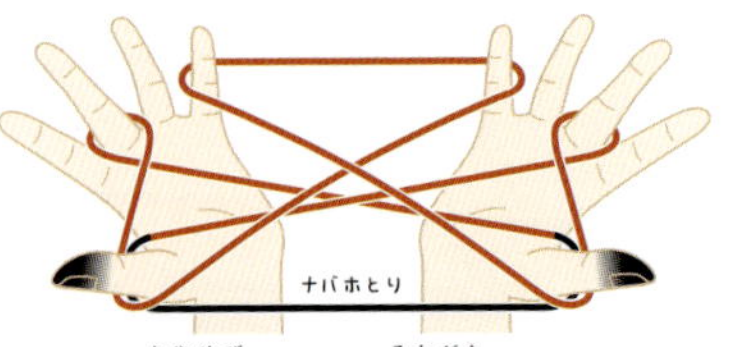

2 親指の▬を外側から外す

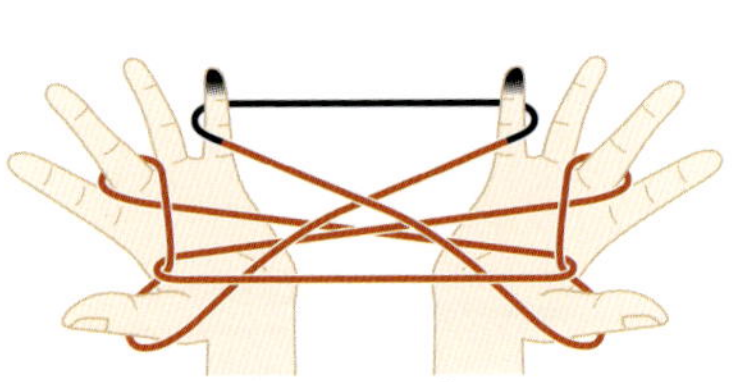

3 小指の▬を外す

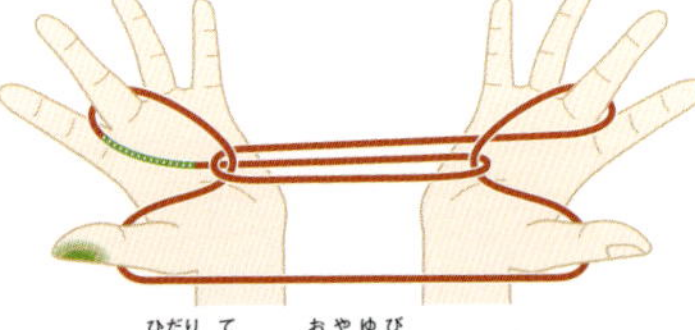

4 左手の親指で▬をとる

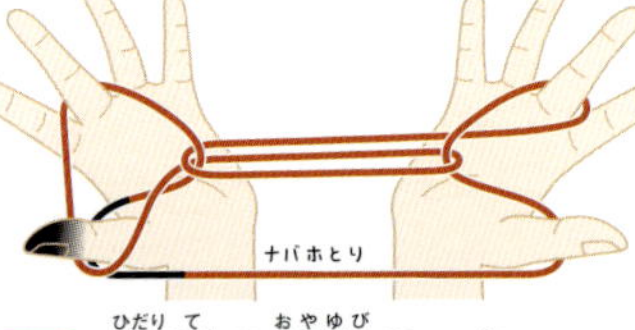

5 左手の親指の▬を外側から外す

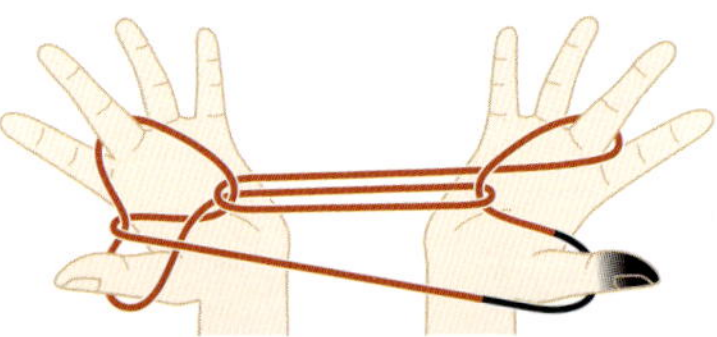

6 両手をパンと合わせて、右手の親指の▬を外す

ゴム

ひもなのに、ビヨーンとのびちぢみするのがたのしい

はじめのかまえ P12

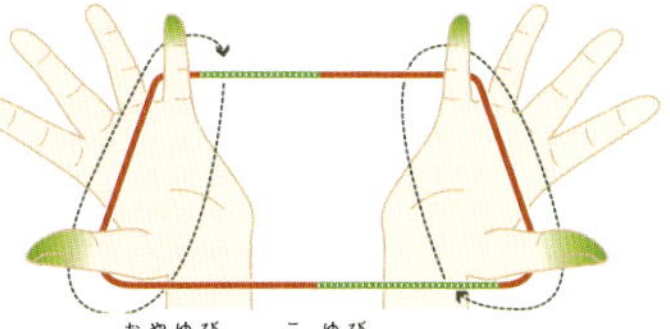

1 親指と小指に▬を1しゅうまく
注：時計まわりにまきましょう

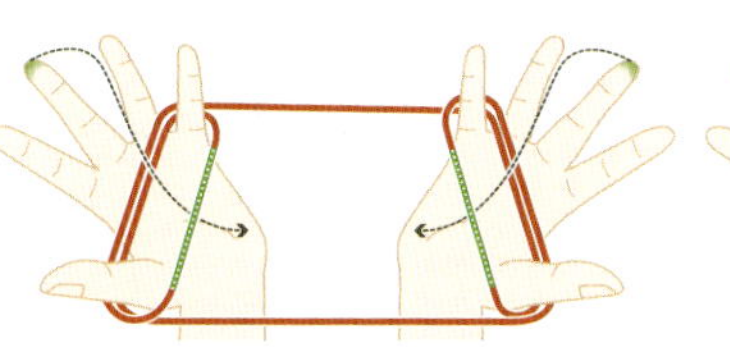

2 中指で▬をとる

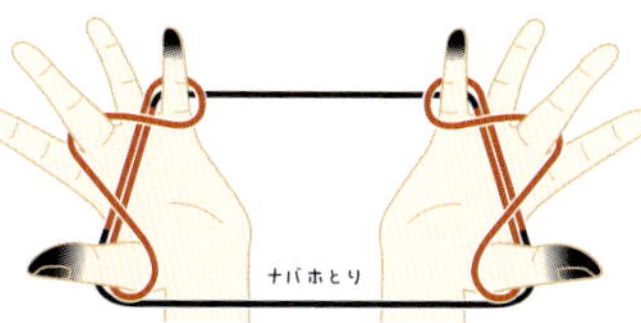

3 親指と小指の▬を外側から外す

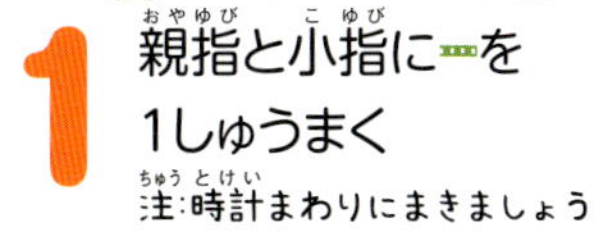

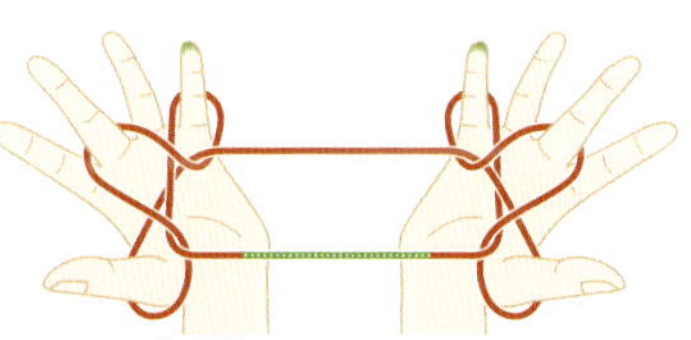

4 小指で▬をとる

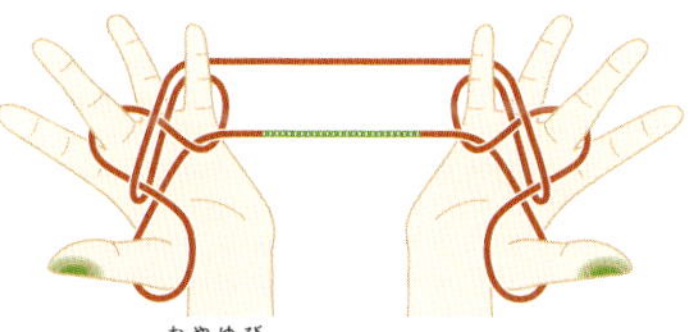

5 親指で▬をとる

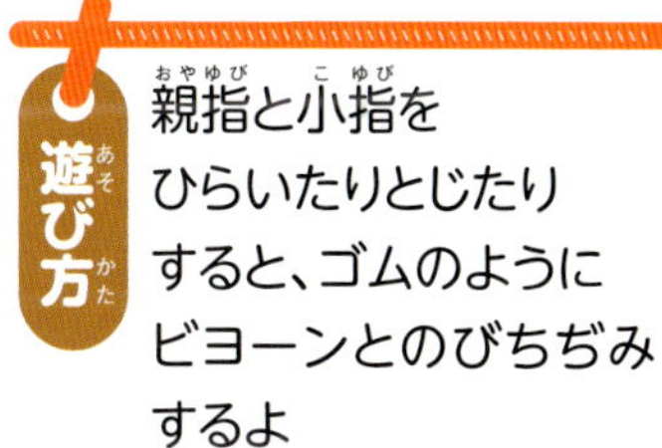

遊び方

親指と小指をひらいたりとじたりすると、ゴムのようにビヨーンとのびちぢみするよ

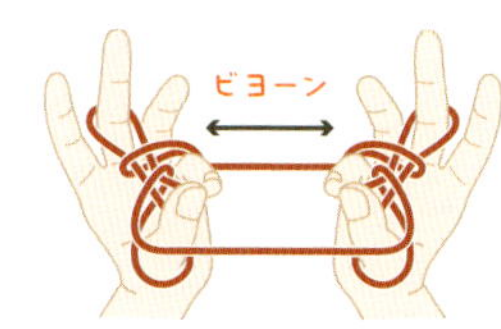

2や4のかたちでもゴムとして遊べるよ

できあがり

かんたん★

日本ほか

1だんばしご

あとで“だん”をふやした作品も出てくるよ

はじめのかまえ P12

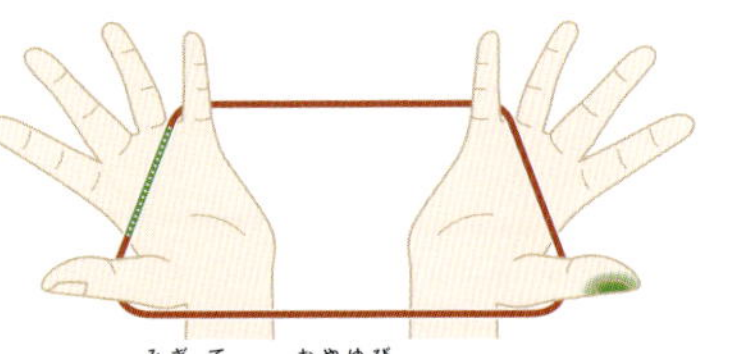

1 右手の親指で▬をとる

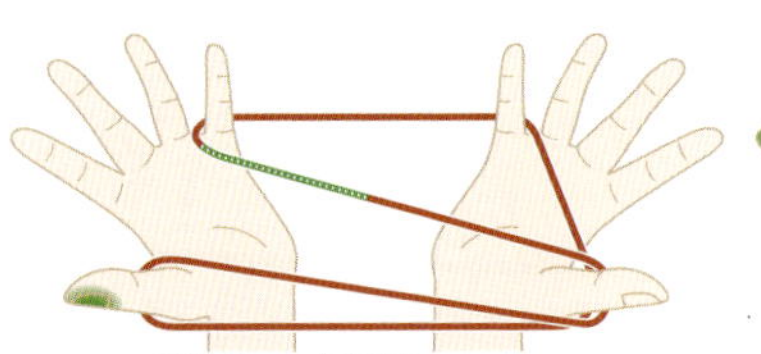

2 左手の親指で▬をとる

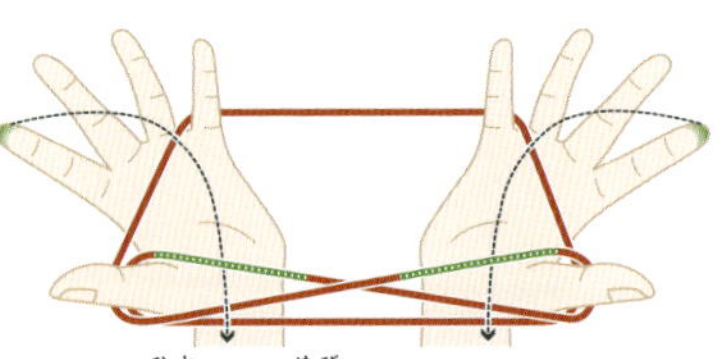

3 人さし指で▬をとる

かんたん★

日本ほか

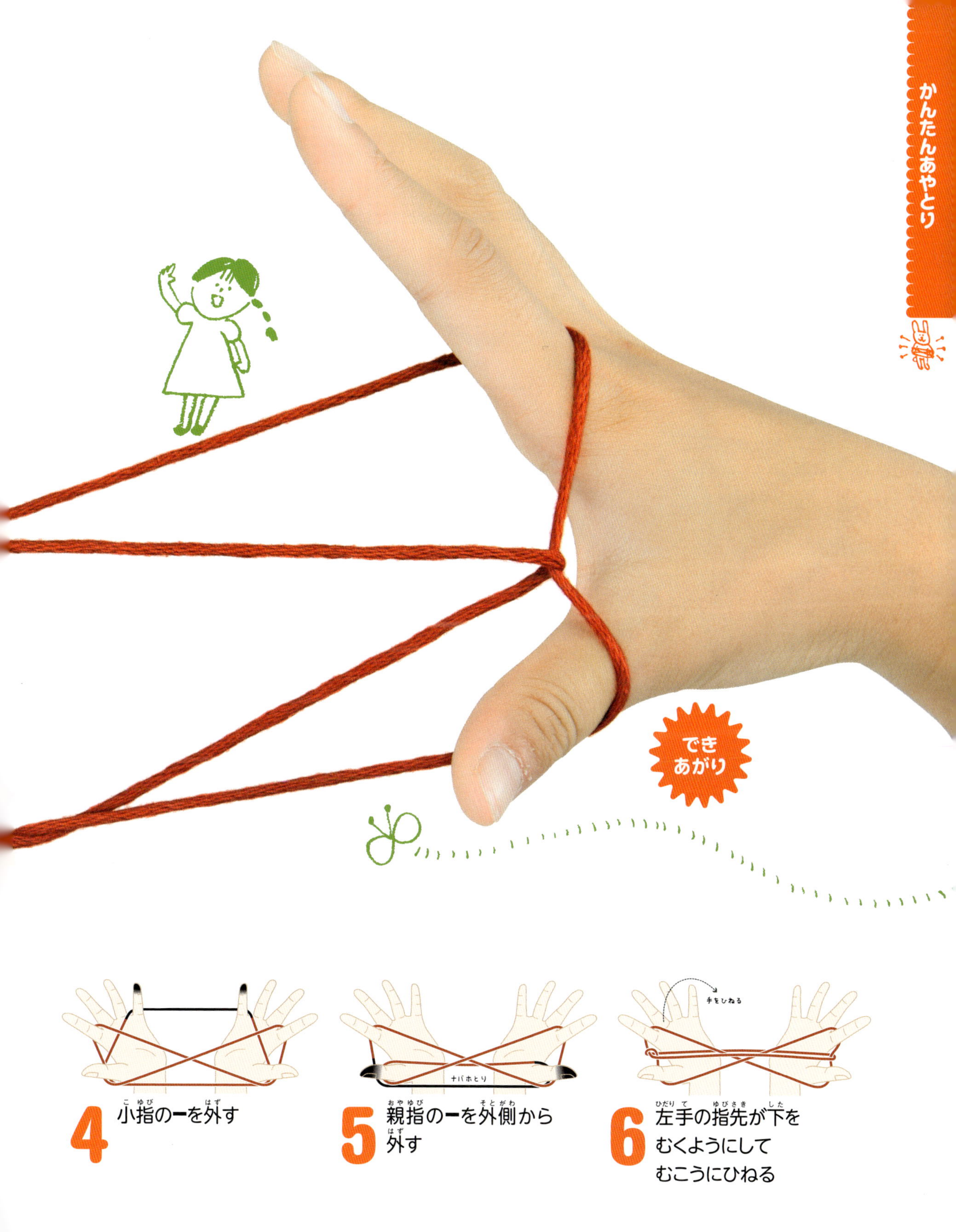

4 小指の━を外す

5 親指の━を外側から外す

6 左手の指先が下をむくようにしてむこうにひねる

雲のかかった島

上のもじゃもじゃは雲なんだ

人さし指のかまえ P13

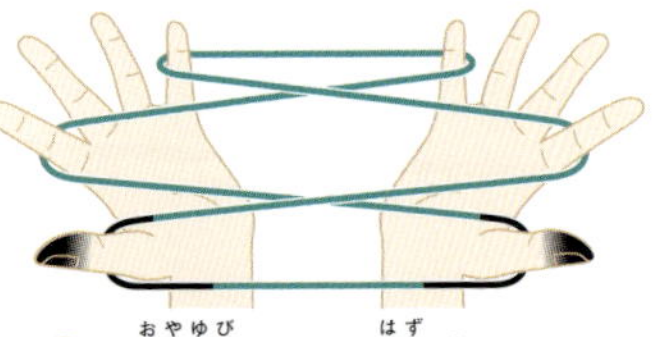

1 親指の━を外す

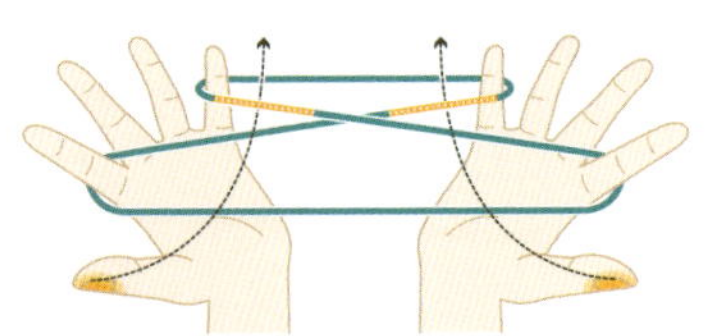

2 親指で━をとる

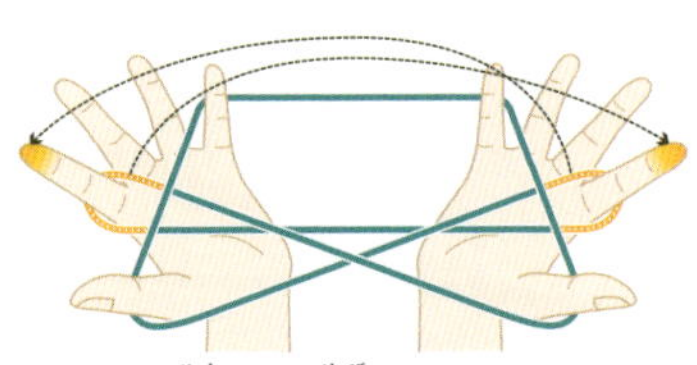

3 人さし指の━を
こうかんする
注:右手から先にとります

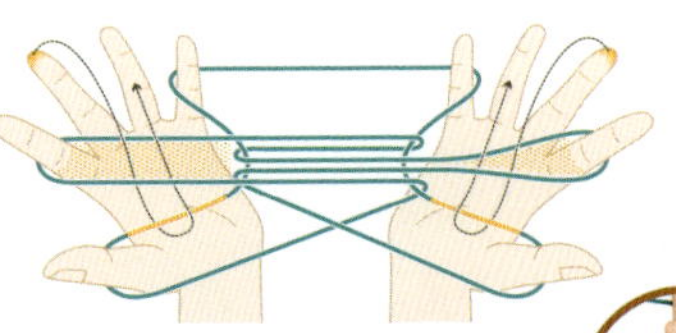

4 中指を◯に
上から入れ━をとる
注:とったら中指は元にもどします

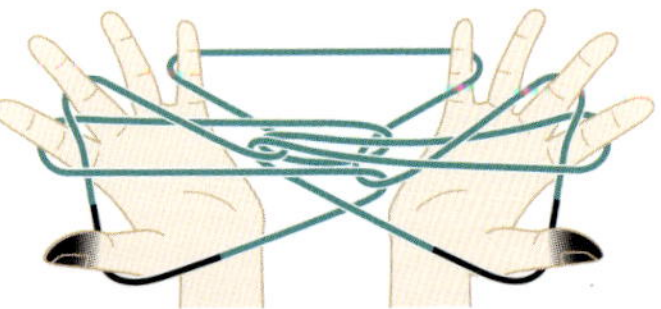

5 親指の━を外す

ふつう ★★

トレスかいきょう

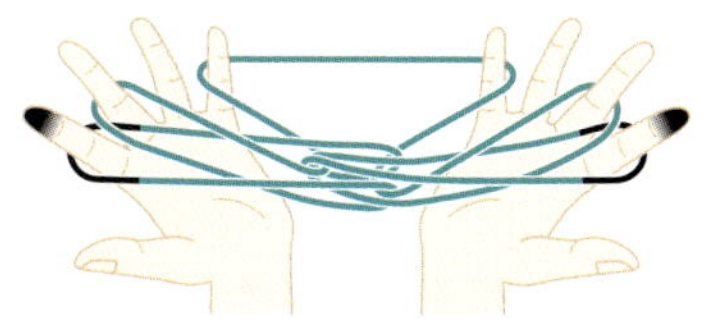

6 人さし指の━を外す

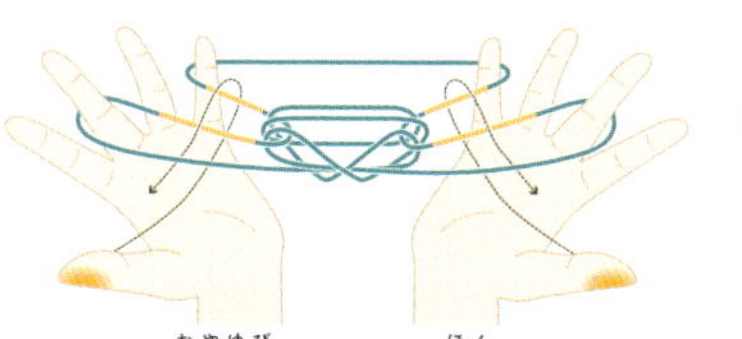

7 親指で━を2本
下からとる
注：手前のひもの下をくぐります

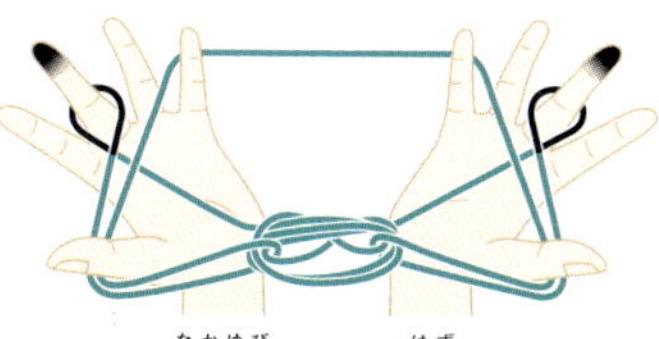

8 中指の━を外す

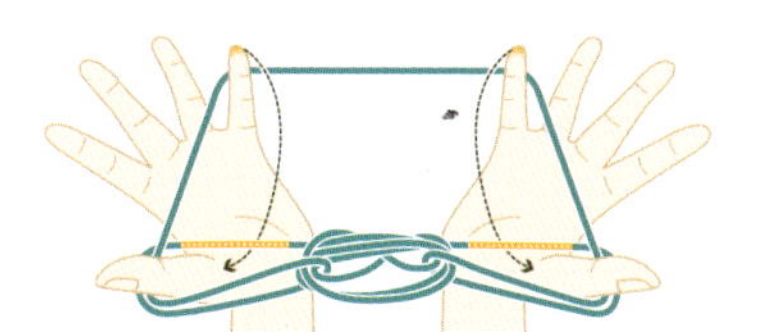

9 小指で━をとる

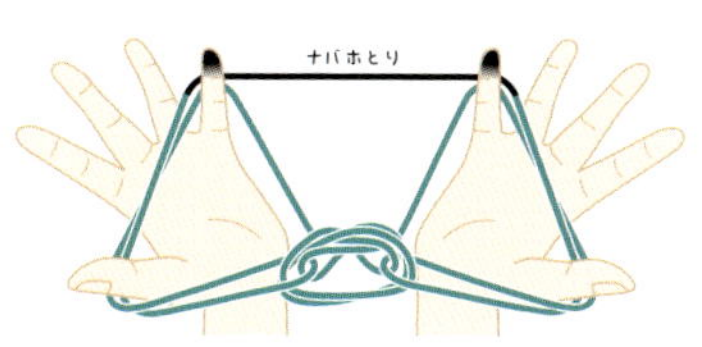

10 小指の━を外側から
外す

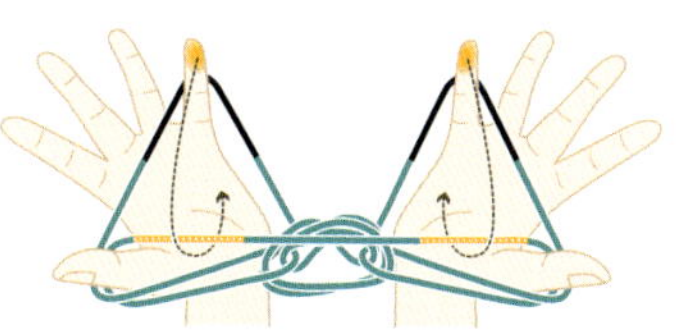

11 小指で━を
上からとり、
指先をむこうに
むける
注：━はしぜんに外れます

年中雲のかかった
"モア島"という島を
イメージしているよ

きくの花

50円玉にえがかれている花だよ

はじめのかまえ P12

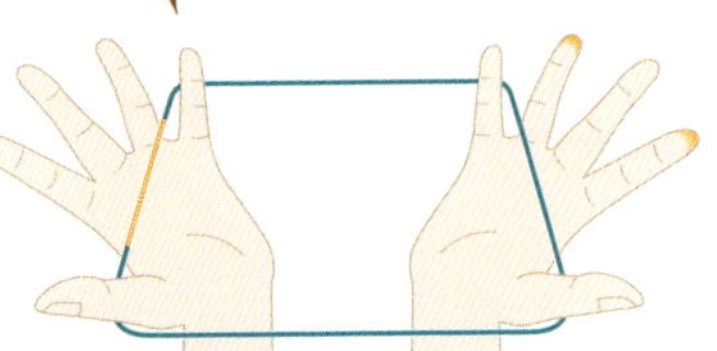

1 右手の人さし指と薬指でーをとる

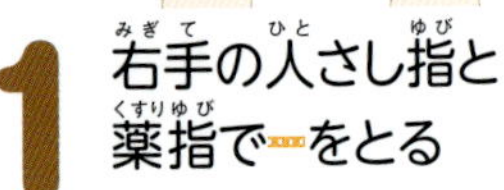

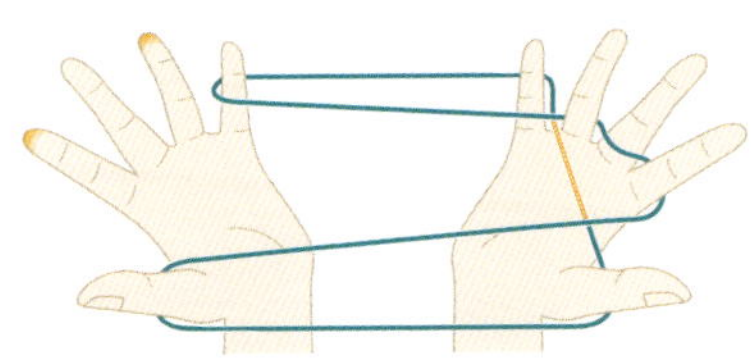

2 左手の人さし指と薬指でーをとる

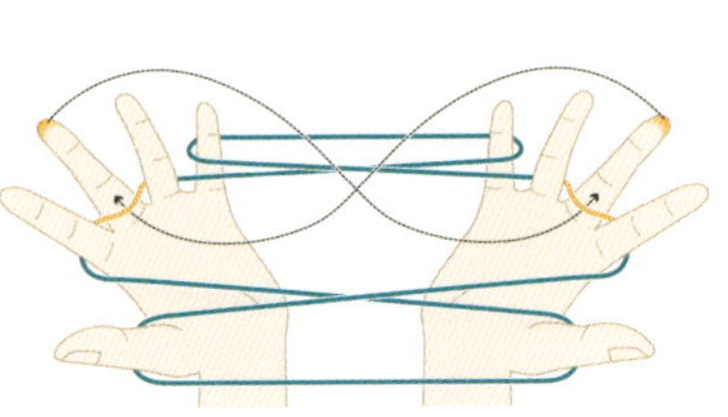

3 はんたいの中指でーをとり合う

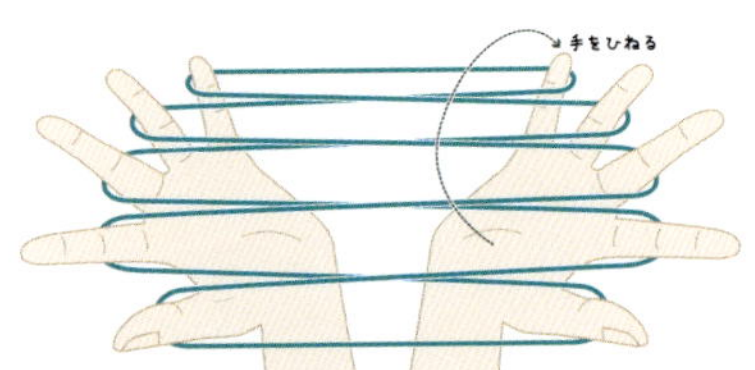

4 右手を指先が下をむくようにしてむこうにひねる

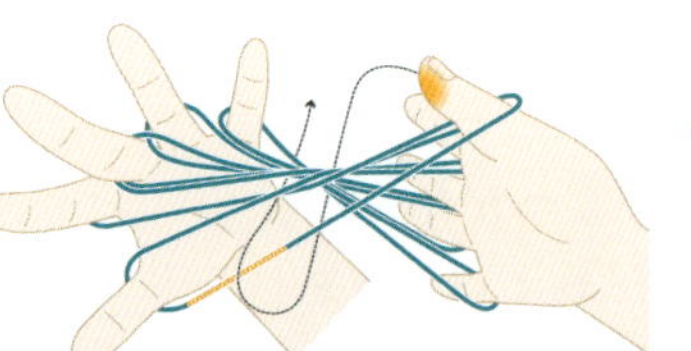

5 右手の親指でーを下からとる

注：すべてのひもの下をくぐるようにします

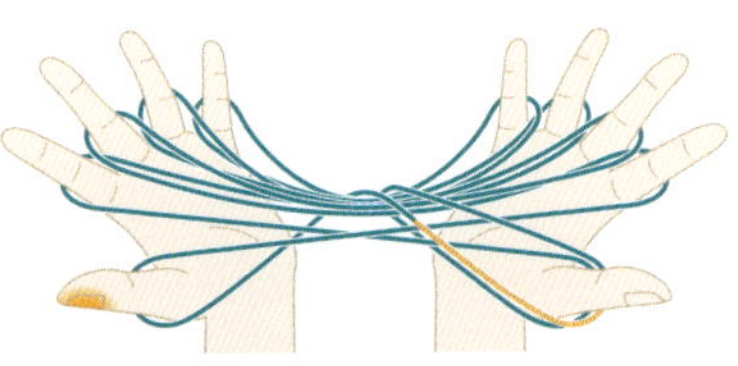

6 左手の親指でーをとる

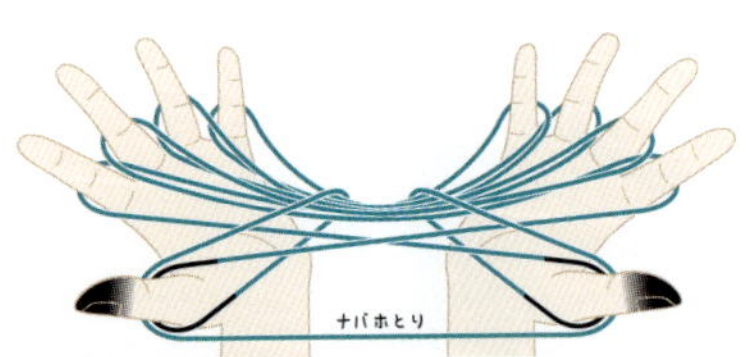

7 親指のーを外側から外す

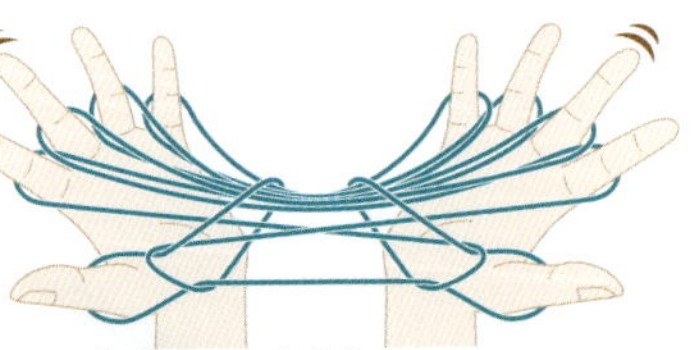

8 両手を左右にうごかし、まん中にむすび目をつくる

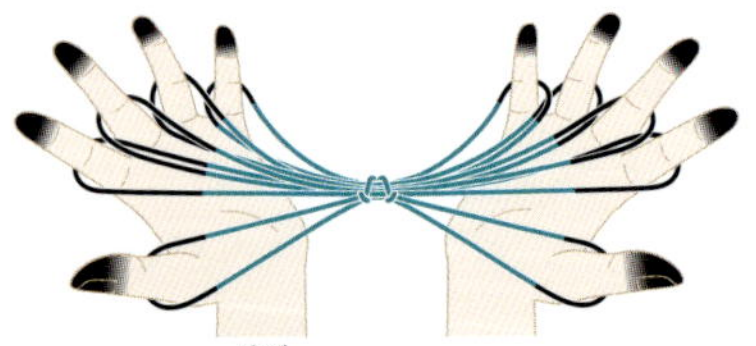

9 ーを指からそっと外しておき、形をととのえる

ふつう ★★

日本（そうさく）

できあがり
ひもを2本重ねて
つくっても
きれいだよ

花かご

中にはきれいなものが入っています

わの中に親指と人さし指を上から入れる

ふつう ★★

日本

1 親指と人さし指に ━ をまきつけるようにして両手をひらく

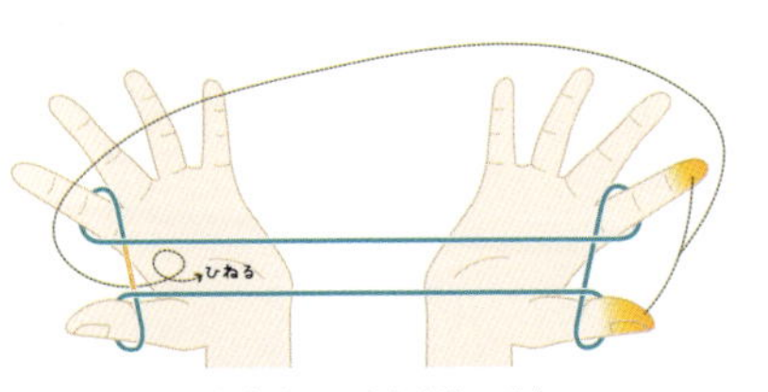

2 右手の親指と人さし指で ━ を引き出し、むこうにひねる

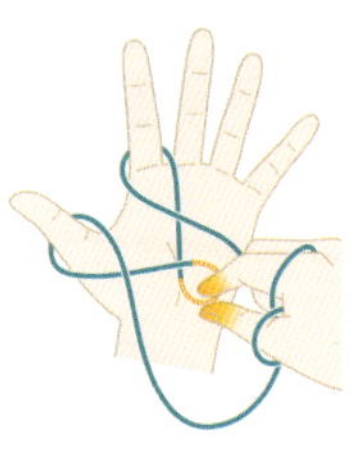

3 ━ のわを右手の親指と人さし指にかける

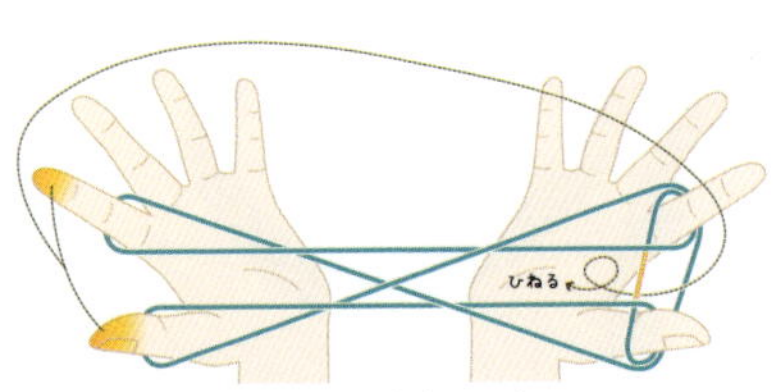

4 左手の親指と人さし指で ━ を引き出し、むこうにひねる

5 ━ のわを左手の親指と人さし指にかける

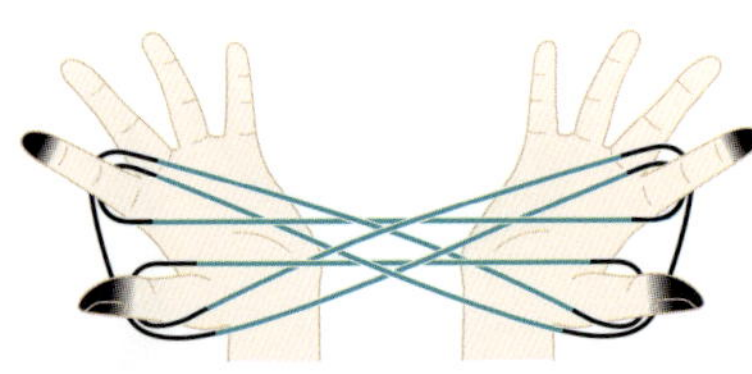

6 ━ を指からそっと外し、うらがえしておく

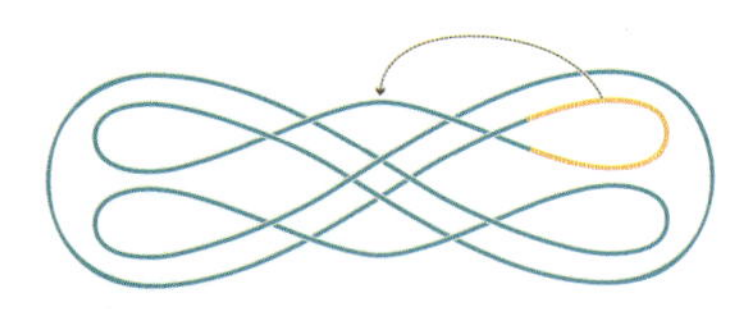

7 ━ をおり返してまん中に重ねる

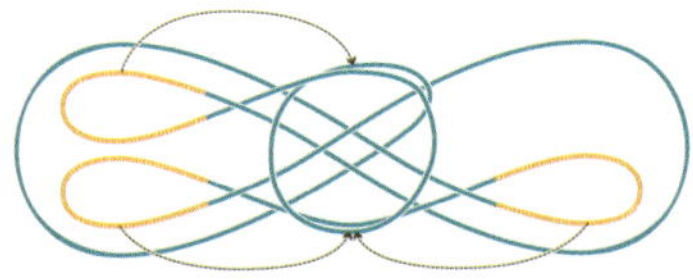

8 ほかの3つのわもおりかえしてまん中に重ねる

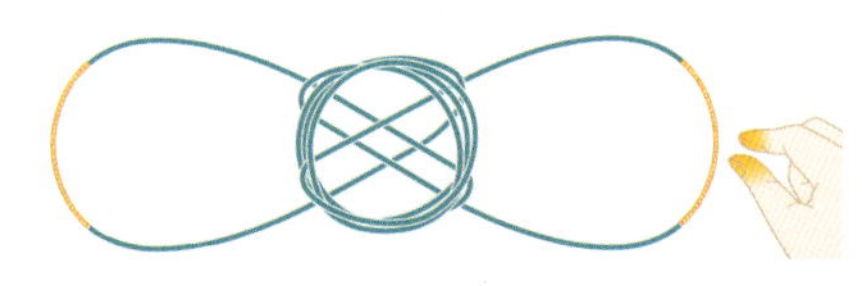

9 右手の親指と人さし指で ━ を2本つかみ、もち上げる

できあがり

ハンドバッグ

お出かけするときのひっすアイテム

人さし指にひもをかける

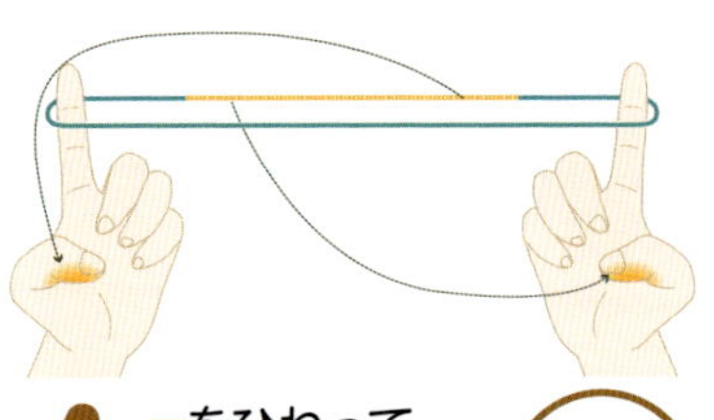

1 をひねって わをつくり 親指で上からとる

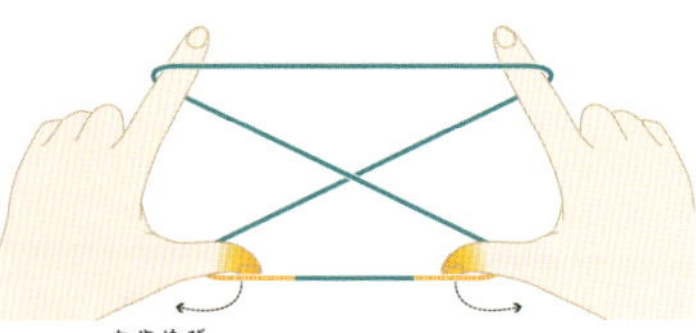

2 親指にをまきつけるようにして 手のひらをこちらにむける

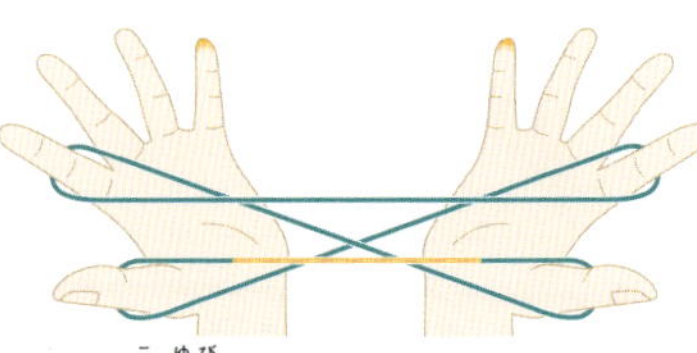

3 小指でをとる

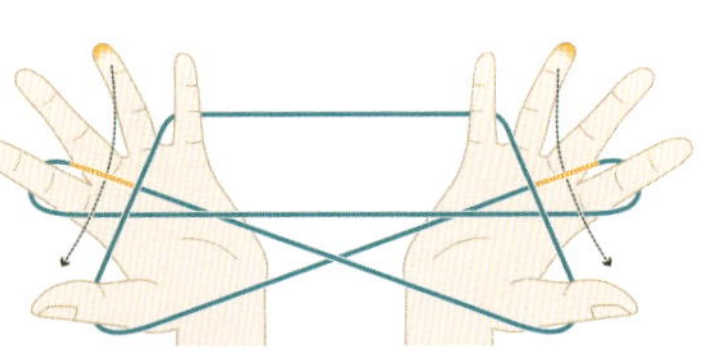

4 薬指でをとる

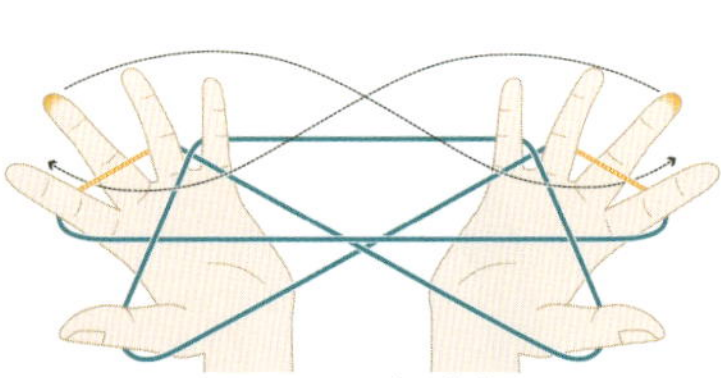

5 はんたいの中指で をとり合う

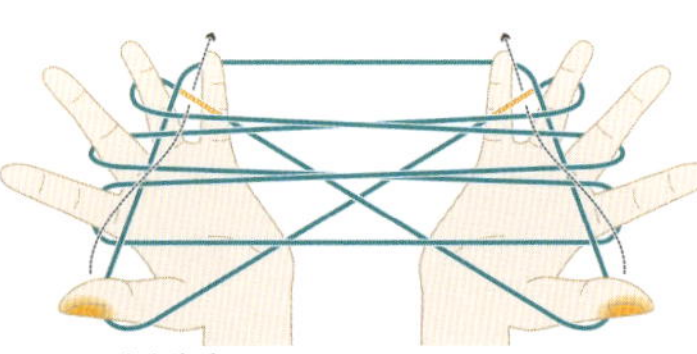

6 親指でをとる

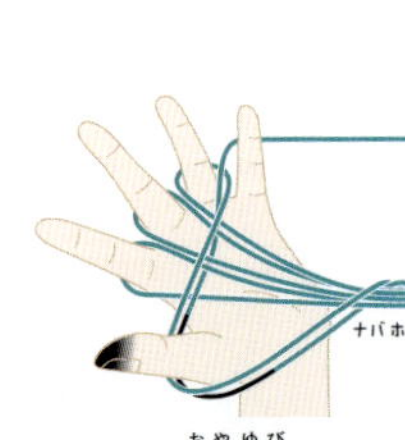

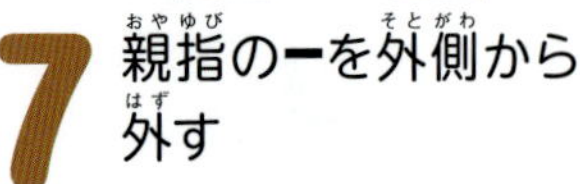

7 親指のを外側から 外す

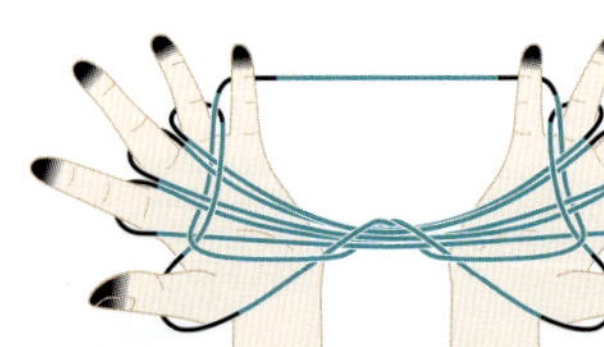

8 両手を左右にうごかし ひもをしめたら、 を指からそっと 外しておく

9 をもち上げる

アレンジ

さかさにして
形を
ととのえれば、
花の入った
花びんに
なるよ！

できあがり

みつあみの女の子

この子はどんなかみがた？　そこまであててもらおう

中指のかまえ P12

ふつう ★★

日本（そうさく）

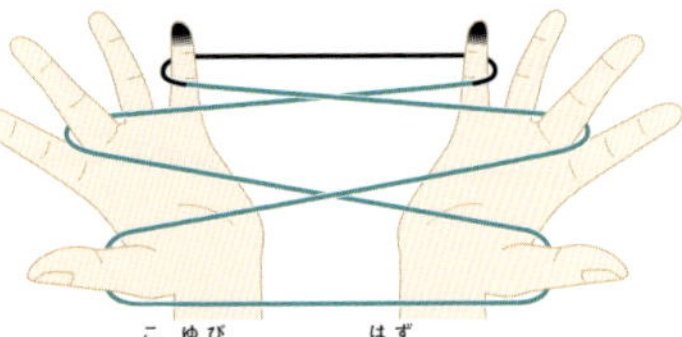

1 小指の━を外す

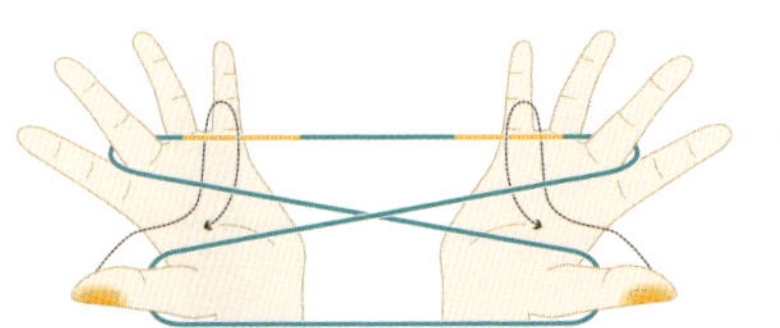

2 親指で━を下からとる
注：手前のひもの下をくぐります

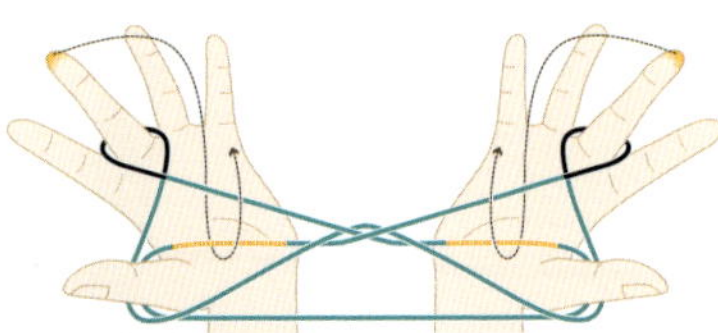

3 中指で━を下からとる
注：中指の━はしぜんに外れます

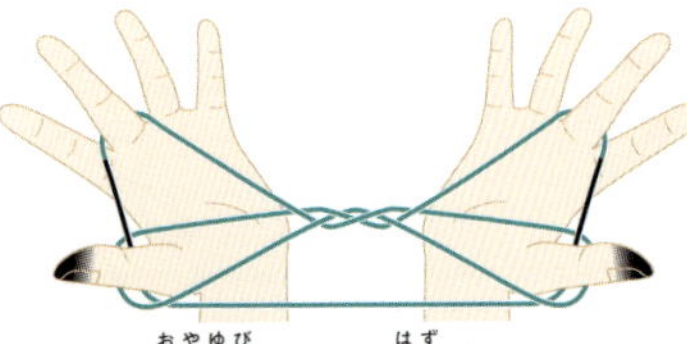

4 親指の━を外す

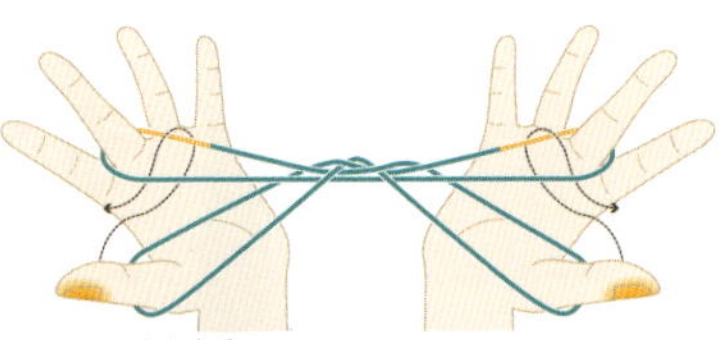

5 親指で━を下からとる

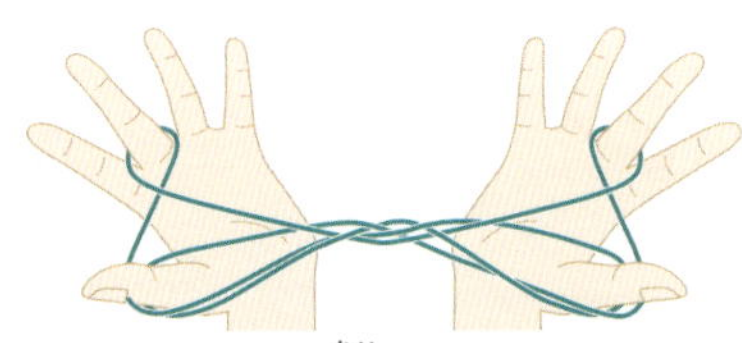

6 3〜5を3回くりかえす

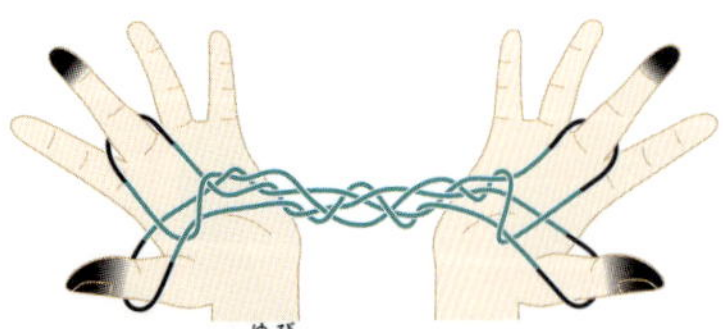

7 ━を指からそっと外しておく

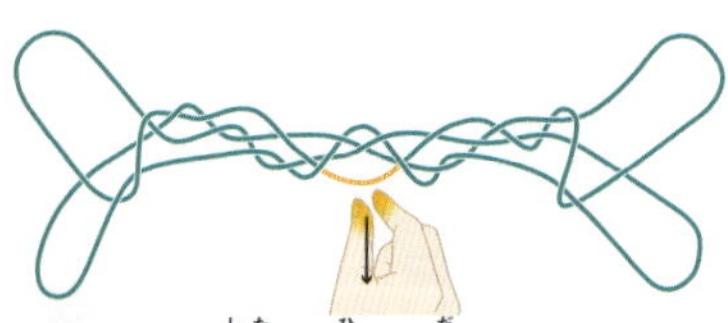

8 ━を下に引き出し、形をととのえる

できあがり

人気10位

うさぎ

長い耳がチャームポイントのどうぶつといえば!

人さし指のかまえ P13

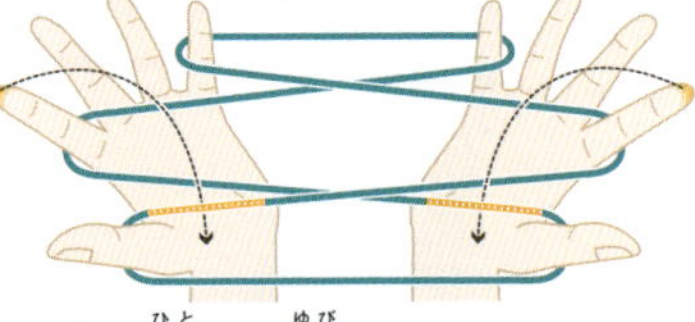

1 人さし指で▬をとる

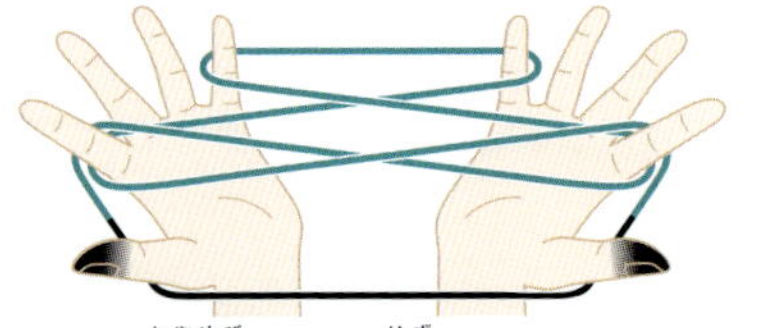

2 親指の▬を外す

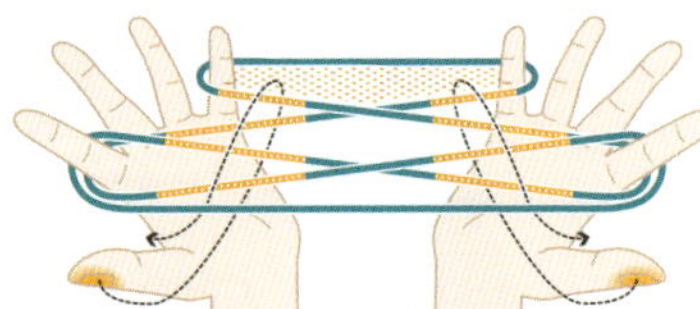

3 親指を◎に下から入れ▬を4本とる

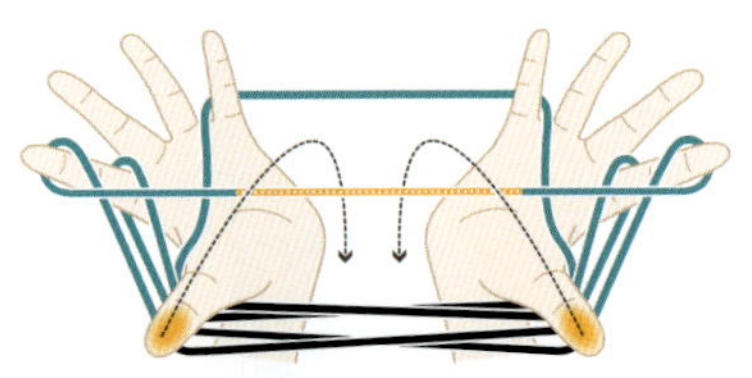

4 親指で▬を上からとり、手のひらをむこうにむける
注:親指の▬はしぜんに外れます

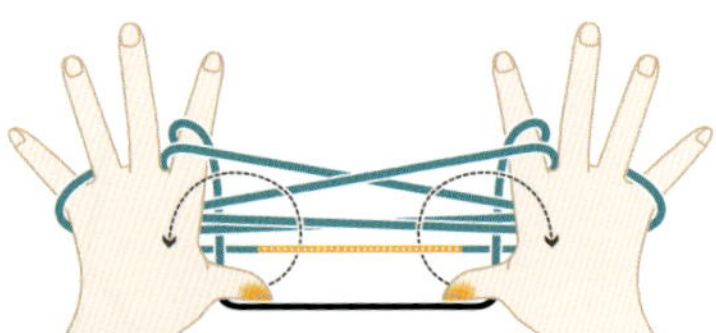

5 親指で▬をとる
注:親指の▬はしぜんに外れます

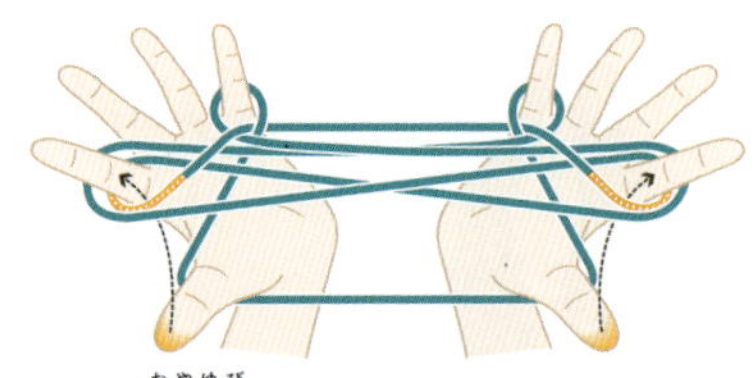

6 親指で▬をとる

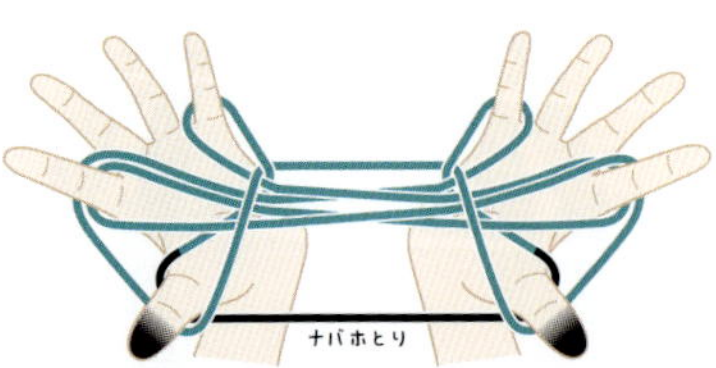

7 親指の▬を外側から外す

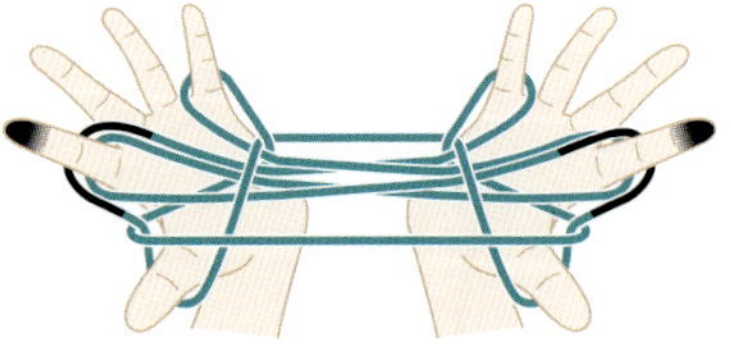

8 人さし指の▬を外す

ふつう ★★

アメリカ

ビーズ

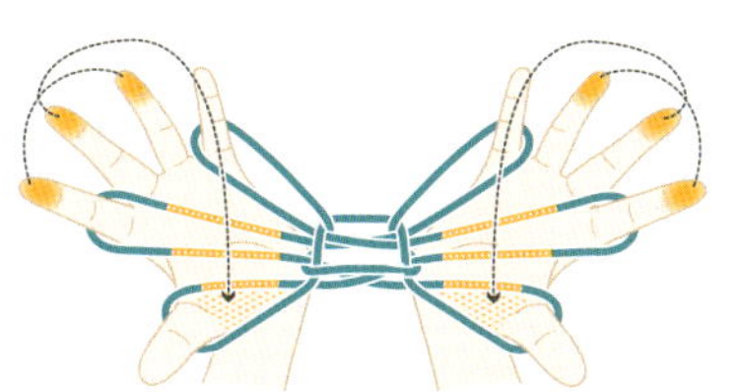

9 人さし指、中指、薬指を○に上から入れ、━の3本を手のひらにおさえる

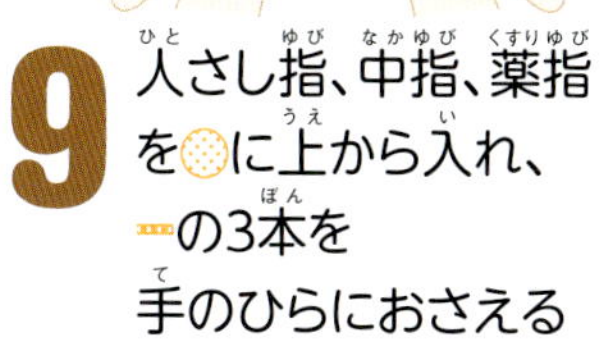

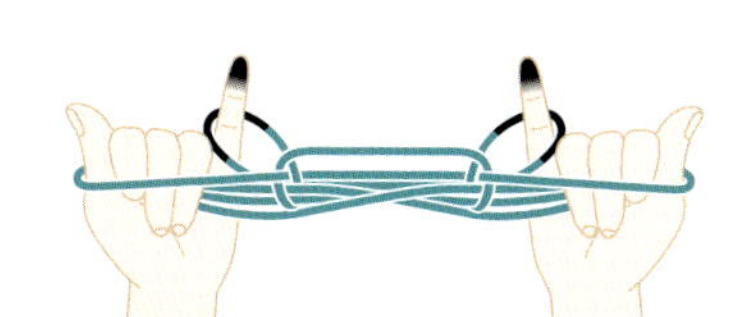

10 小指の━を外す

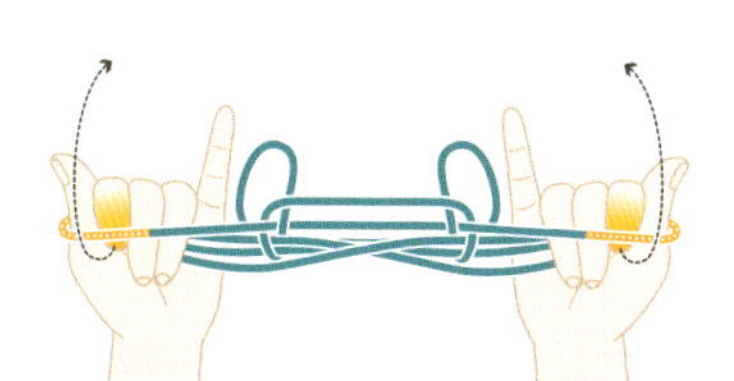

11 人さし指に━を引っかけてもち上げる

かもめ

海の上をゆうがにとぶ鳥は?

人さし指のかまえ P13

ふつう ★★

アラスカ

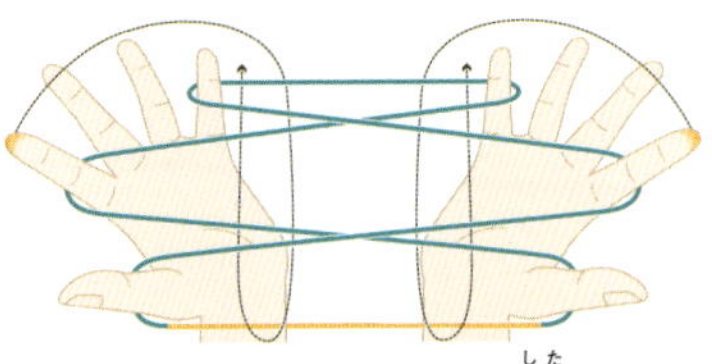

1 すべてのひもの下をくぐり、人さし指で ━ を上からとる
注:中指でほかのひもをおさえるとやりやすいよ

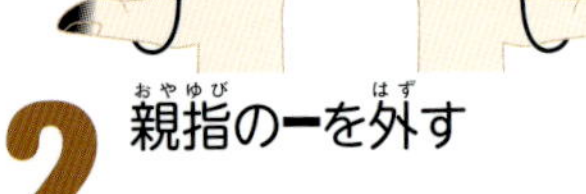

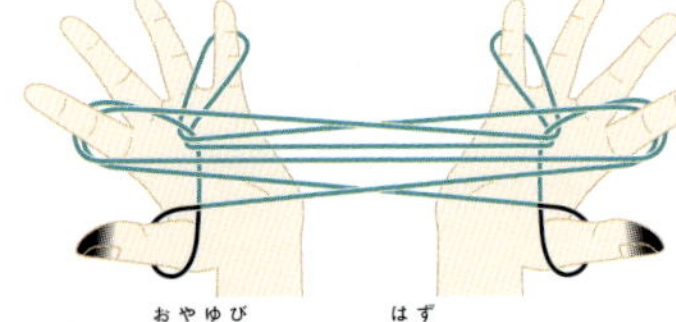

2 親指の━を外す

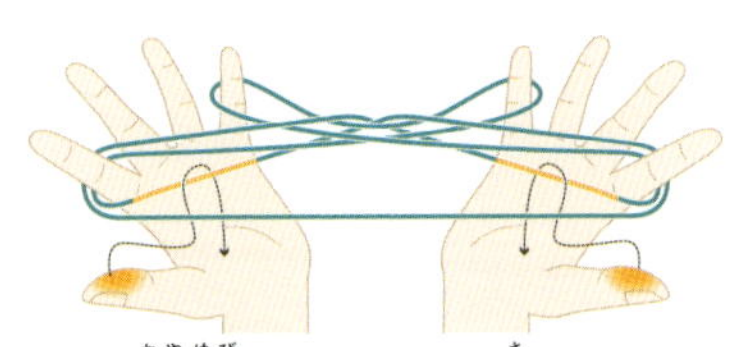

3 親指で━をおし下げ、手のひらをむこうにむける
注:手前のひもの下をくぐります

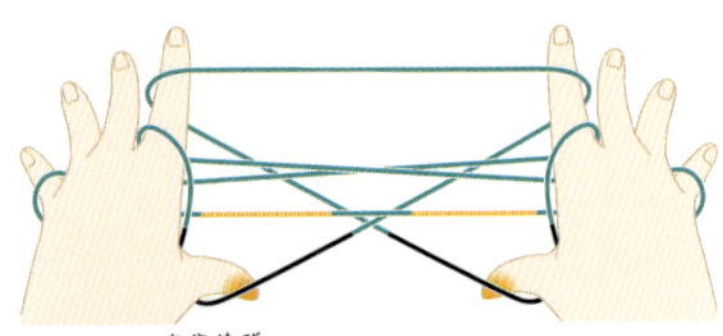

4 親指で━をとる
注:親指の━はしぜんに外れます

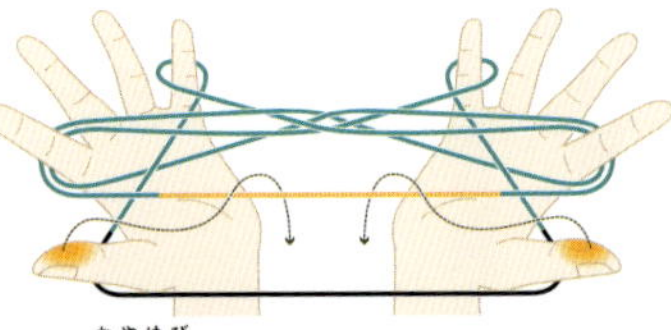

5 親指で━をおし下げる
注:親指の━はしぜんに外れます

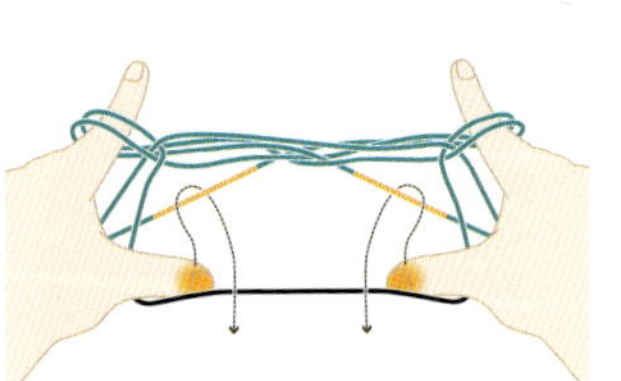

6 親指で━を上からとり、━を外す
注:親指の━はさいごに外すようにします

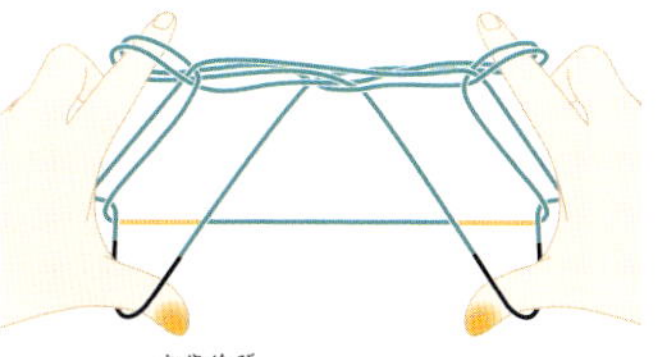

7 親指で━をとる
注：親指の━はしぜんに外れます

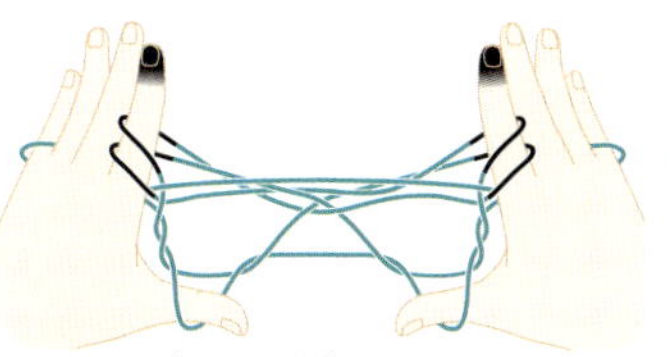

8 人さし指の━を
2本とも外す

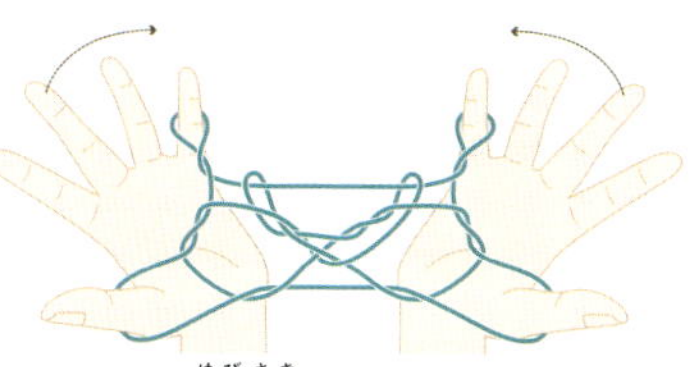

9 指先をむこうにむけ、
ひもをピンとはる

できあがり

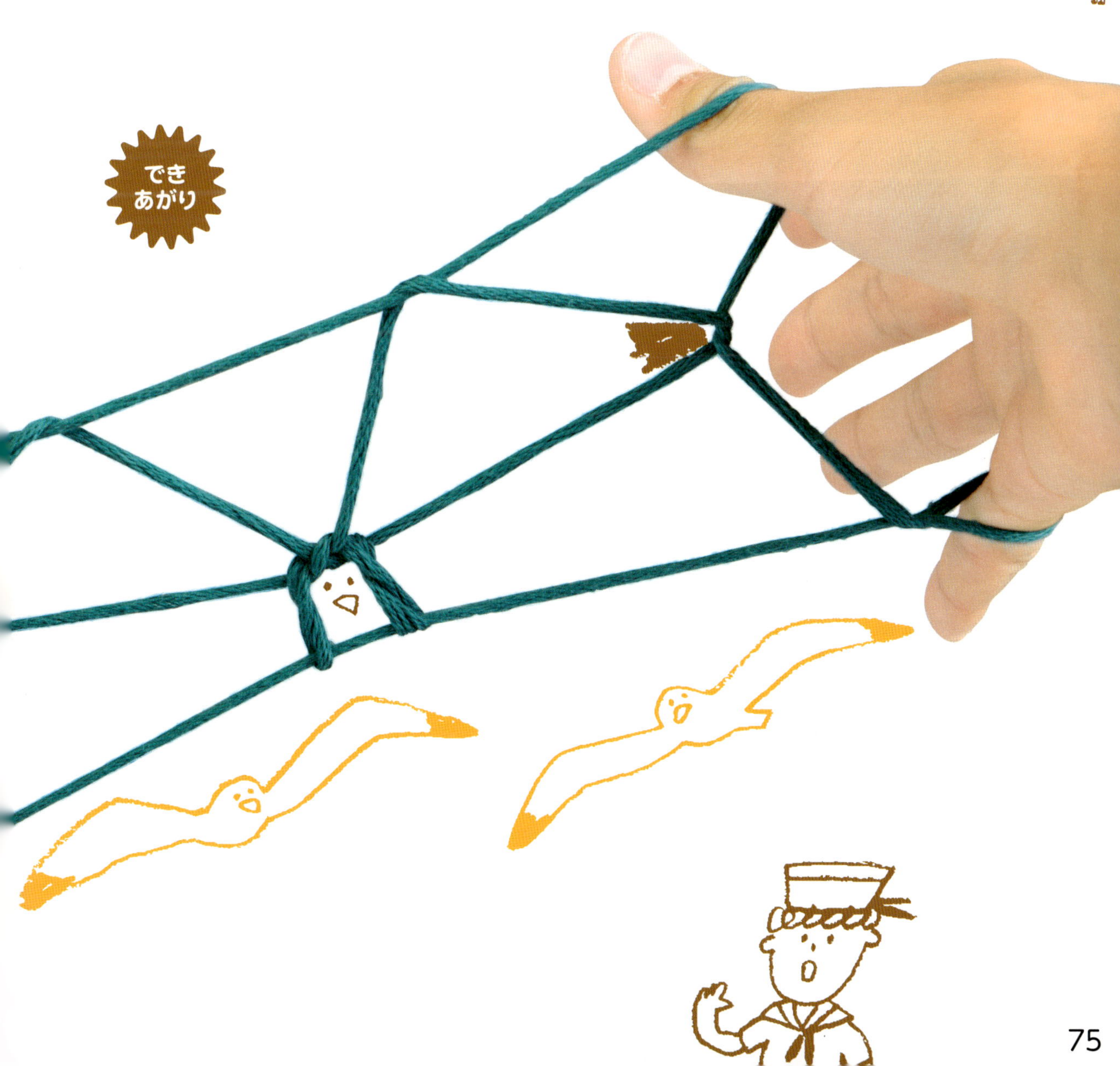

かに

よこにしか歩けないあのいきもの

人さし指のかまえ P13

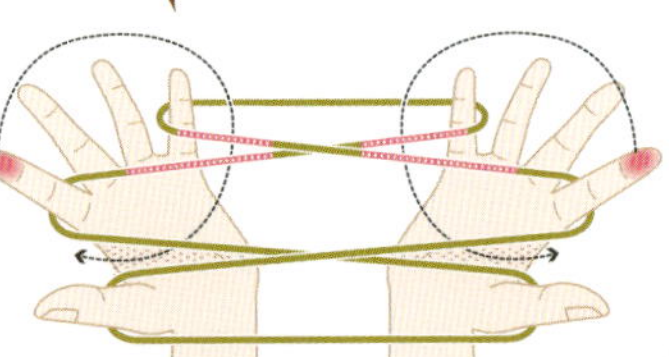

1 人さし指で━を2本上からとり、◌から出す
注：人さし指にひもをまきつけるようにします

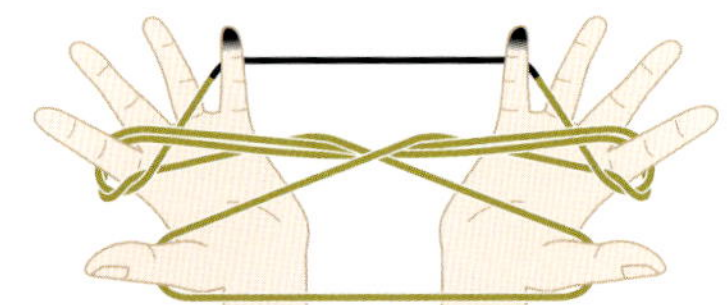

2 小指の━を外す

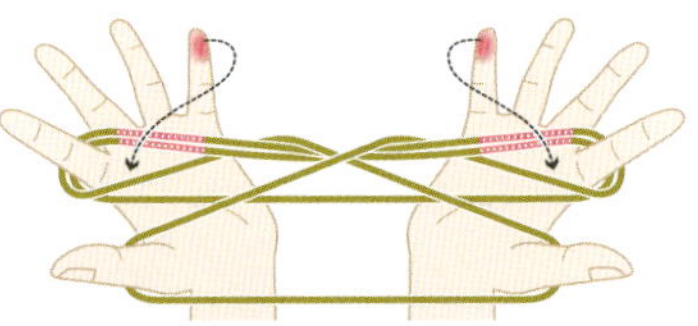

3 小指で━を2本おし下げる

4 親指の━をそっと外す
注：両手を広げすぎないようにします

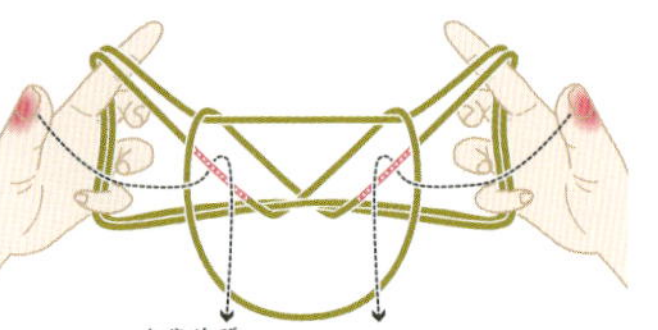

5 親指で━をとる
注：わの上からとるようにします

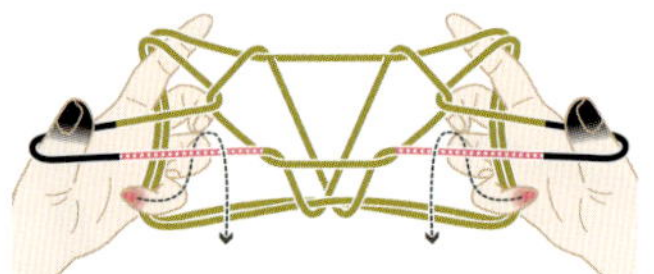

6 小指で━を上からとり、親指の━を外す
注：小指のひもは外れないようにします

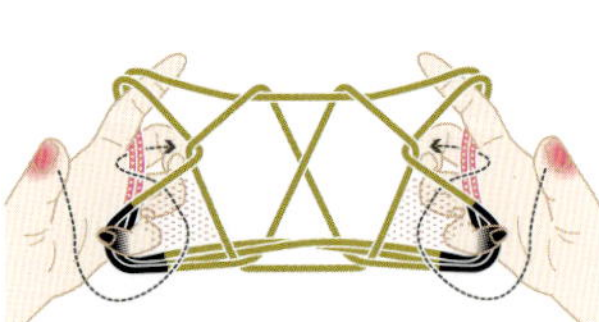

7 親指を◌に入れ、━を2本ともとり小指の━を外す

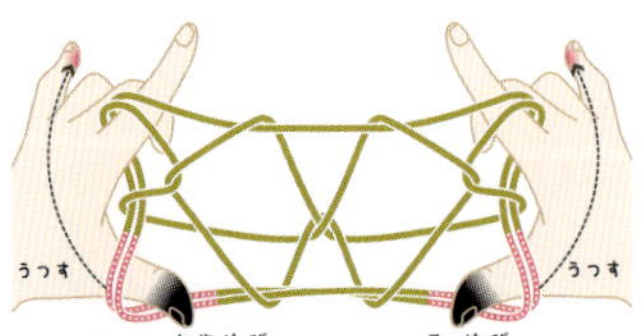

8 親指の━を小指にうつす

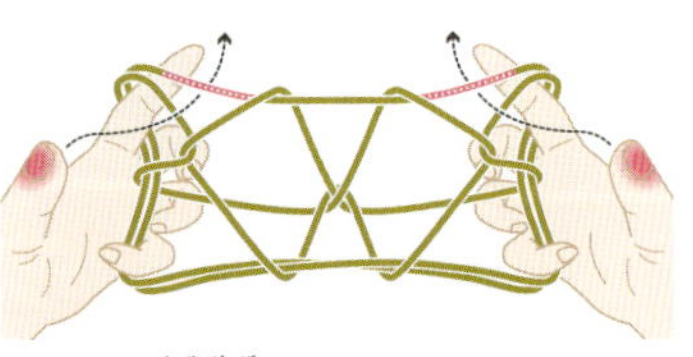

9 親指で━をとる

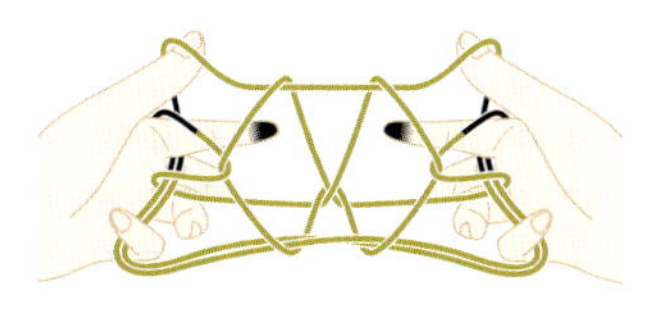

10 人さし指の━を2本とも外す

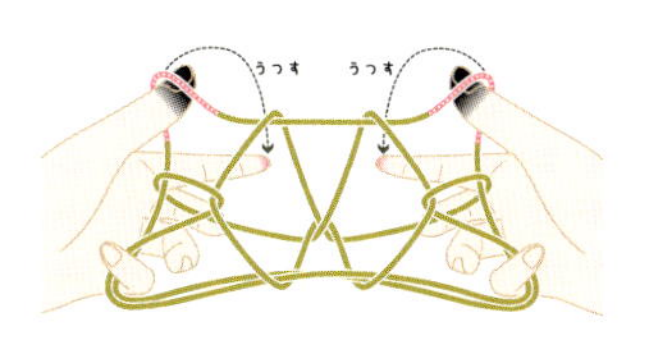

11 親指の┅を人さし指にうつす

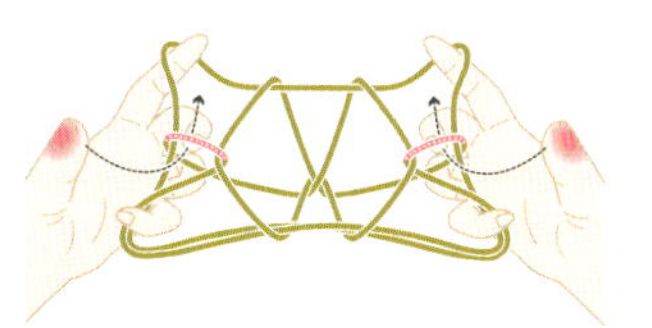

12 親指で┅をとる

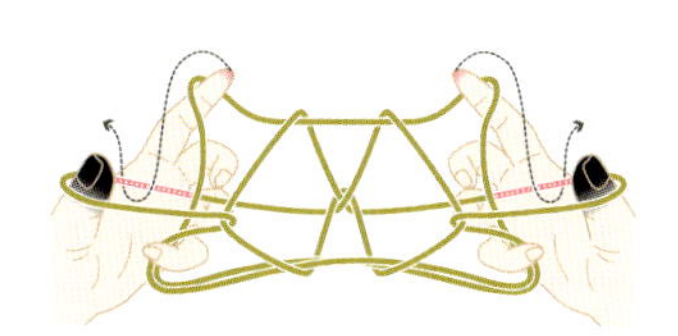

13 人さし指で┅をとり親指を外す
注：人さし指のひもは外れないようにします

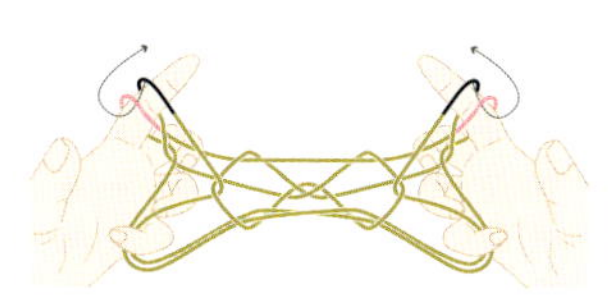

14 人さし指の━を┅の下にくぐらせてから外す

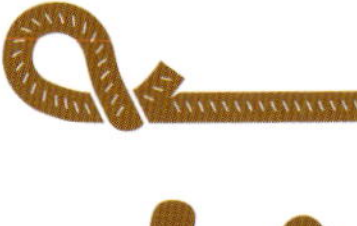

いも虫

のびたりちぢんだりしながら歩く虫なーんだ?

はじめのかまえ P12

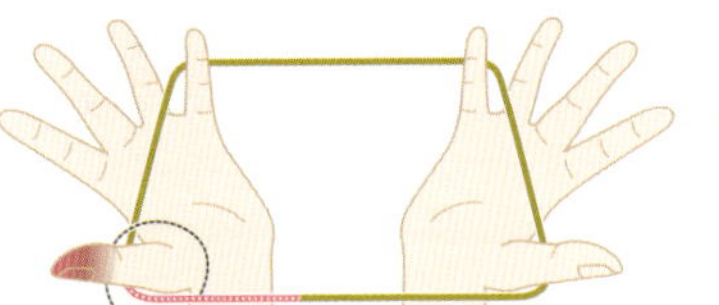

1 左手の親指に▭を1しゅうまく

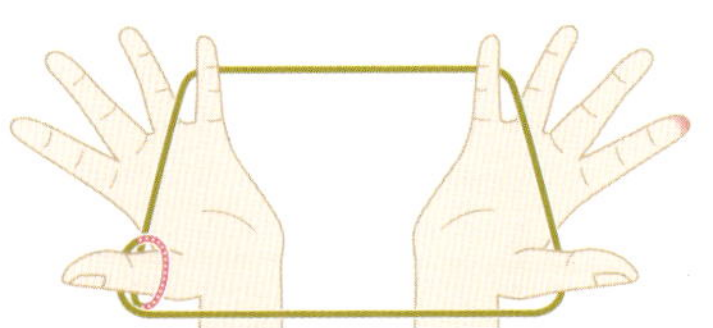

2 右手の人さし指で▭をとる

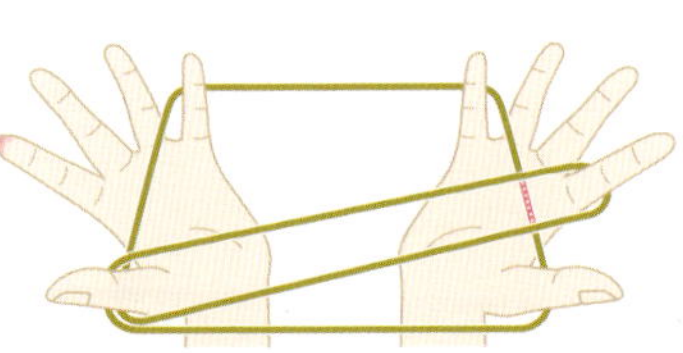

3 左手の人さし指で▭をとる

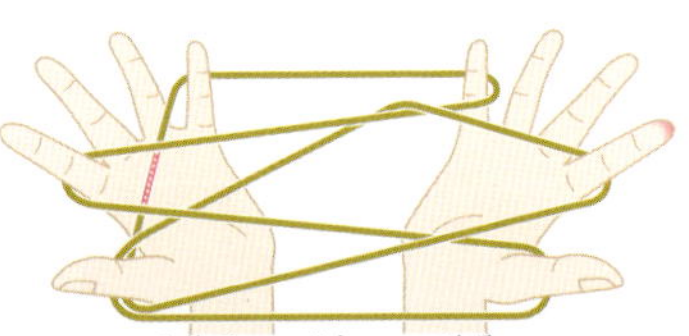

4 右手の人さし指で▭をとる

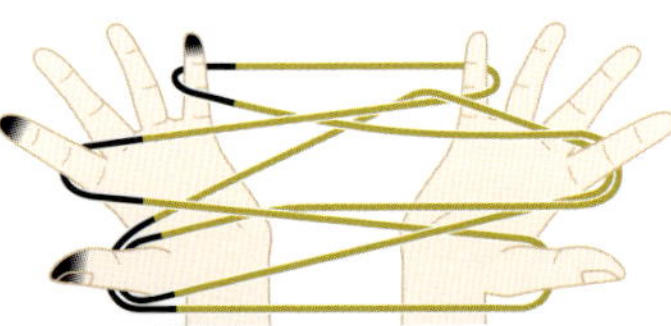

5 左手の━をすべて外す

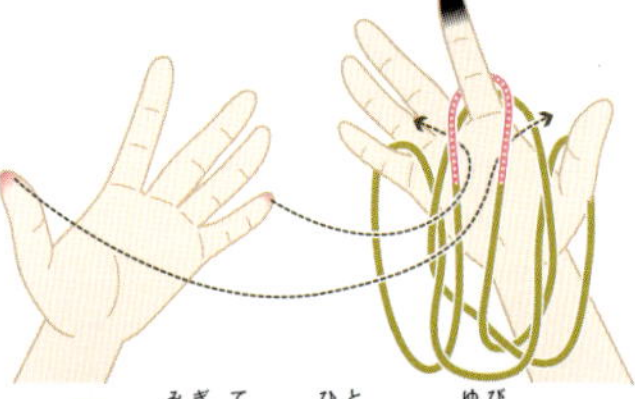

6 右手の人さし指の▭を左手の親指と小指にうつす

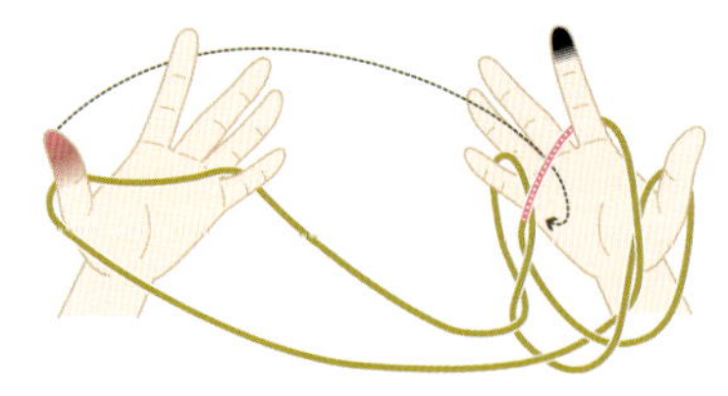

7 左手の親指で▭を外側からとる

注:右手の人さし指からは外します

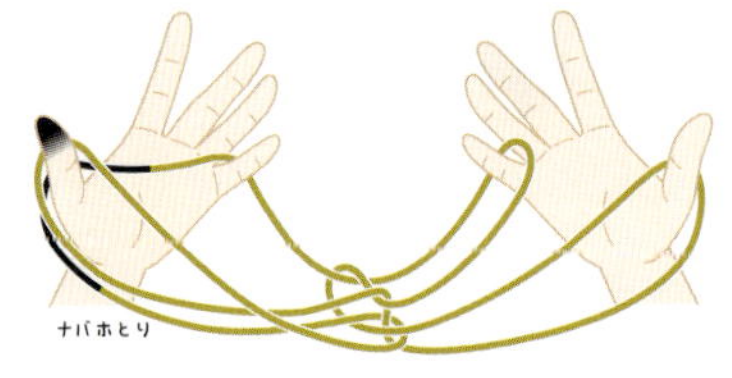

8 左手の親指の━を外側から外す

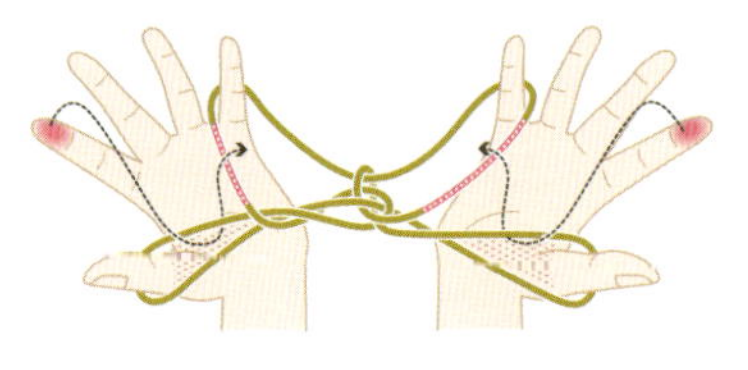

9 人さし指を◌に上から入れ▭を上からとる

注:とったら人さし指は元にもどします

むずかしい ★★★

トレスかいきょう

10 親指の━を外す

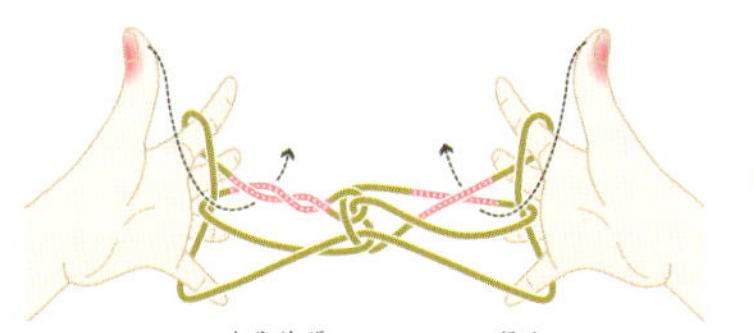

11 親指で━を2本とる

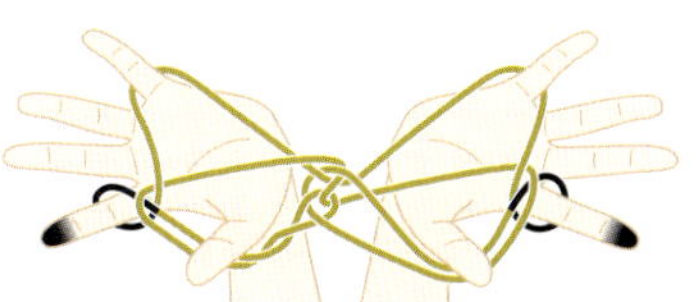

12 人さし指の━を外す

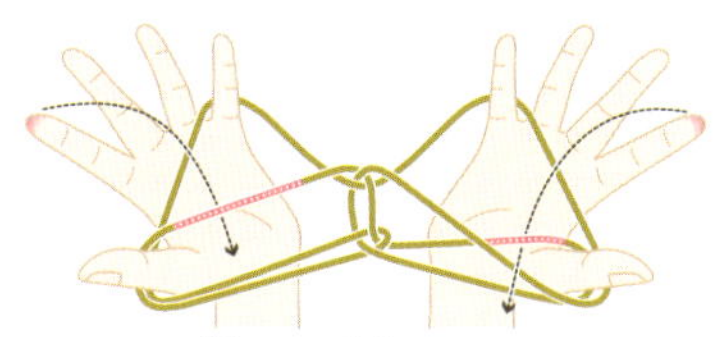

13 人さし指で━をとり、親指と人さし指でひもをピンとはる

うごかし方

手のひらをこちらにむけたり、むこうにむけたりすると、まるで歩いているようにのびたりちぢんだりするよ

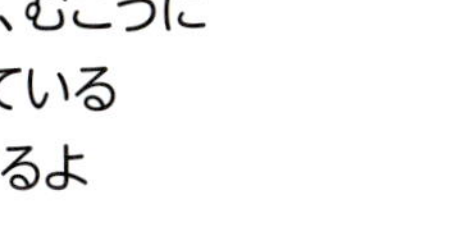

「しゃくとり虫」ともよばれているよ

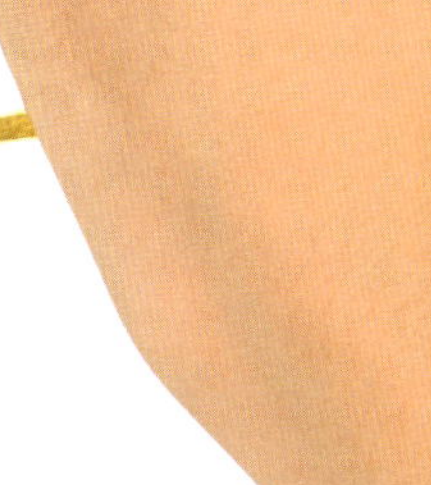

ライアの花

ダイヤモンドにも見えるから、それでもせいかい!

人さし指のかまえ P13

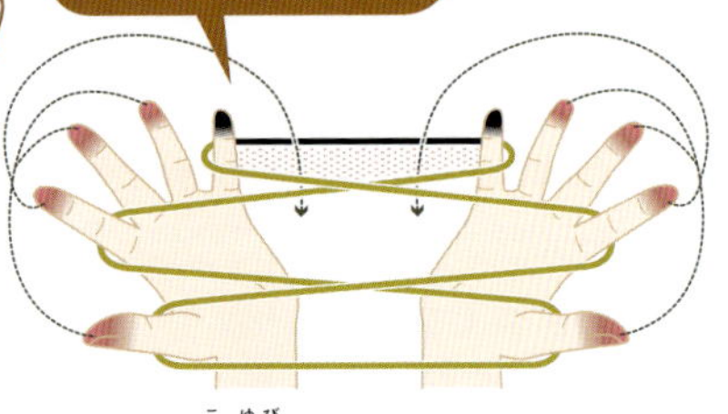

1 小指いがいの4本の指を◌に上から入れる
注：小指にかかっていた━は手首にかかります

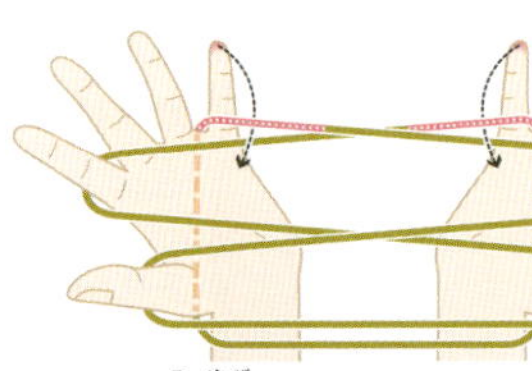

2 小指で┅をとり、そのひもを手首まで下げる

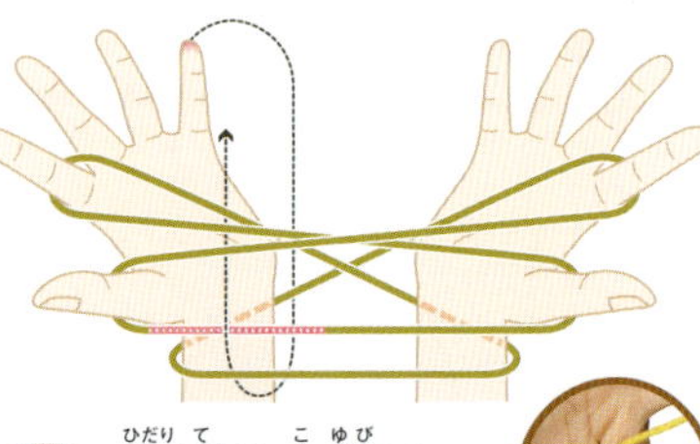

3 左手の小指で┅を下からとる
注：すべてのひもの下をくぐります

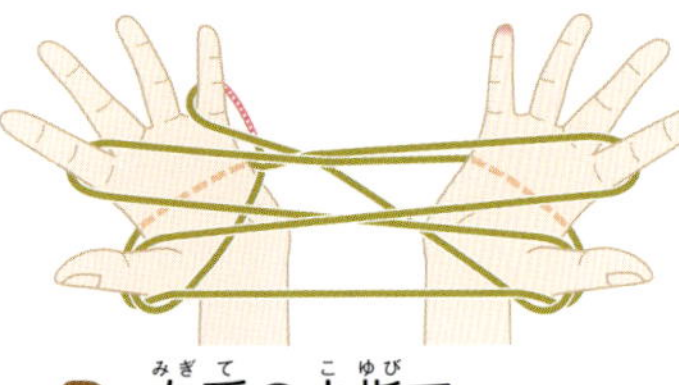

4 右手の小指で┅をとる

5 人さし指の┅を親指にうつす

6 親指で┅をとる

むずかしい ★★★

ニューヘブリッジ

遊び方

花のまん中で小さなかるいボールをキャッチして、グローブのようにもつかえるよ！

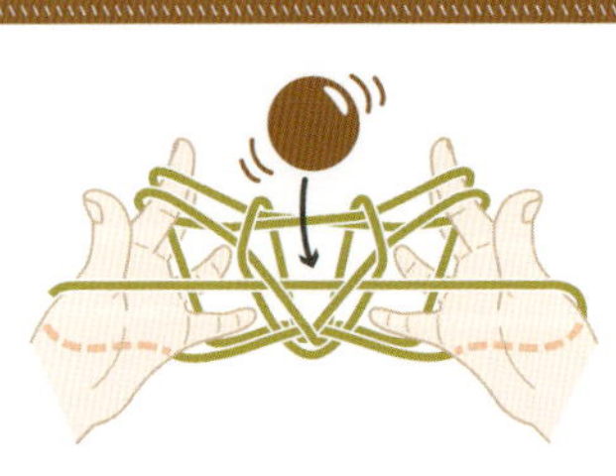

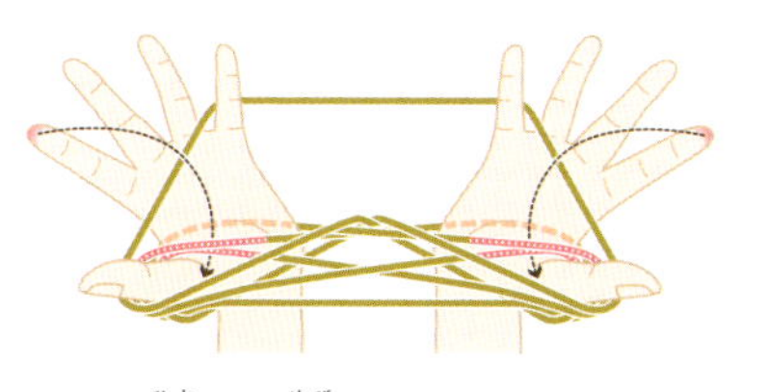

7 人さし指で ━を2本とる

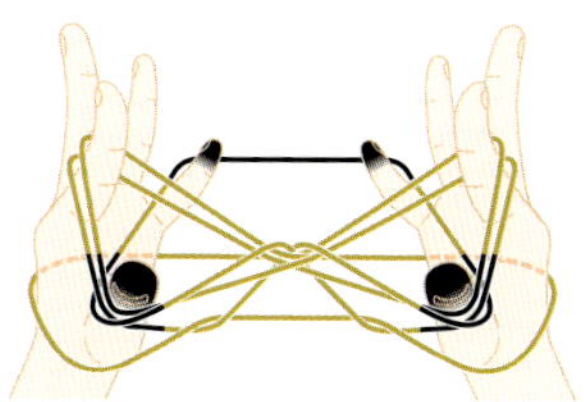

8 親指と小指の ━をすべて外す

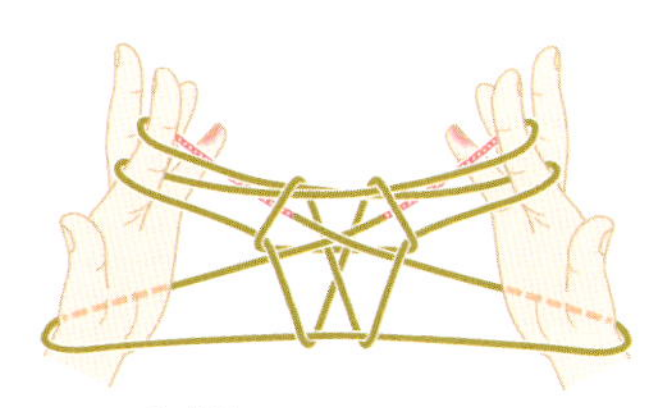

9 小指で━をとり、おし下げる

コーヒーカップ→エプロン

カフェにあるものにへんしんしていくよ

中指のかまえ P12

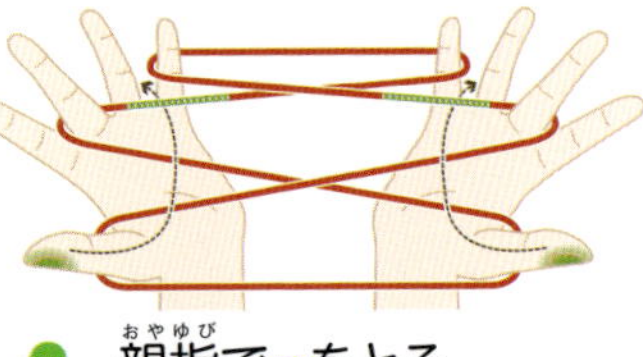

1 親指で▬をとる

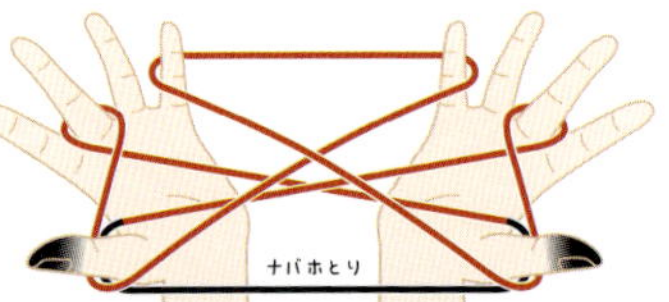

2 親指の▬を外側から外す

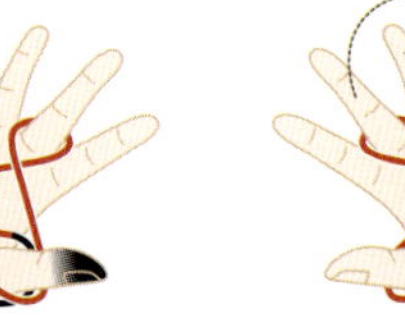

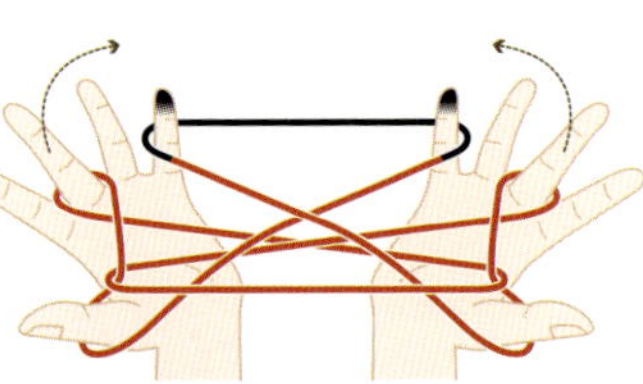

3 小指の▬を外し、指先をむこうにむける

かんたん★

日本ほか

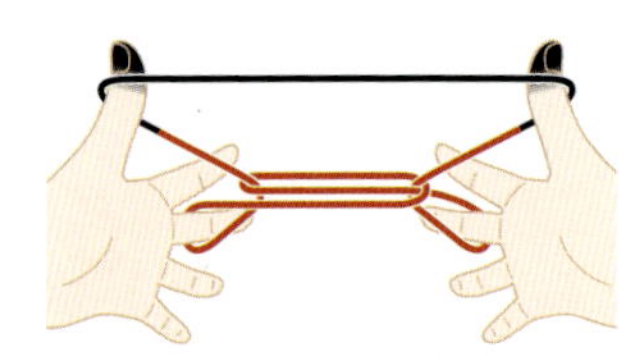

4 親指の▬をそっと外す
注：両手を広げすぎないようにします

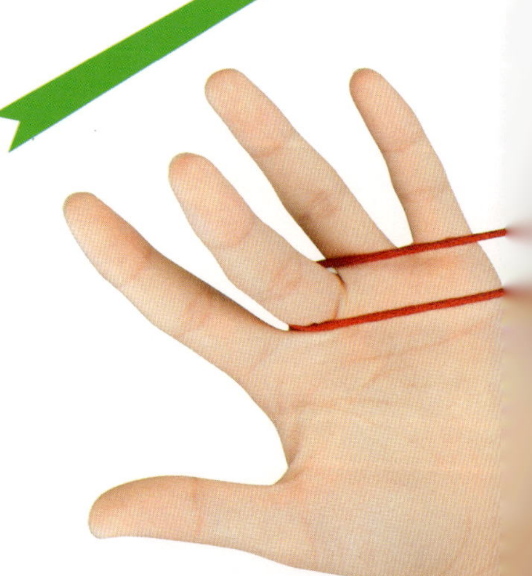

→りんご→ベルト

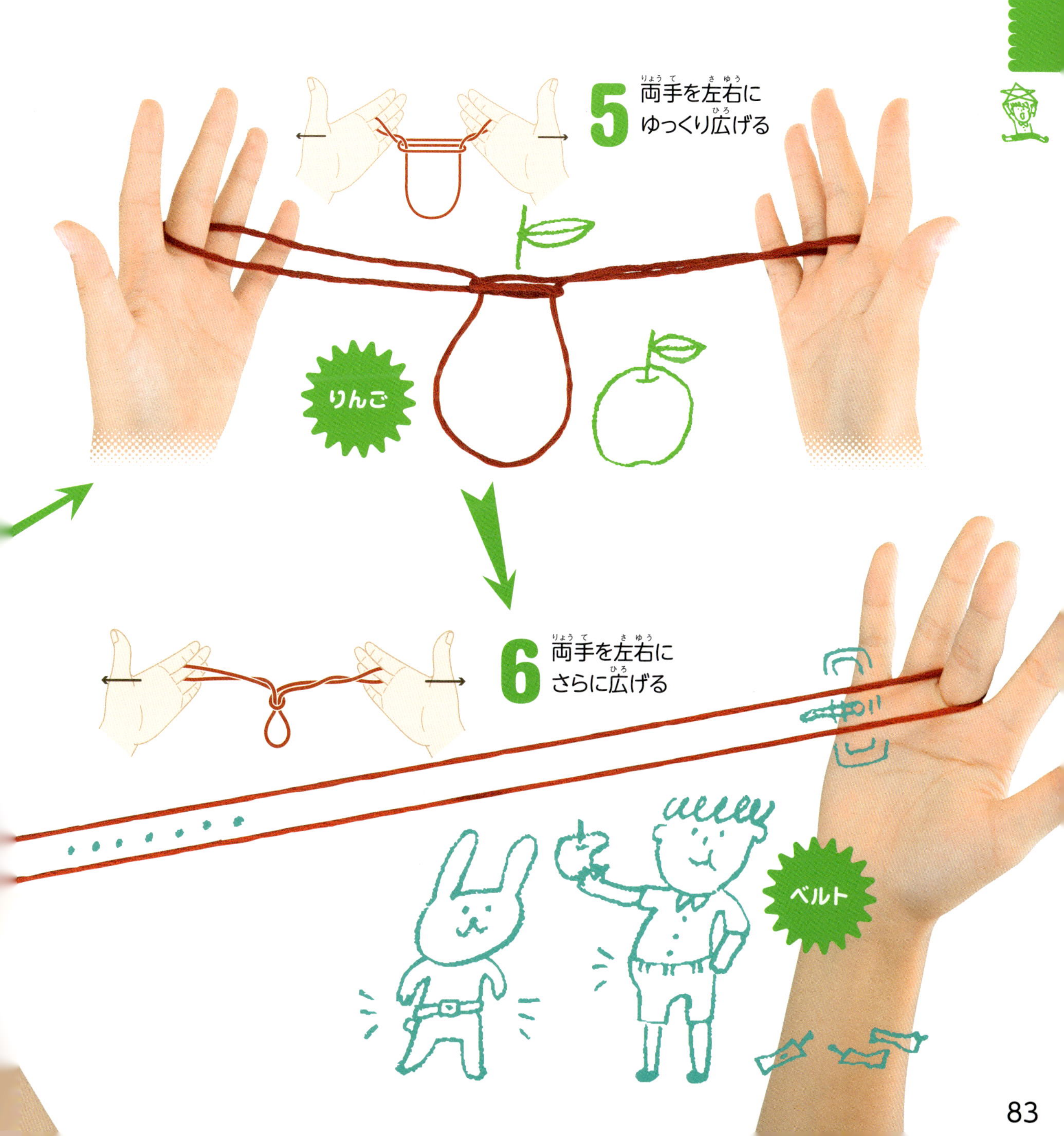

4だんばしご→ベビーカー、

はしごをのぼった先に見えるのは何だろう?

中指のかまえ P12

ふつう★★

日本ほか

ふたり

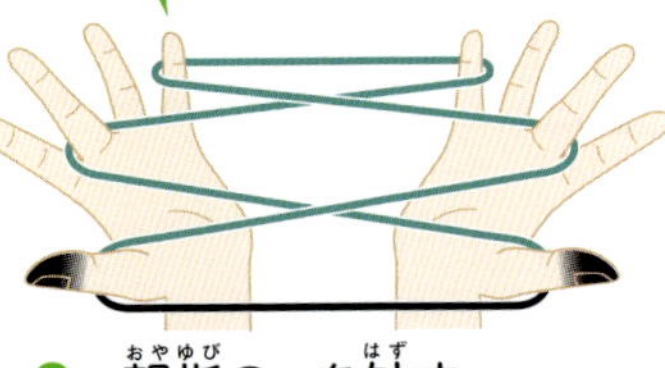

1 親指の━を外す

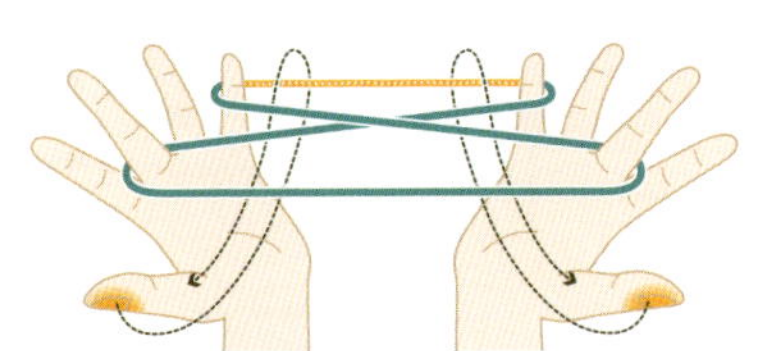

2 すべてのひもの下をくぐり、親指で━をとる

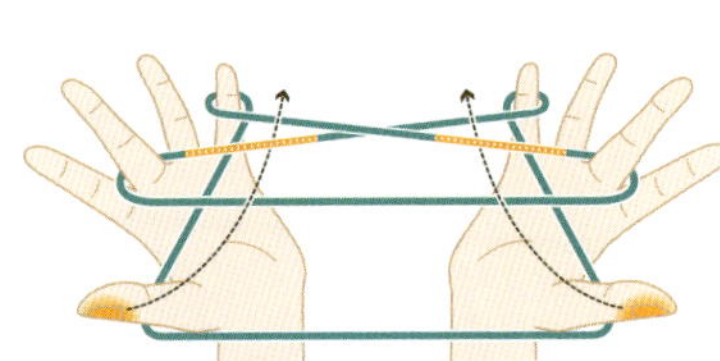

3 親指で━をとる

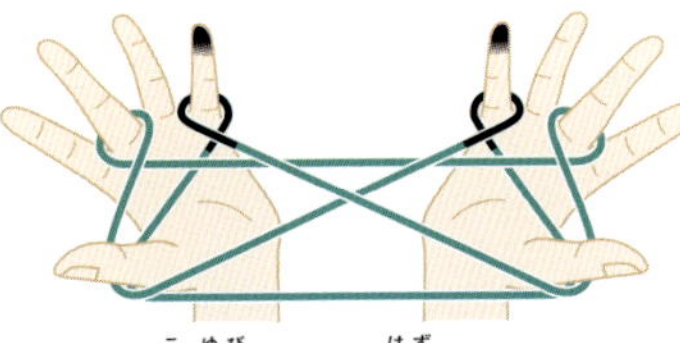

4 小指の━を外す

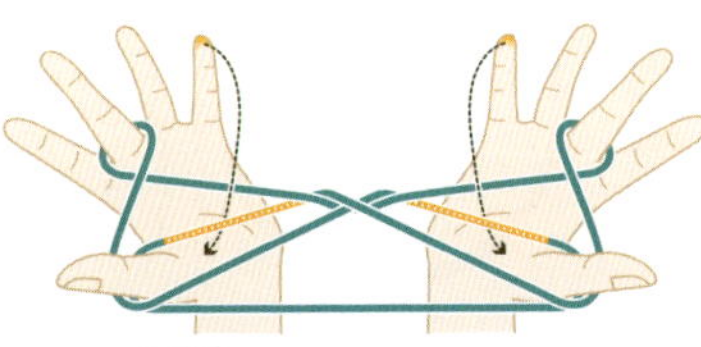

5 小指で━をとる

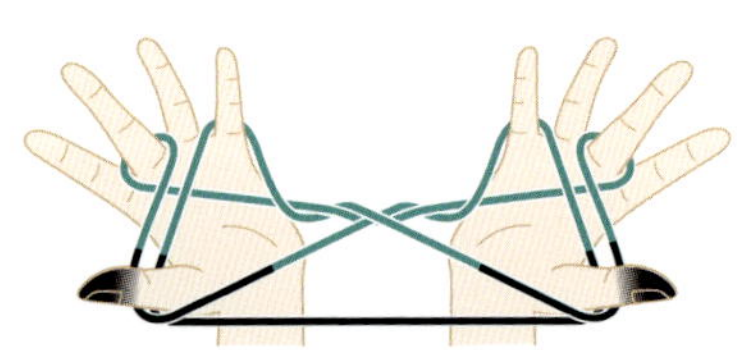

6 親指の━を2本とも外す

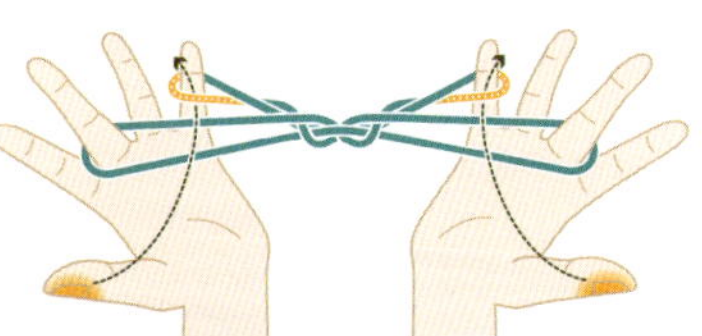

7 親指で━をとる

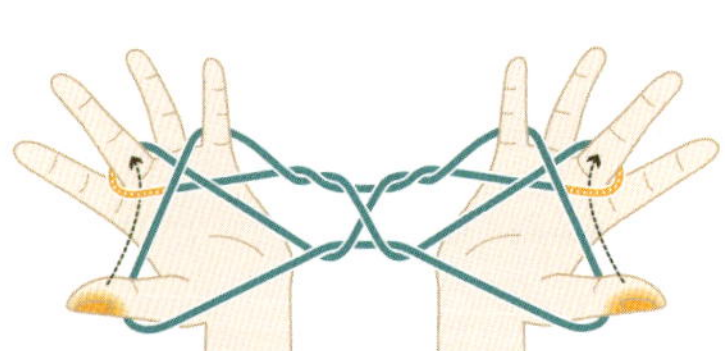

8 親指で━をとる
注：はんたいの手をつかうととりやすいよ

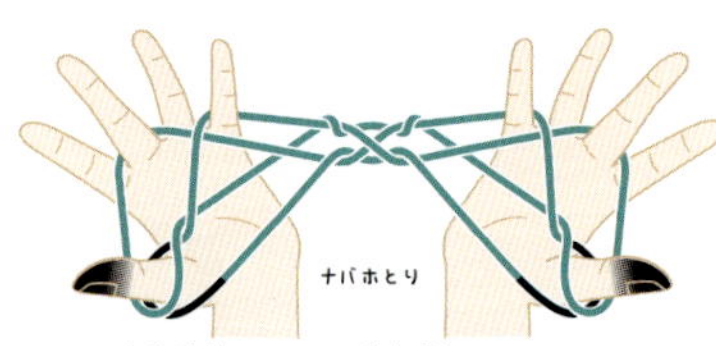

9 親指の━を外側から外す

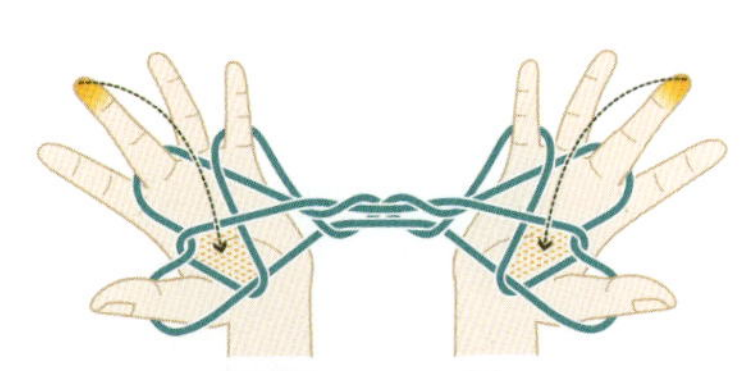

10 中指を◯に上から入れる

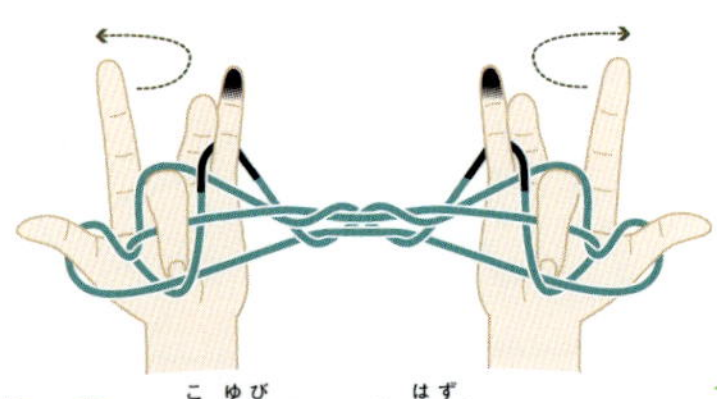

11 小指の━を外し、手のひらをむこうにむける

カヌー、あみ、東京タワー

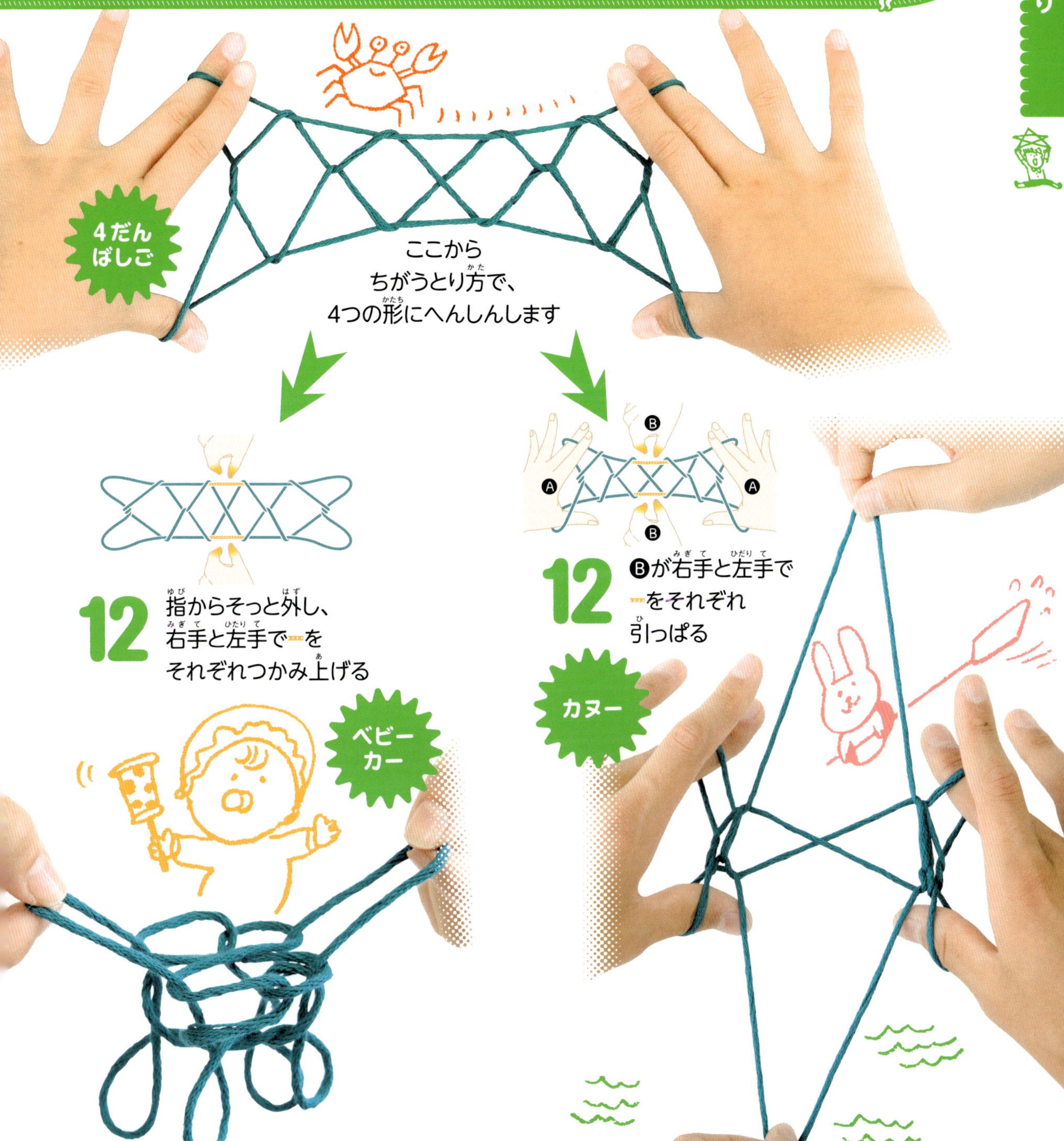

12 指からそっと外し、右手と左手で▭をそれぞれつかみ上げる

12 Ⓑが右手と左手で▭をそれぞれ引っぱる

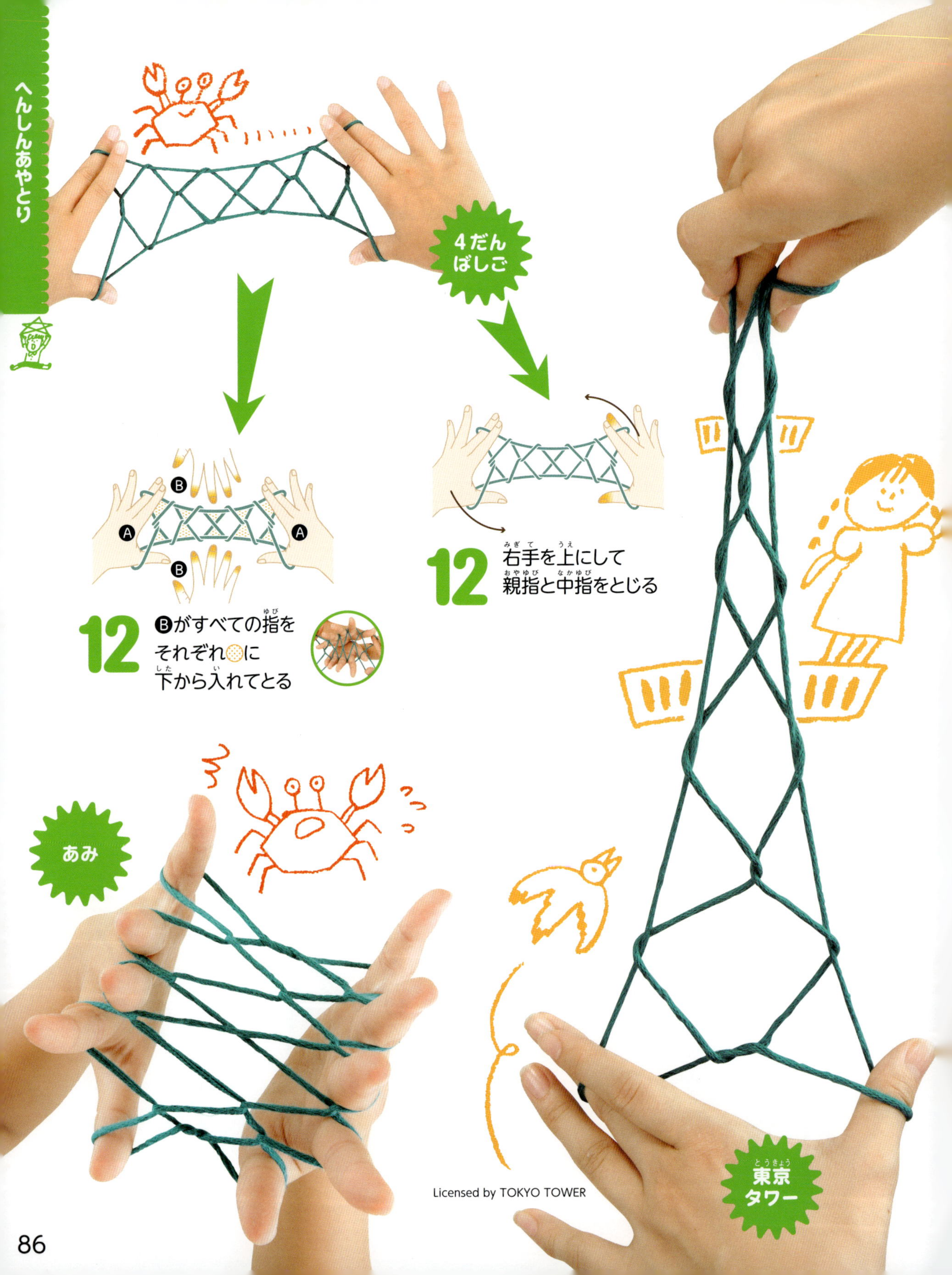
4だん
ばしご
B
A
A
B
12
Bがすべての指を
それぞれ◎に
下から入れてとる
12
右手を上にして
親指と中指をとじる
あみ
東京
タワー
Licensed by TOKYO TOWER

ちょうちょ→ふじさん

あそべる！ きえる！

ヒラヒラヒラ……山のちょうじょうはまだ先かな？

中指のかまえ P12

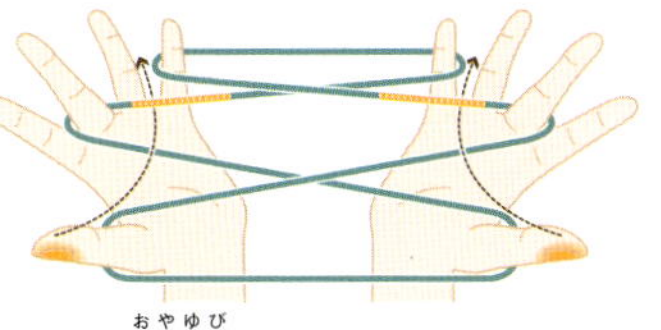

1 親指で━をとる

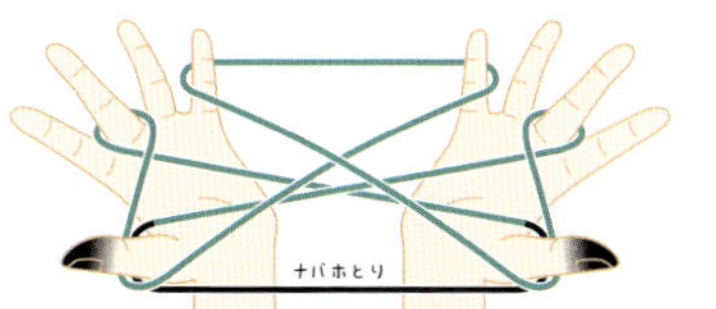

2 親指の━を外側から外す

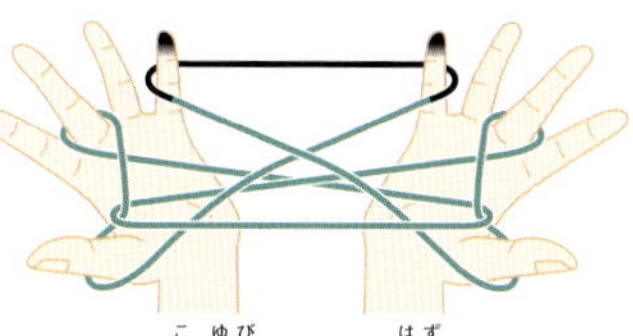

3 小指の━を外す

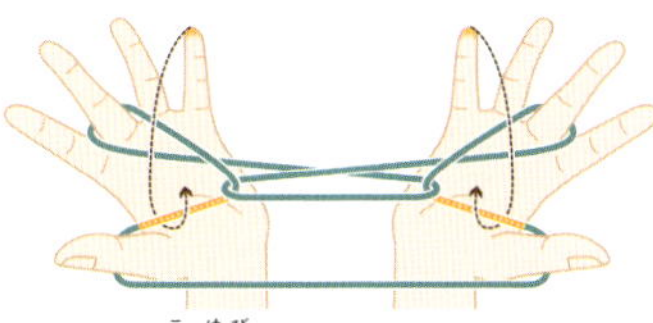

4 小指で━をとる

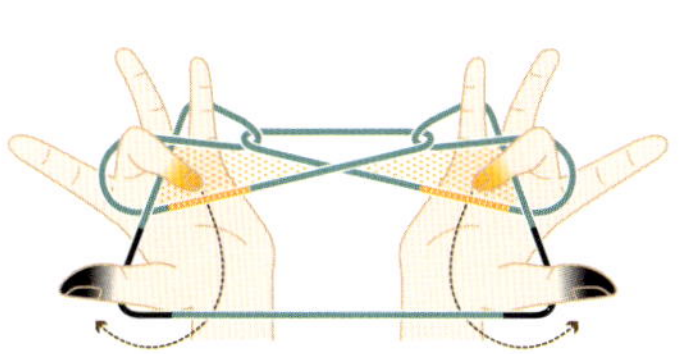

5 中指を◎に入れて━をまきつけるようにとる

注：親指の━はしぜんに外れます

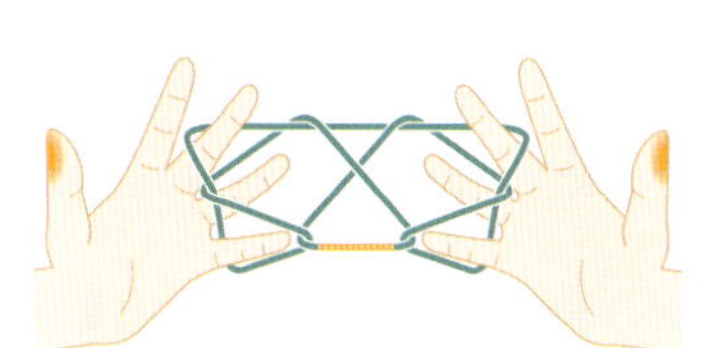

6 親指で━をとる

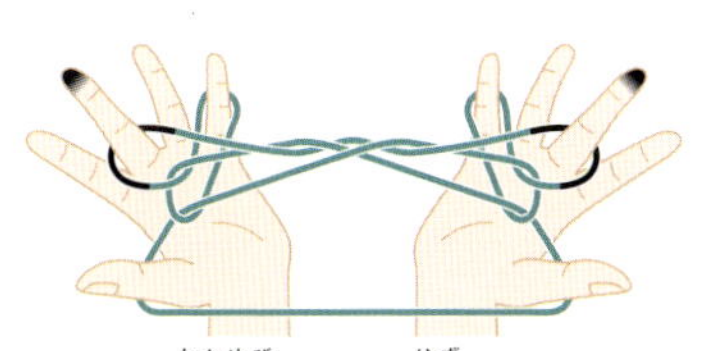

7 中指の━を外す

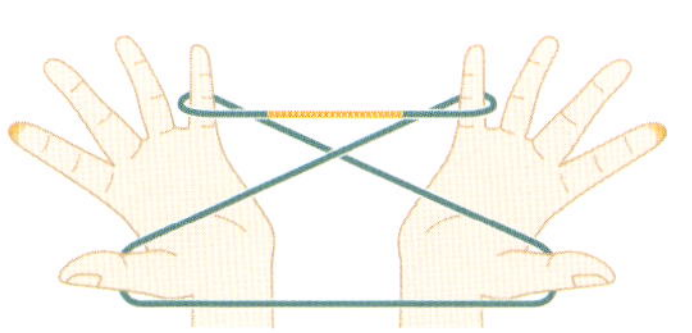

8 人さし指で━をとる

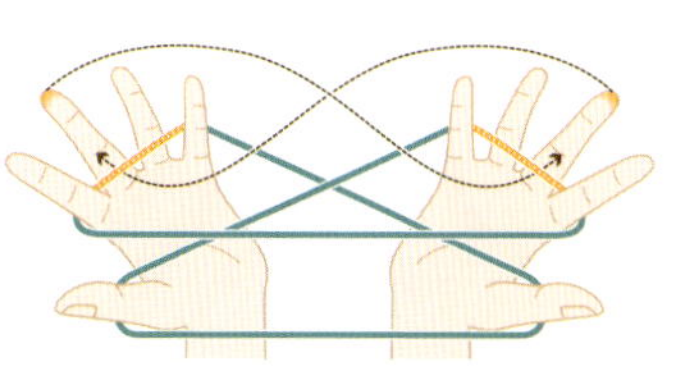

9 はんたいの中指で━をとり合う

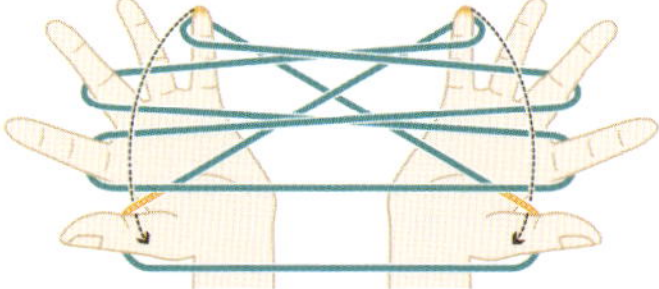

10 小指で━をとる

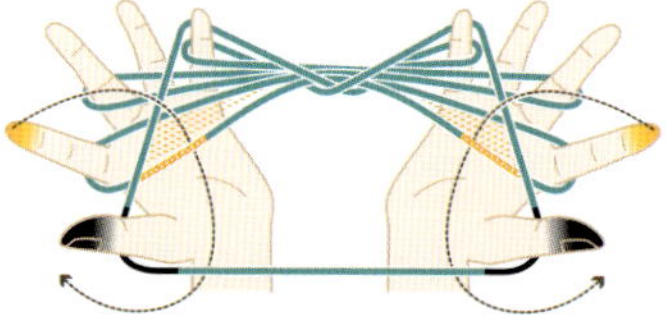

11 人さし指を◌に入れて━をまきつけるようにとる

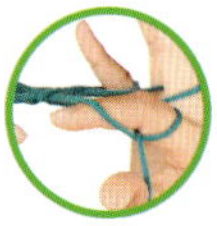

注：親指の━はしぜんに外れます

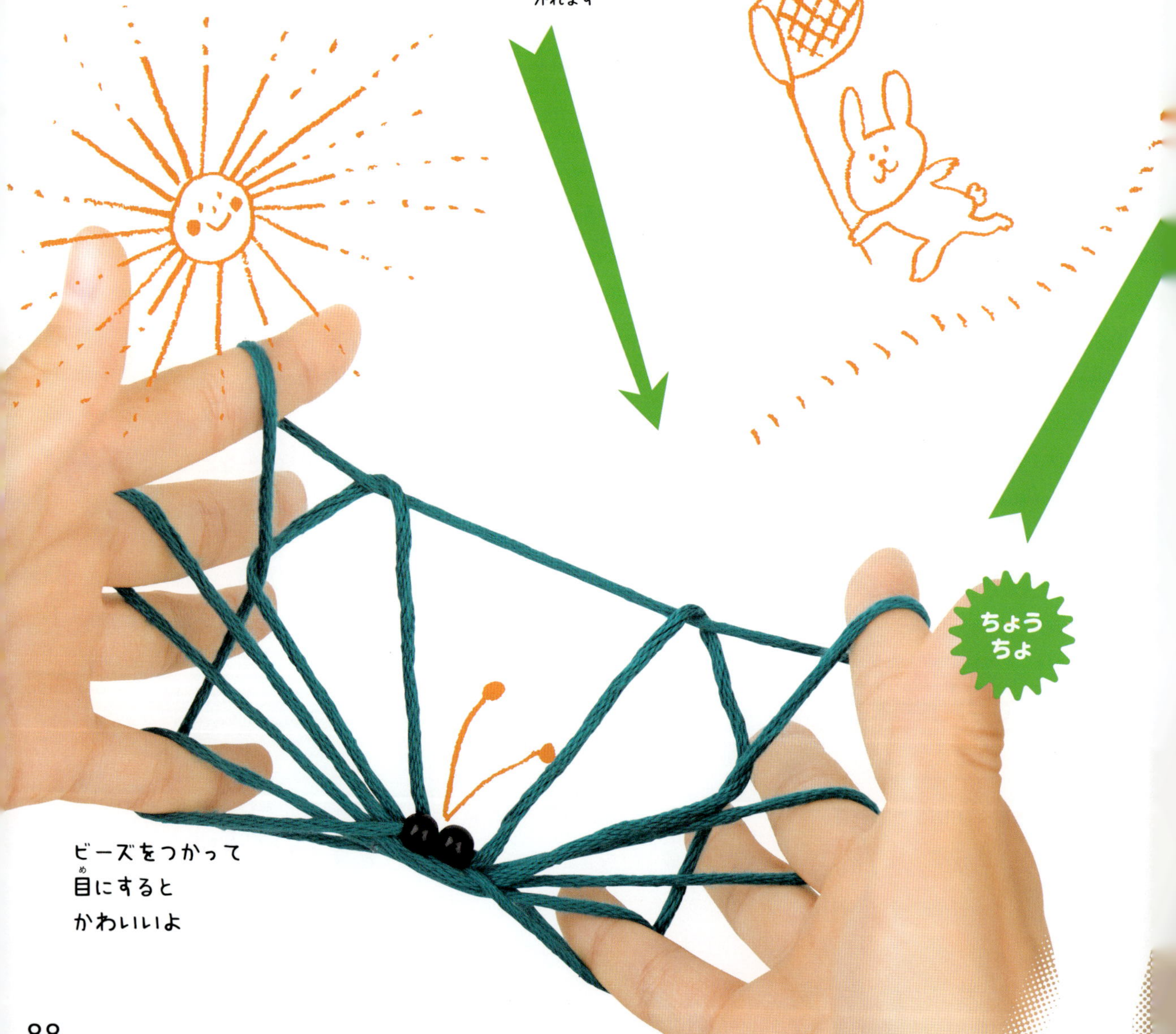

ちょうちょ

ビーズをつかって
目にすると
かわいいよ

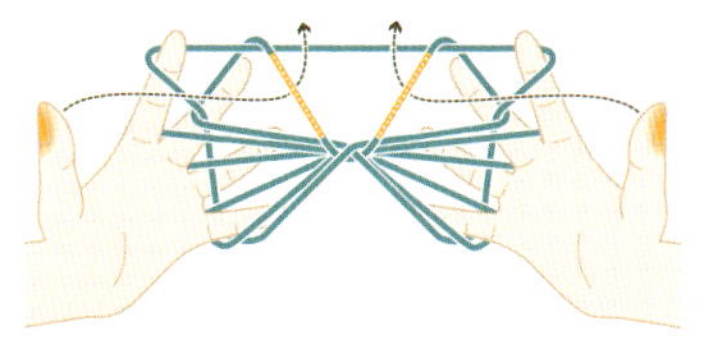

12 親指で━をとる

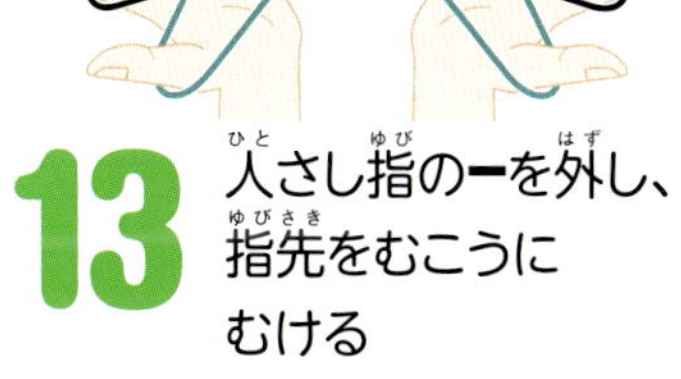

13 人さし指の━を外し、指先をむこうにむける

遊び方
小指の━を外し、両手を左右に広げると、月がふじさんの上にのぼってきえてしまうよ！

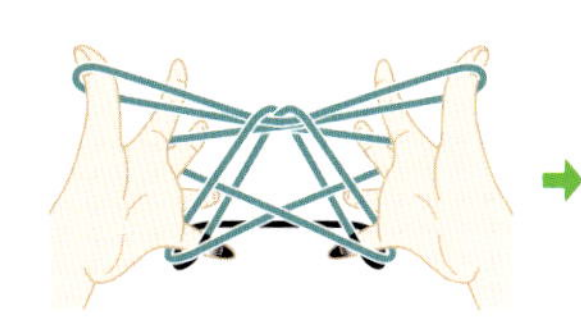

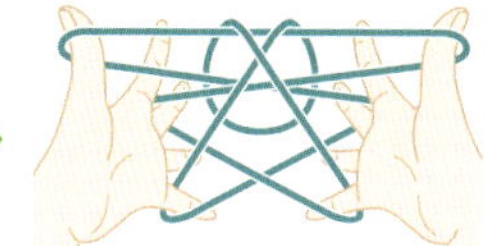

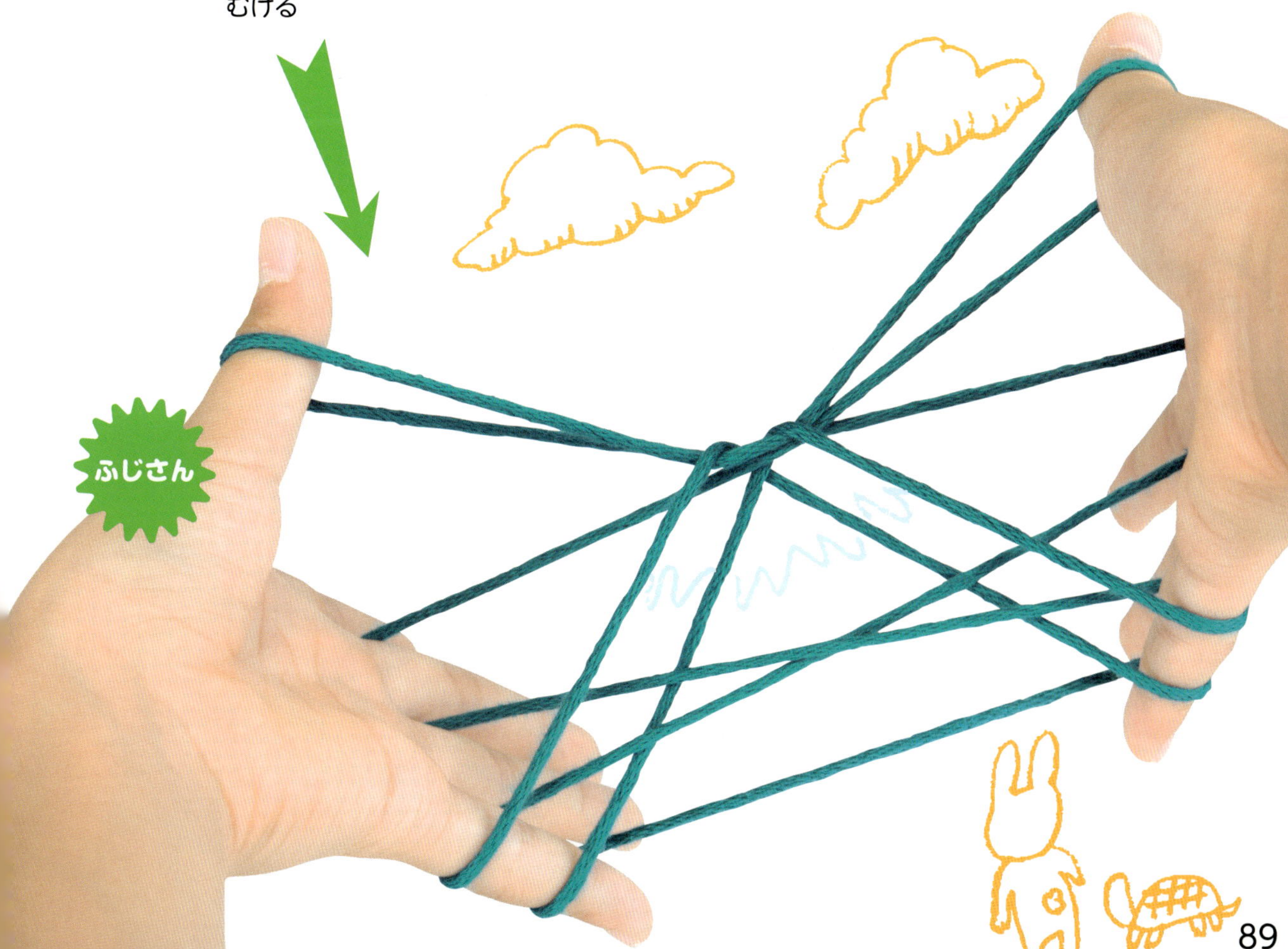

まつば→数字の11→数字の8

うつくしいけしきからの……いきなりサッカー!?

中指のかまえ P12

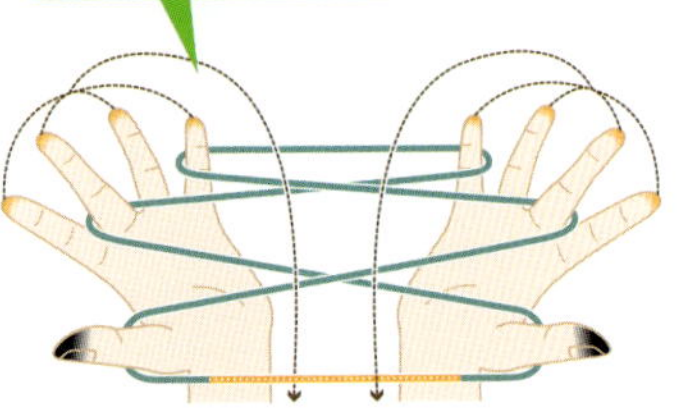

1 親指いがいの4本の指で■をとる
注:親指からは外します

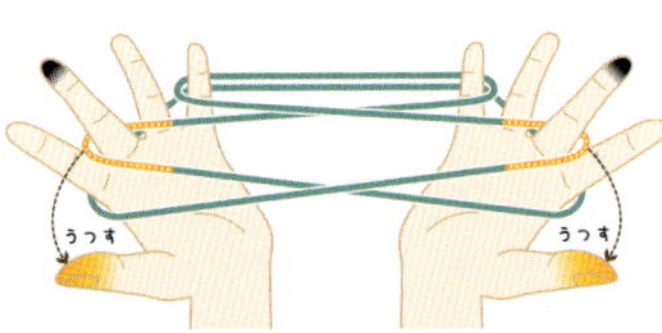

2 中指の■を親指にうつす

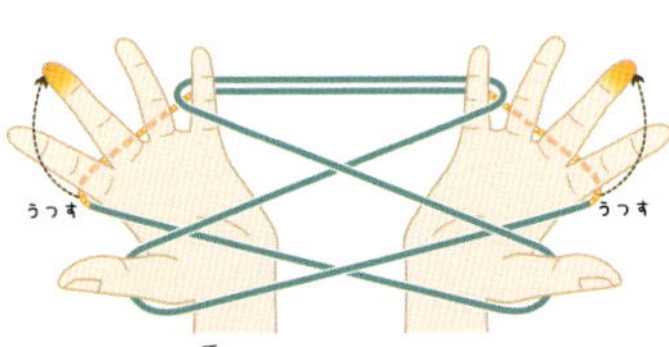

3 手のこうの■を中指にうつす

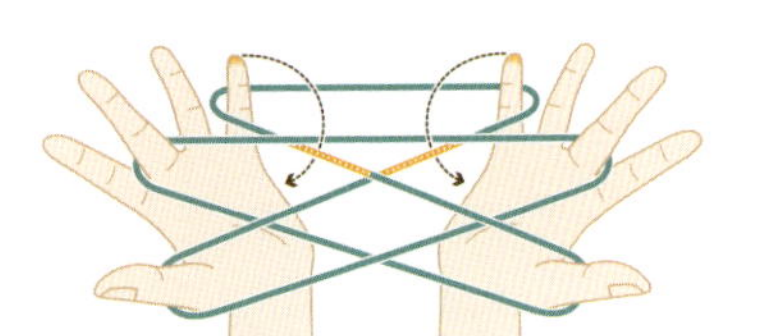

4 小指で■をとる

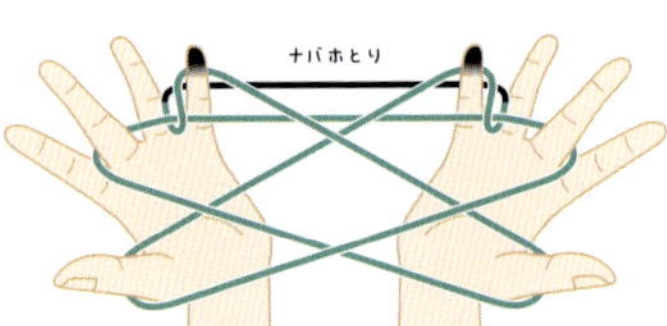

5 小指の━を外側から外す

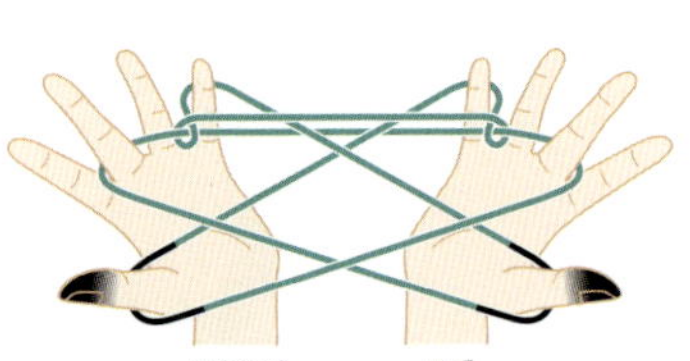

6 親指の━を外す

ふつう ★★

日本

まつば

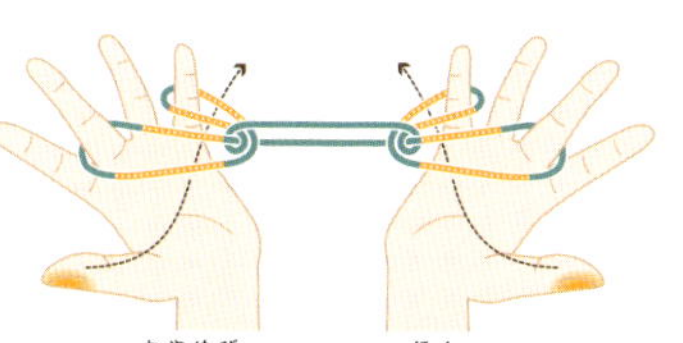

7 親指で▭を4本とも
とる

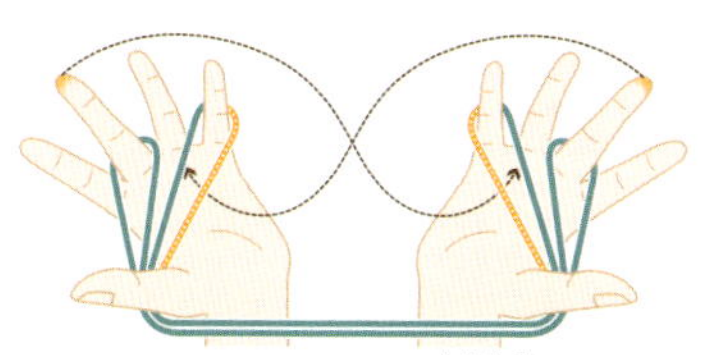

8 はんたいの中指で
▭をとり合う

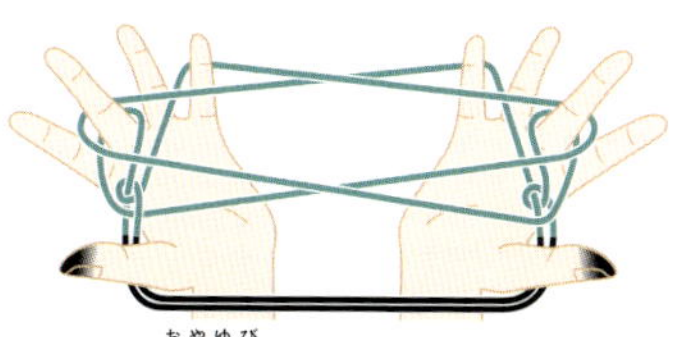

9 親指の━を
2本とも外す

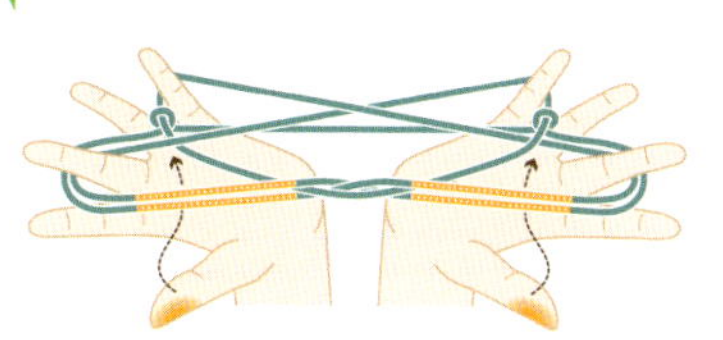

10 親指で▭を2本とる

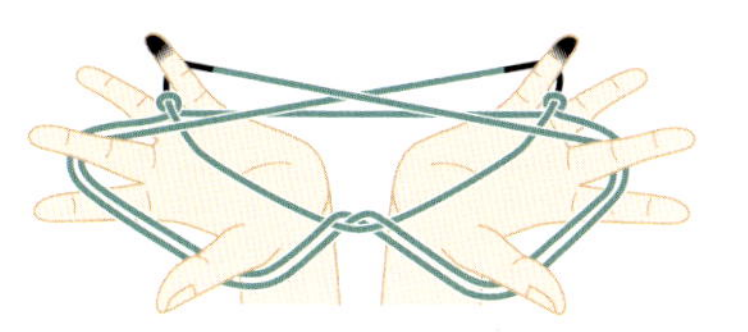

11 小指の━を外す

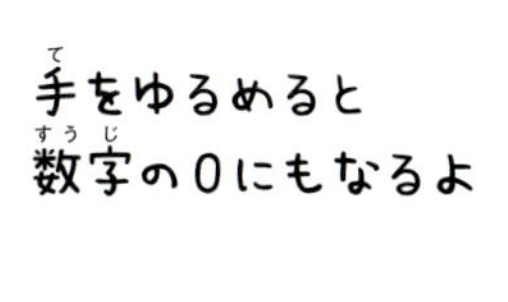

数字の11

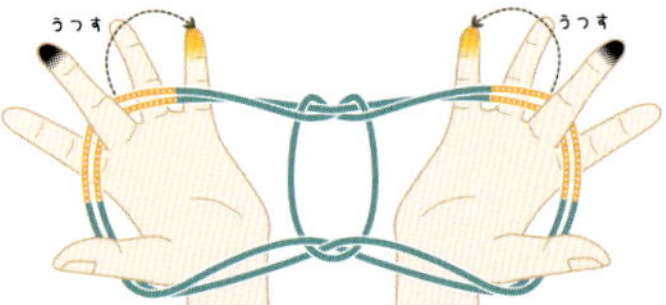

12 中指の■を小指にうつす

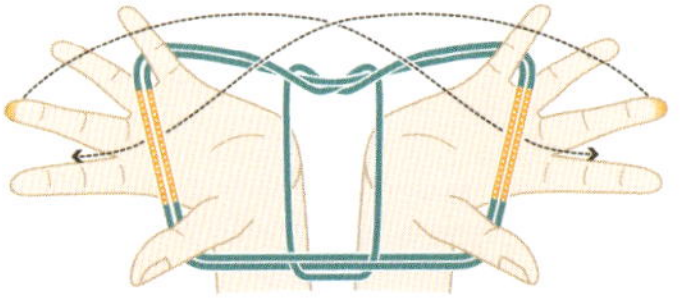

13 はんたいの中指で■を2本ともとり合う

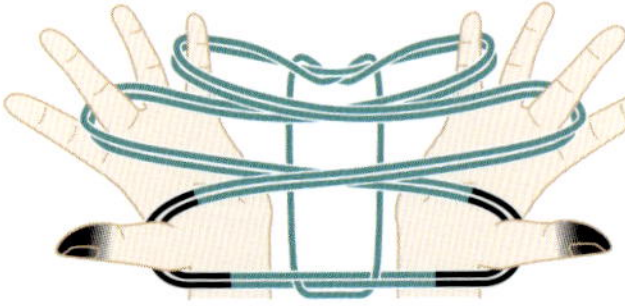

14 親指の■を2本とも外し、指先をむこうにむける

数字の8

めがね→目→口

顔のいちぶをあやとりでつくってみよう

人さし指のかまえ P13

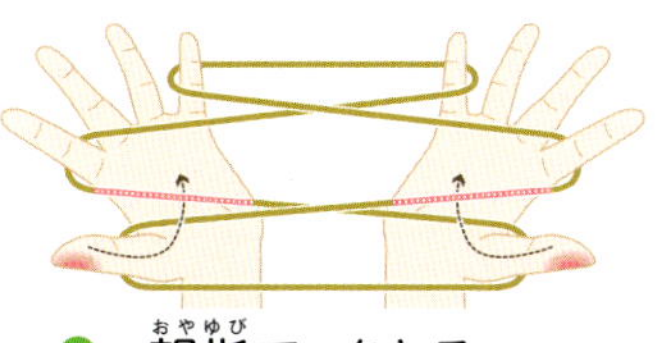

1 親指で▭をとる

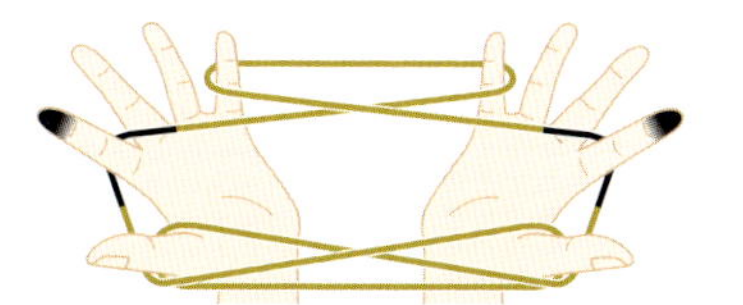

2 人さし指の━を外す

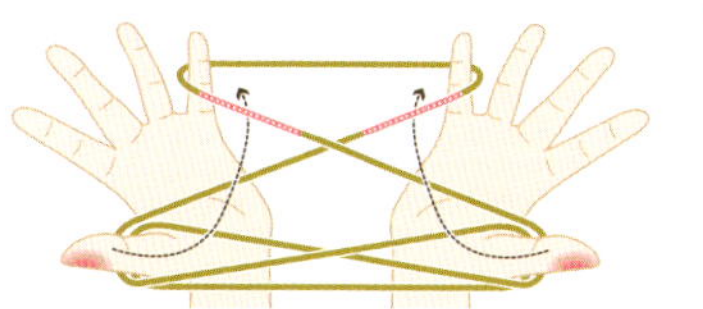

3 親指で▭をとる

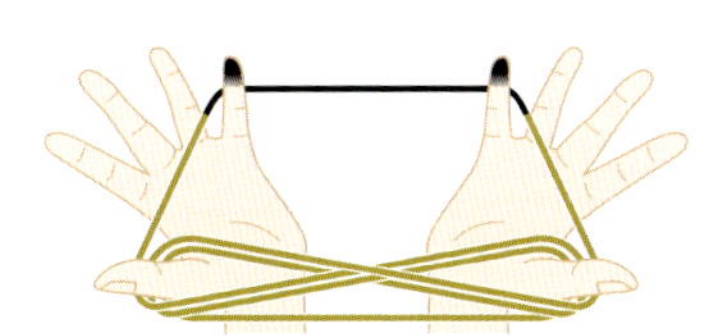

4 小指の━を外す

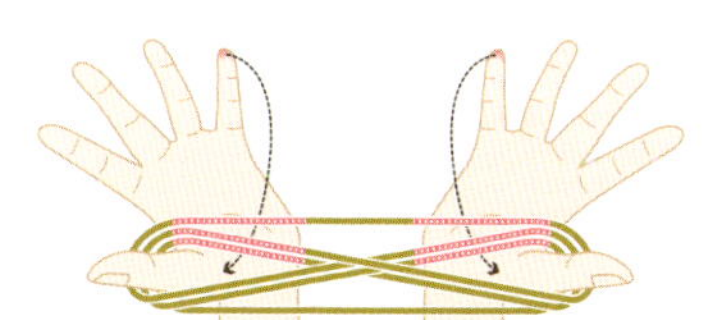

5 小指で▭を3本とる

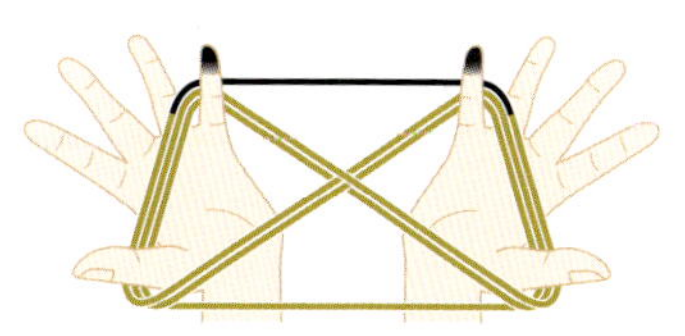

6 小指の━を外す

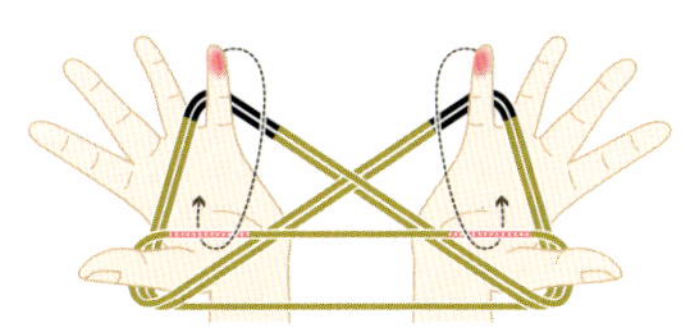

7 小指で▭を上からとり、指先をむこうにむける

注：小指の━はしぜんに外れます

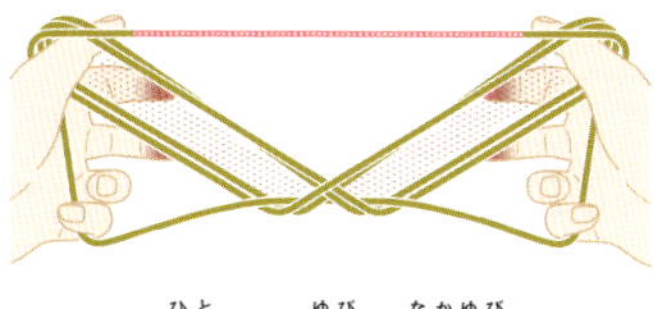

8 人さし指と中指を◯に入れ、▭をはさむ

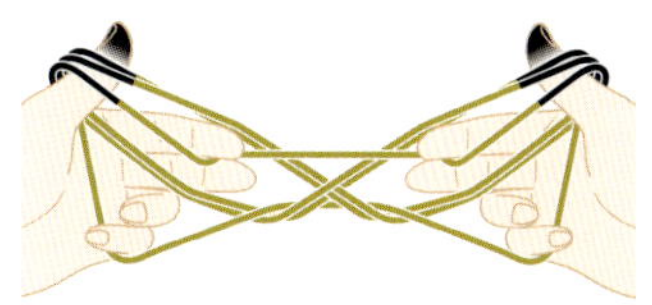

9 親指の━をすべて外す

むずかしい ★★★

アメリカ

へんしんあやとり
めがね
10 親指でをとる
注:とるひもをまちがえるとうまくいきません
11 の2本を重ね両手の親指にかける
注:右手のひもを下にします
12 親指でをとり
に上から入れる
注:親指のはしぜんに外れます
13 人さし指のを外す
目

14 人さし指と中指で
▭を重ねる

15 人さし指で▭を
上からとり、
◯を通して指先を
むこうにむける
注：親指と中指は外します

あみ→おり→ハンモック

この4つが出てくるおはなしを考えてみよう

はじめのかまえ P12 ひものまん中を1回ひねる

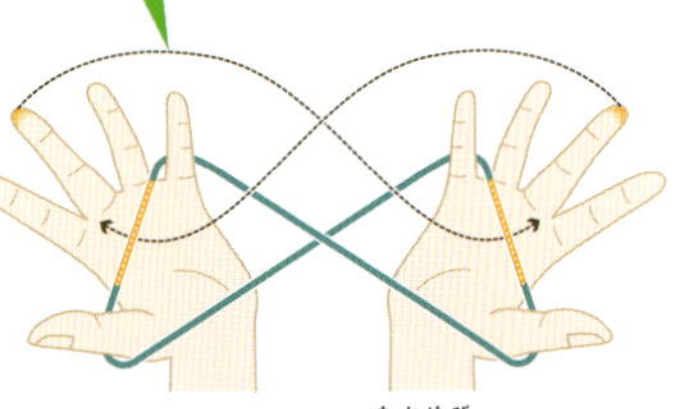

1 はんたいの中指で▭をとり合う

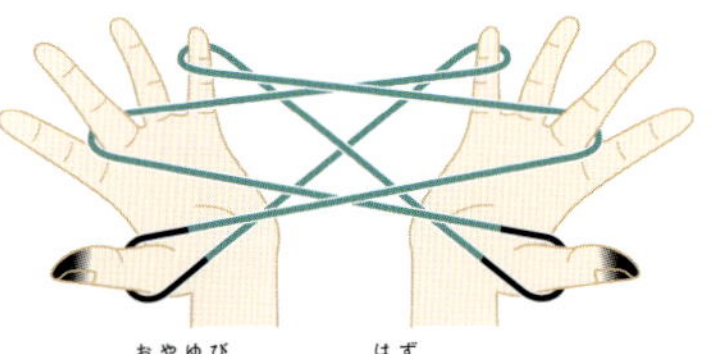

2 親指の━を外す

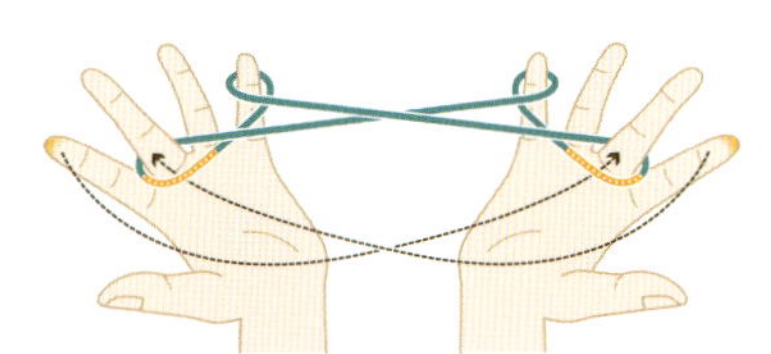

3 はんたいの人さし指で▭をとり合う

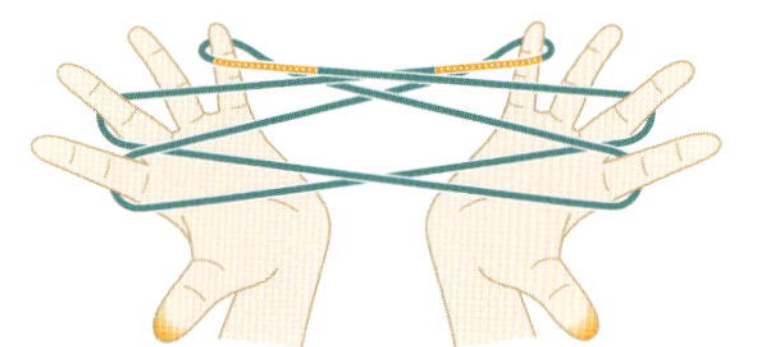

4 親指で▭をとる

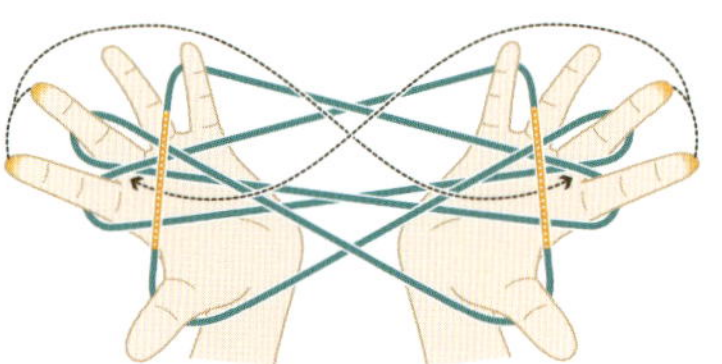

5 はんたいの人さし指と中指で▭をとり合う

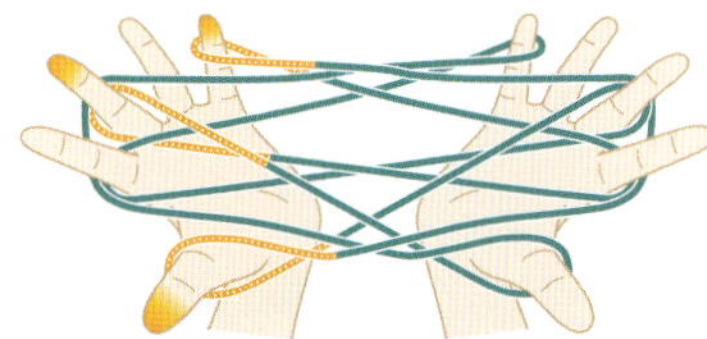

6 左手の親指、中指、小指の▭を外し、ねじれを直して元の指にかける

注:はんたいの手をつかうととりやすいよ

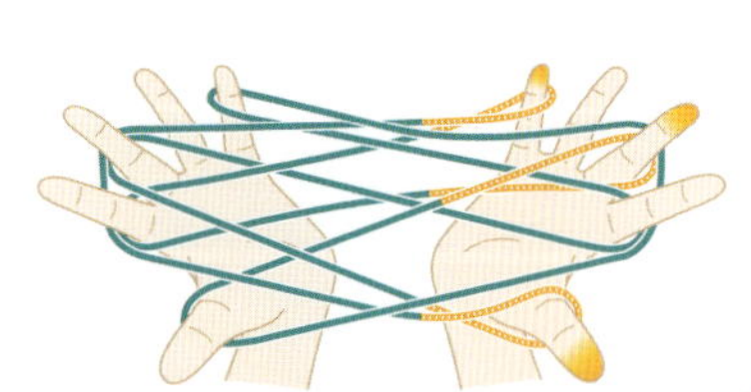

7 右手の親指、中指、小指の▭を外し、ねじれを直して元の指にかける

注:はんたいの手をつかうととりやすいよ

あみ

ふつう ★★

日本

→バリカン

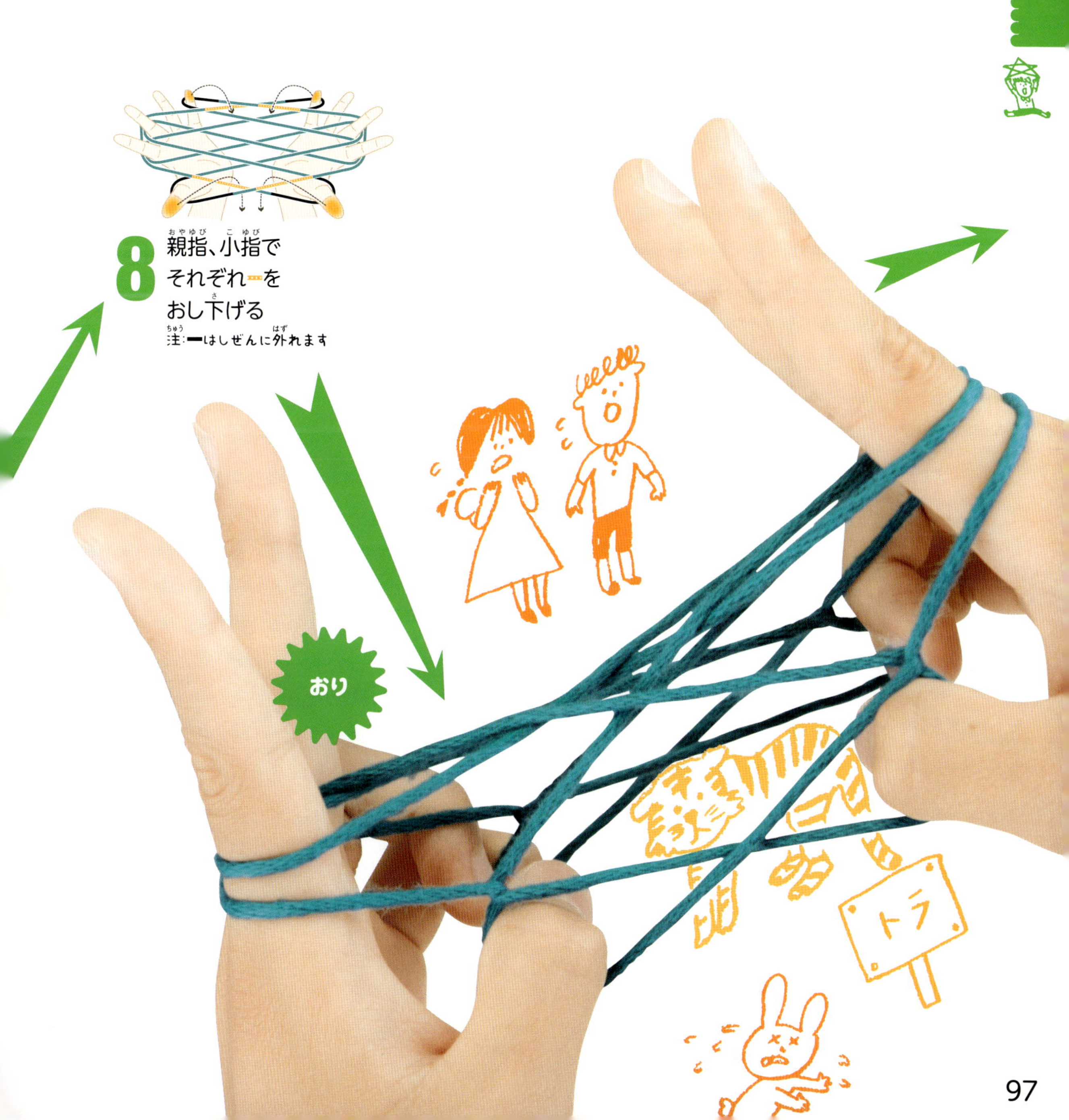

8 親指、小指で
それぞれ━を
おし下げる
注：━はしぜんに外れます

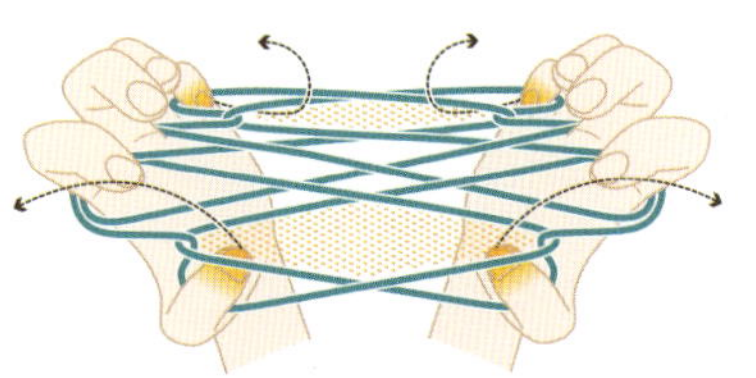

9 親指、小指を◎に下から入れる

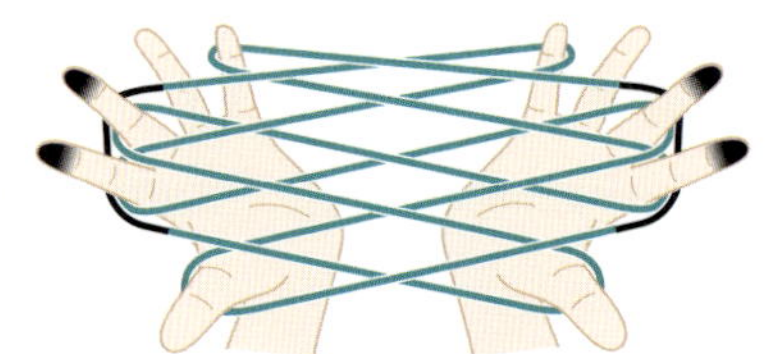

10 人さし指と中指の━を外し、指先をむこうにむける

指先を上にむけると「こと」になるよ

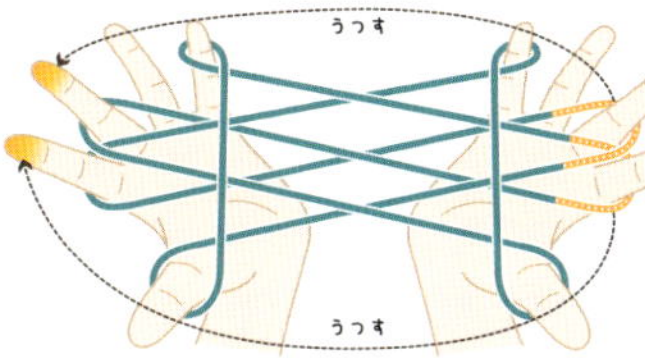

うつす

うつす

11 右手の人さし指、中指の ▭ をそれぞれ左手の人さし指、中指にうつす

バリカン

とりいほうき竹やぶの家

むかし話に出てきそうなものばかり

左手の親指と小指にひもをかける

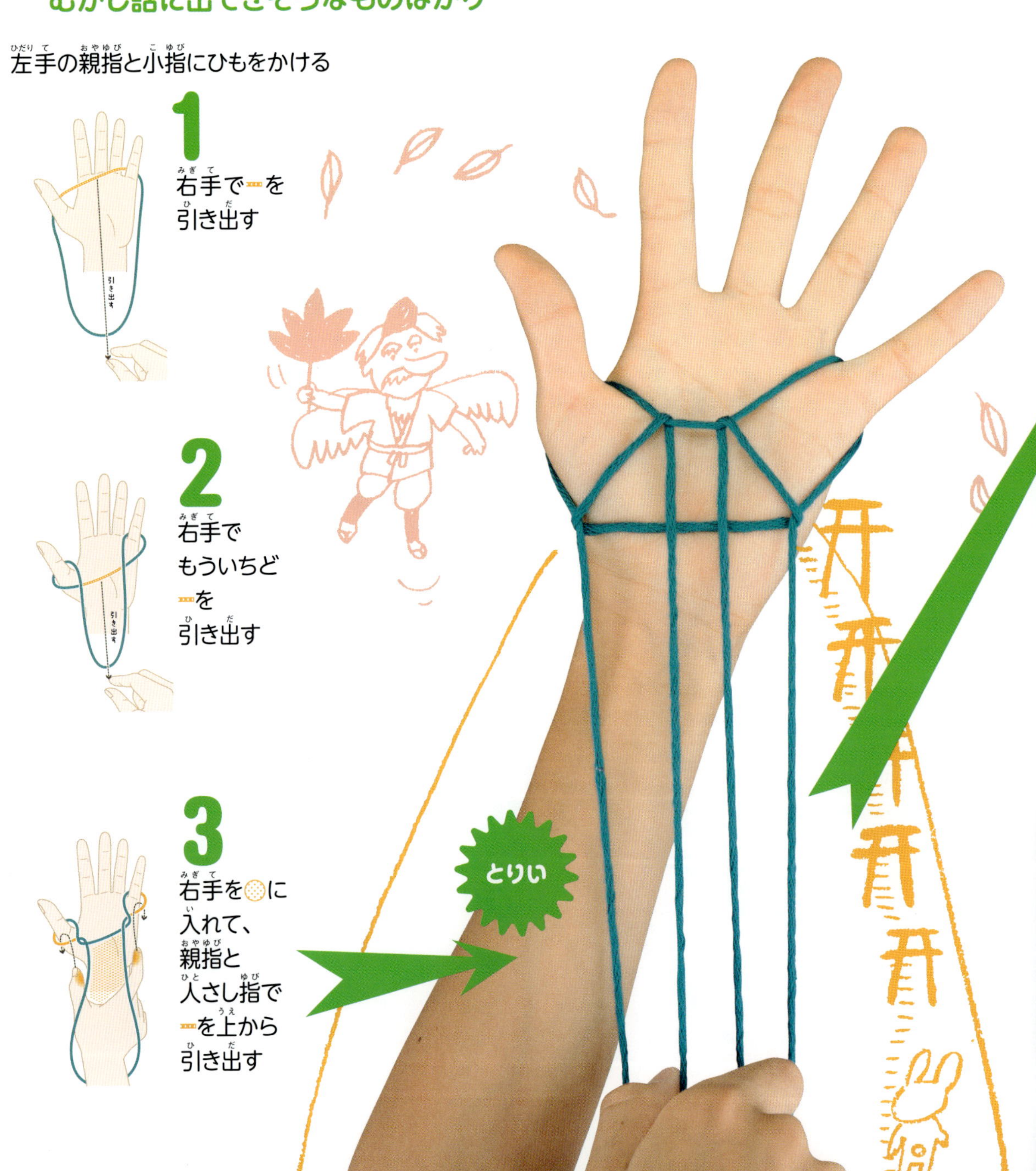

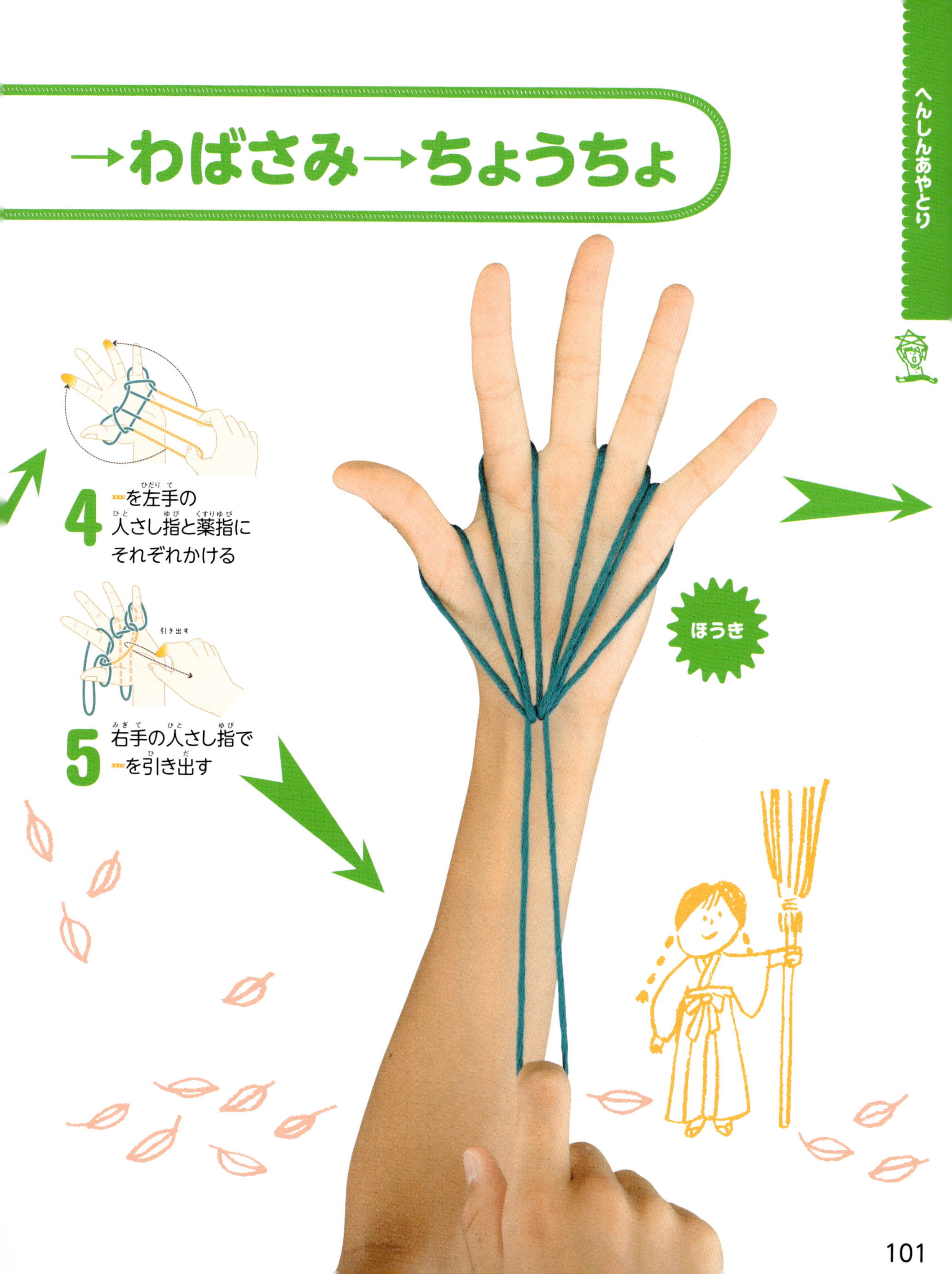
へんしんあやとり
→わばさみ→ちょうちょ
4 ▬を左手の人さし指と薬指にそれぞれかける
引き出す
5 右手の人さし指で▬を引き出す
ほうき

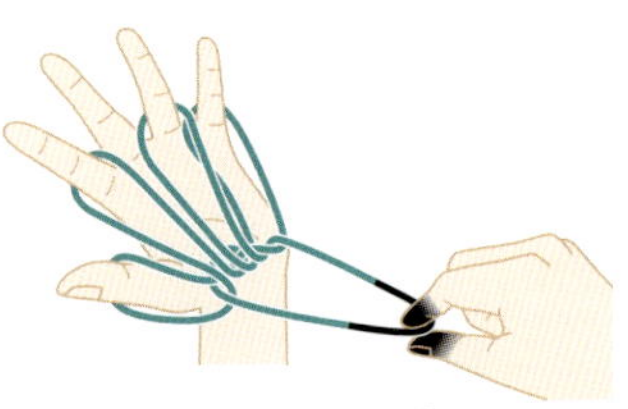

6 右手の━を外す

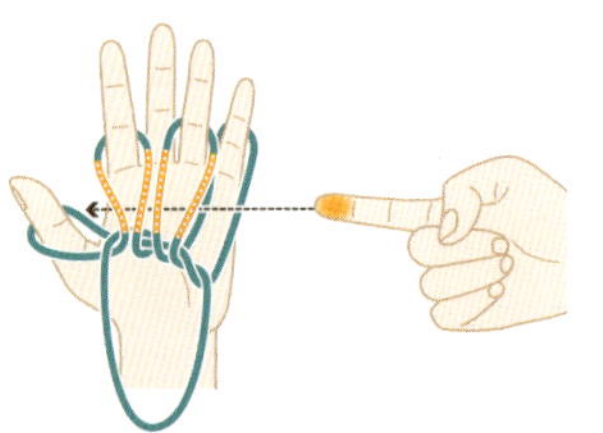

7 右手の人さし指で▭の4本を下からとり、引き出す

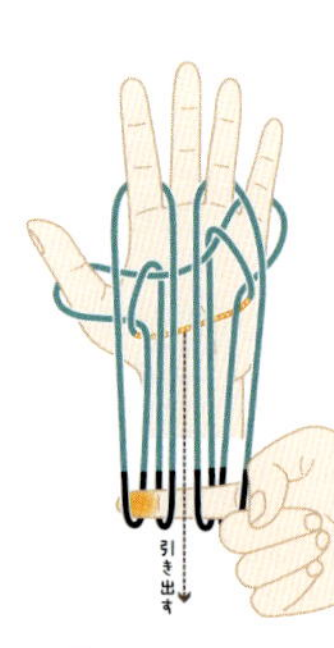

8 右手の人さし指の━をすべて外し、▭を引き出す

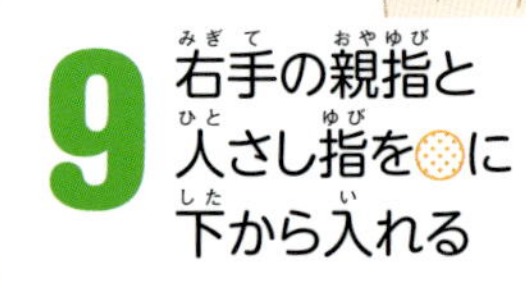

9 右手の親指と人さし指を◯に下から入れる

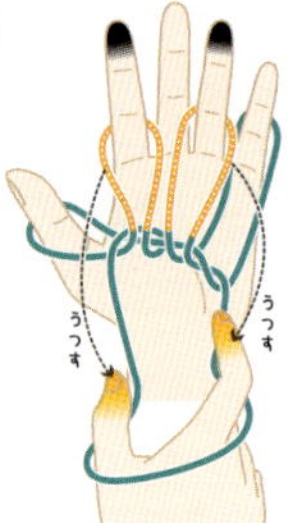

10 ▭を右手の親指、人さし指にそれぞれうつす

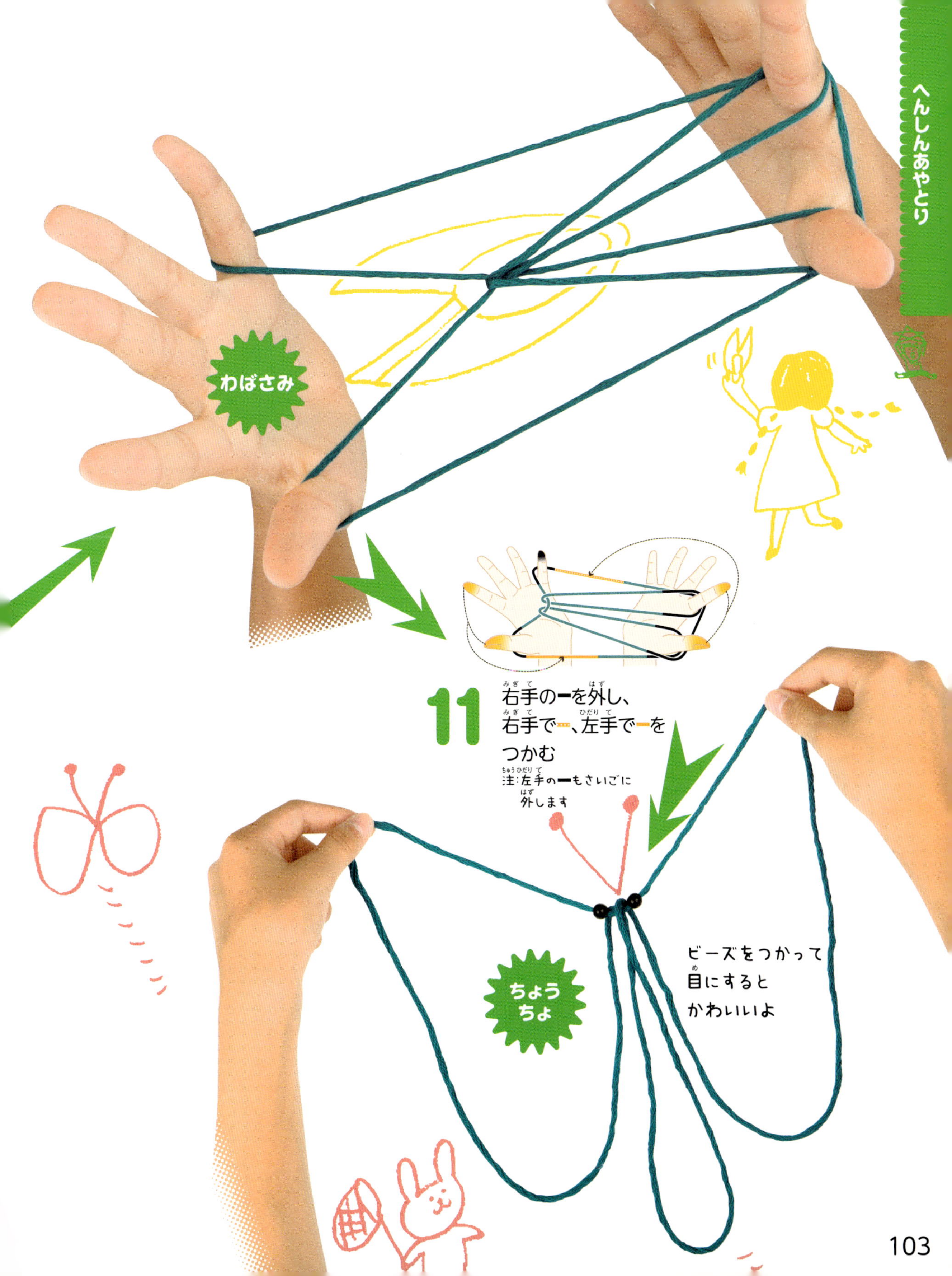

11 右手の━を外し、右手で━、左手で━をつかむ

注：左手の━もさいごに外します

くり→かめ→ゴム→ひこうき

ちょう大作！　さいごは指からきえていきます

中指のかまえ P12

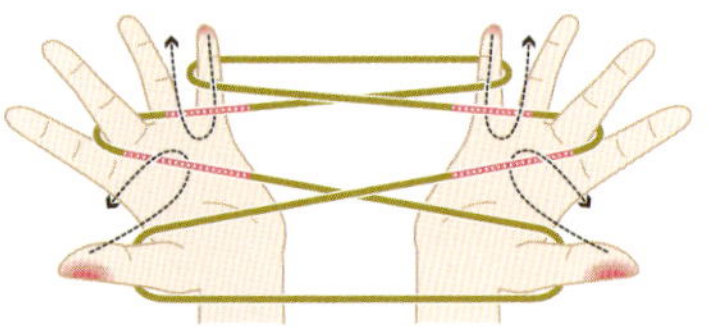

1 親指、小指で ━ をそれぞれとる

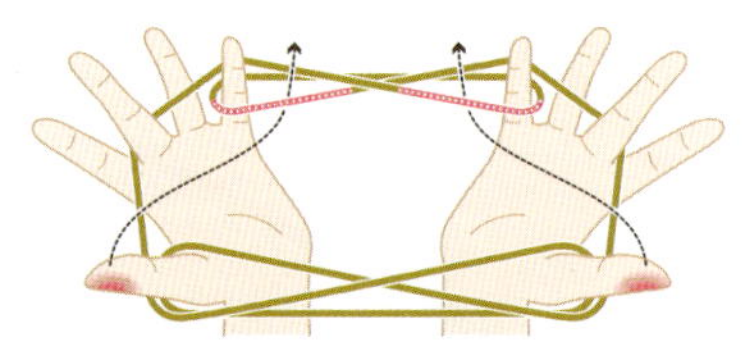

2 親指で ━ をとる

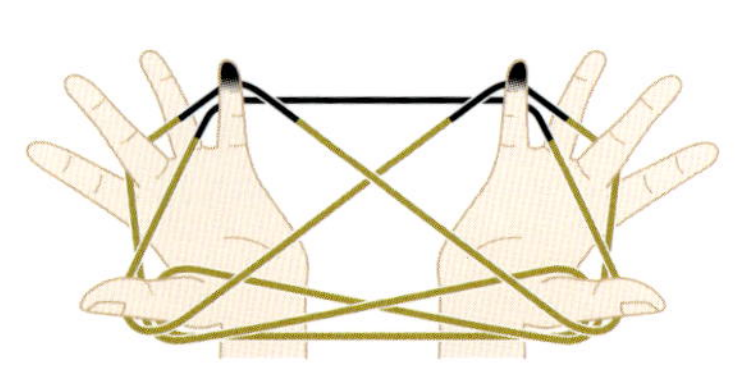

3 小指の ━ を2本とも外す

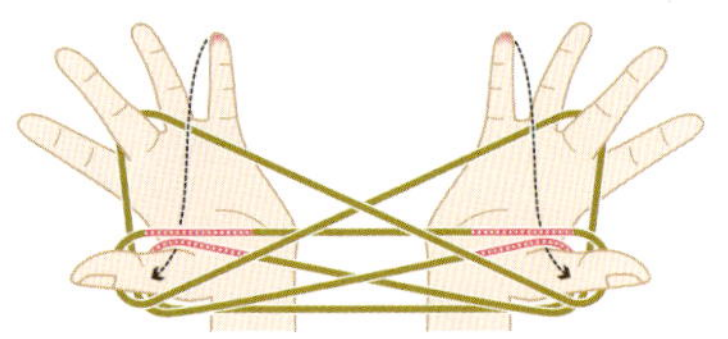

4 小指で ━ を2本とる

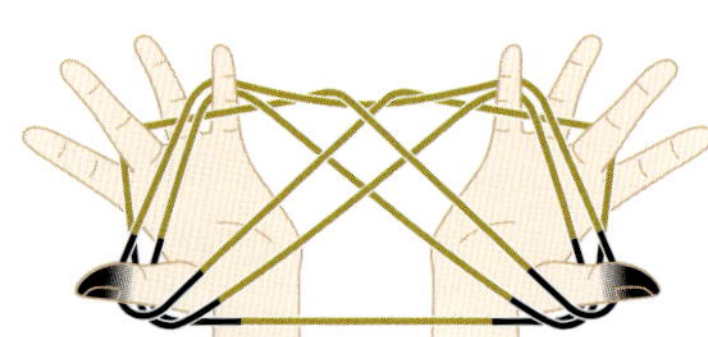

5 親指の ━ をすべて外す

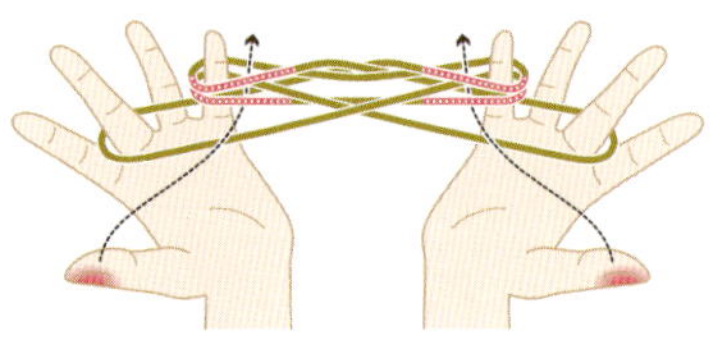

6 親指で ━ を2本とる

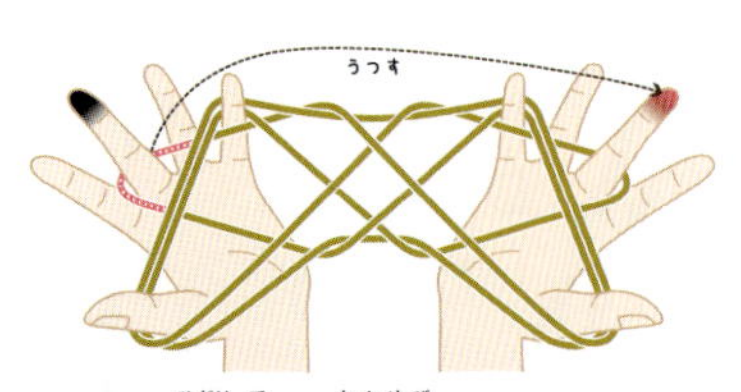

7 左手の中指の ━ を右手の中指にうつす

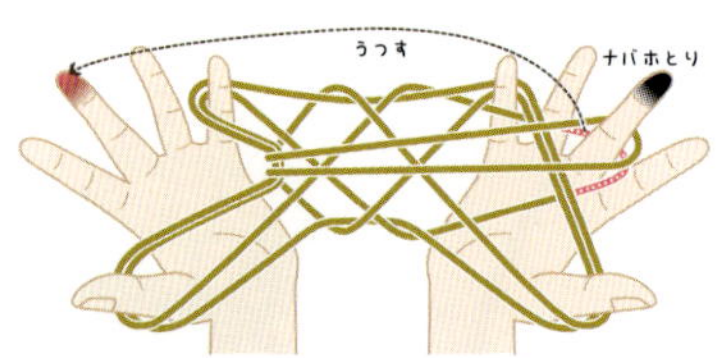

8 右手の中指の ━ を左手の中指にうつす

→かぶと→指ぬき

うらからみると
「ダイヤモンド」になるよ

9 左手の中指の━を外す

10 右手の中指の━を左手の中指にうつす

11
左手の中指の━を
外す
12
人さし指、中指で
━をそれぞれとる
遊び方
親指と小指を
くっつけたり
はなしたりすると、
ゴムのように
のびちぢみするよ！
ゴム
ひこうき
うつす
うつす
13
右手の親指、小指の━を
2本ずつ、それぞれ左手の
親指、小指にうつす

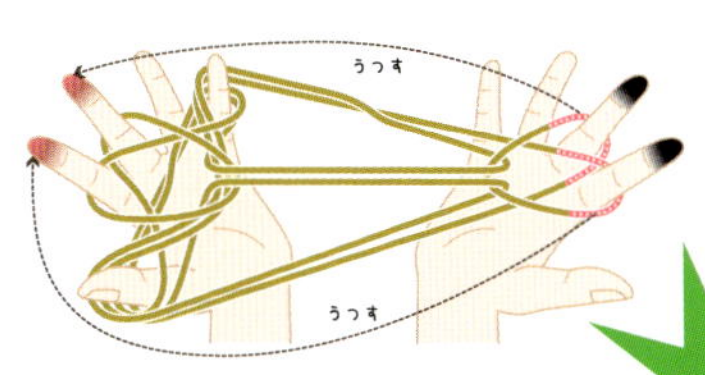

14 右手の人さし指、中指の━をそれぞれ左手の人さし指、中指にうつす

かぶと

15 左手の親指と小指の━をすべて外す

16 外した━を右手で引っぱる

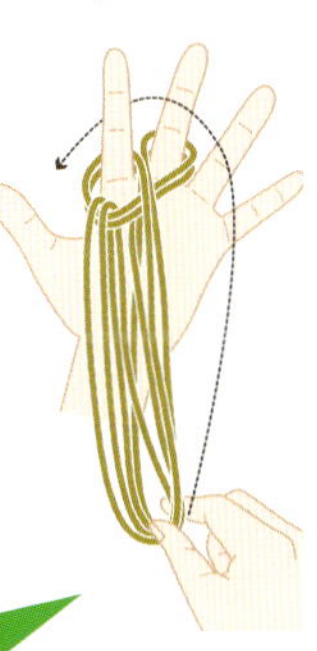

17 そのまま人さし指と中指の間を通して後ろにたらす

指ぬき

遊び方

右手の人さし指と中指で━を引っぱると、あらふしぎ！ひもがスルスルとぬけてしまうよ

エレベーター

本日はおこしいただき、まことにありがとうございます

「おはなしあやとり」は、
ストーリーのついたあやとりです。
形をへんかさせながら
入っているセリフを読んで
みんなに聞かせて遊んでみてね

かんたん★

日本

左手の親指と人さし指にひもをかける

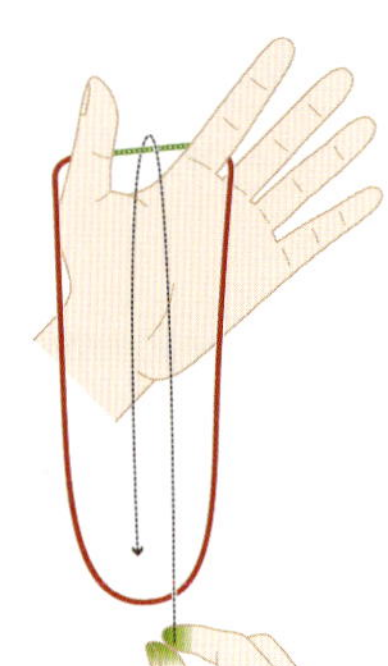

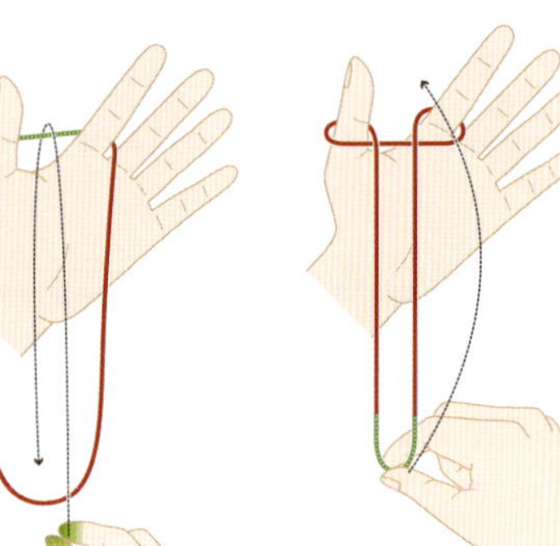

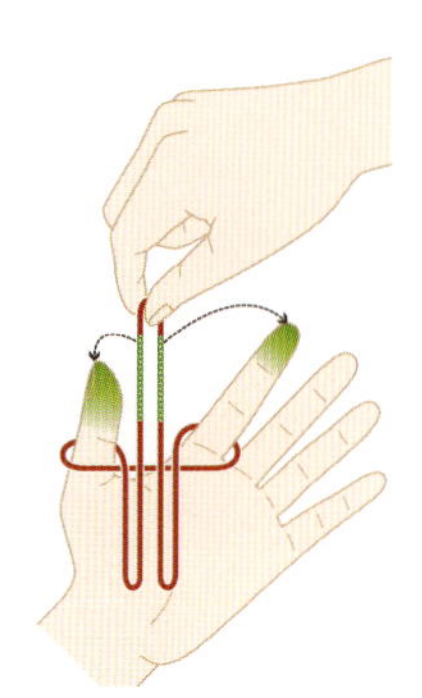

1
右手で▬を
引き出す
「地下にまいり
まーす」

2
左手の
親指と
人さし指の
間に▬を
もち上げる
「屋上にまいり
まーす」

3
▬を左手の
親指と
人さし指に
外側から
かける
「屋上にとうちゃく
しました」

遊び方

右手で▬を引っぱると、
あらふしぎ！
ひもがスルリとぬけちゃうよ

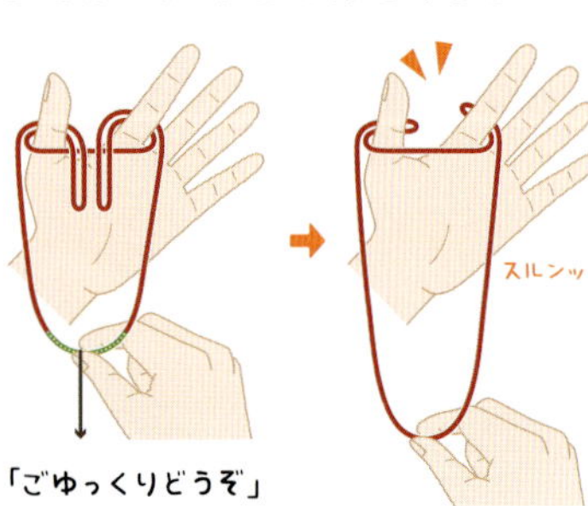

「ごゆっくりどうぞ」

できあがり

こびとのロケット

うちゅうにあこがれるこびとの男の子。ゆめはかなうかな？

かんたん★

日本（そうさく）

親指にひもをかける

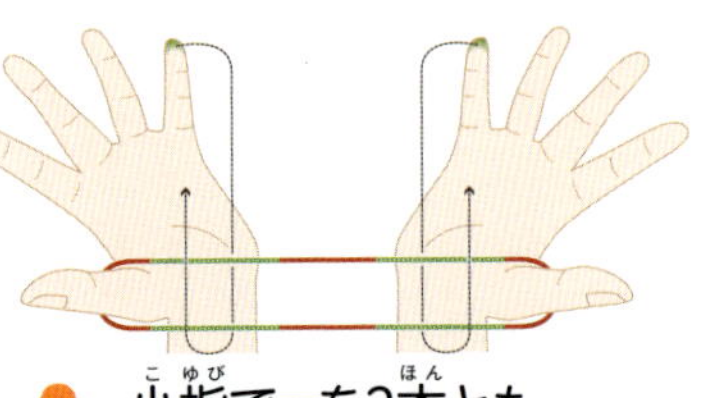

1 小指で▬を2本ともとる

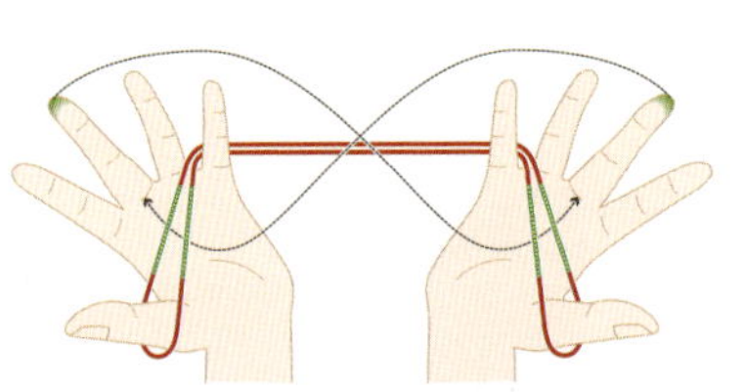

2 はんたいの中指で▬を2本ともとり合う

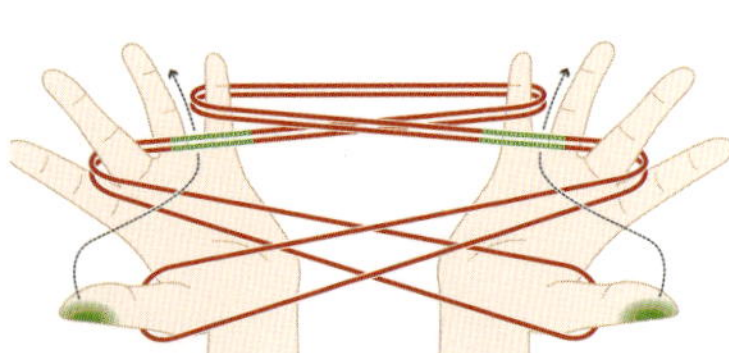

3 親指で▬を2本ともとる

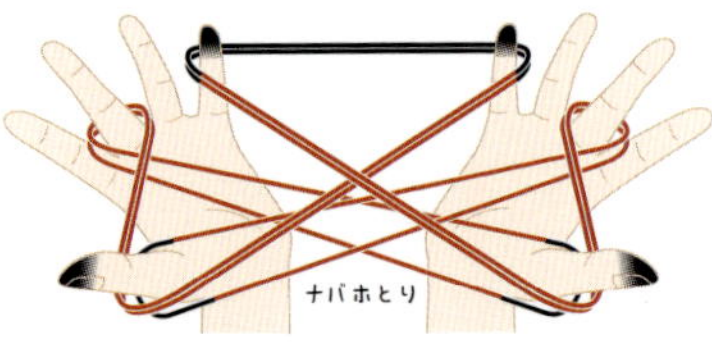

4 親指と小指の▬を外す

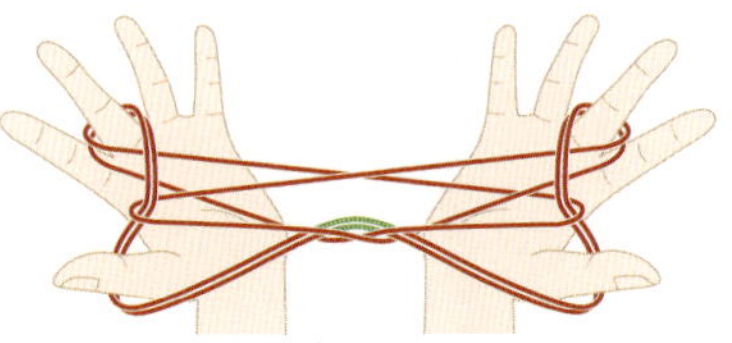

5 ▬を2本口でくわえる

指を下に引っぱる

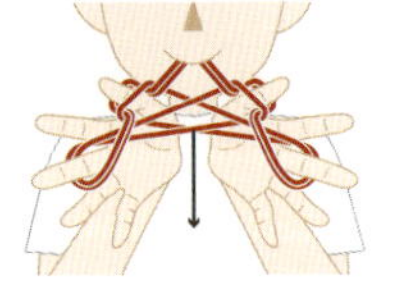

「こびとがやって来たよ」

両手を合わせて親指の▬をはなす

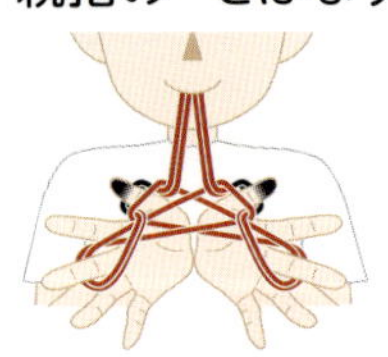

「ロケットをはっけんしました！」

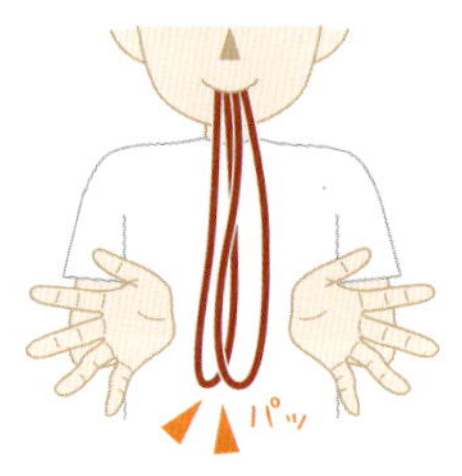

「こびとをのせてロケットはっしゃ！」

できあがり

おはなしあやとり

たまごをうむにわとり

にわに1羽のにわとりが。何かをはじめたよ!?

ふつう★★

オーストラリア

はじめのかまえ P12

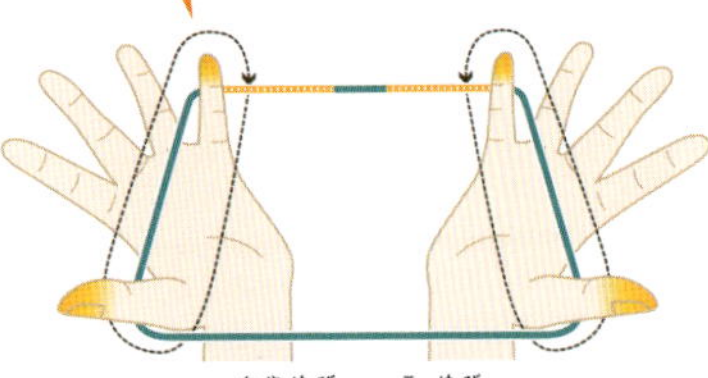

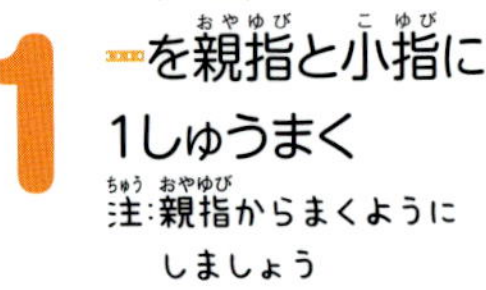

1 ━を親指と小指に1しゅうまく
注:親指からまくようにしましょう

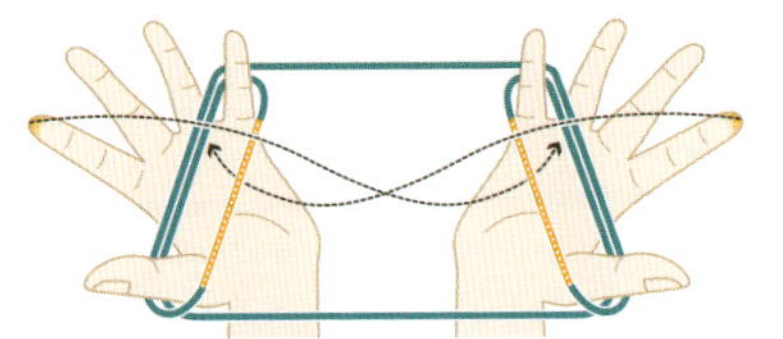

2 はんたいの人さし指で━をとり合う

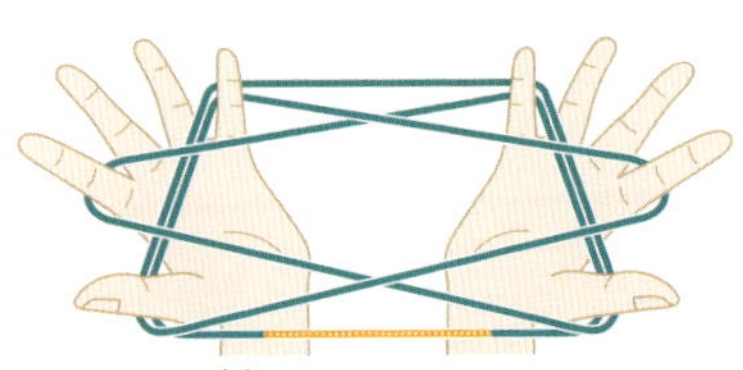

3 ━を口でくわえる

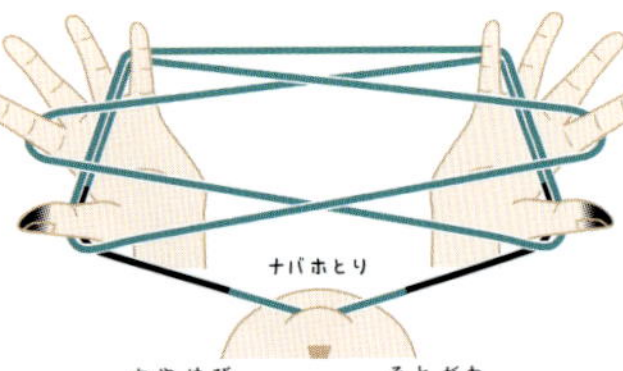

4 親指の━を外側から外す

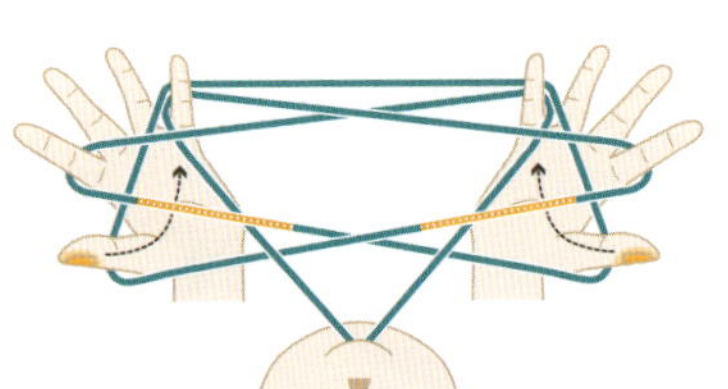

5 親指で━をとる

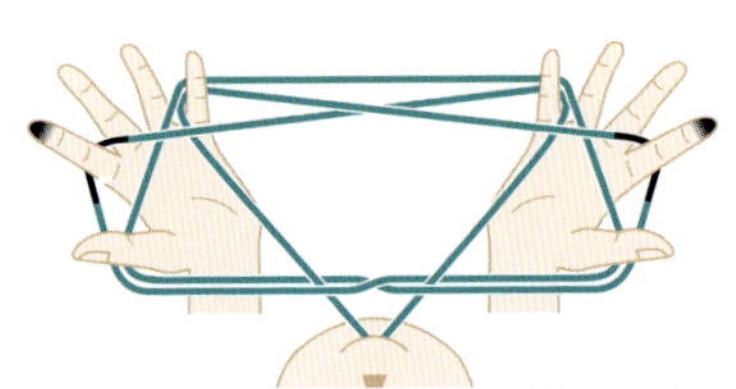

6 人さし指の━を外す

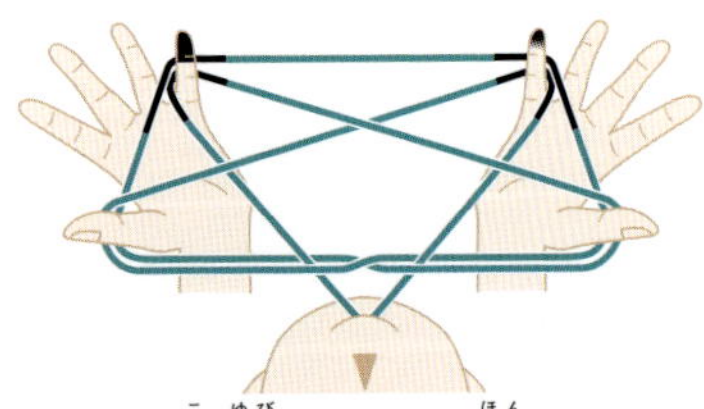

7 小指の━を2本とも外す

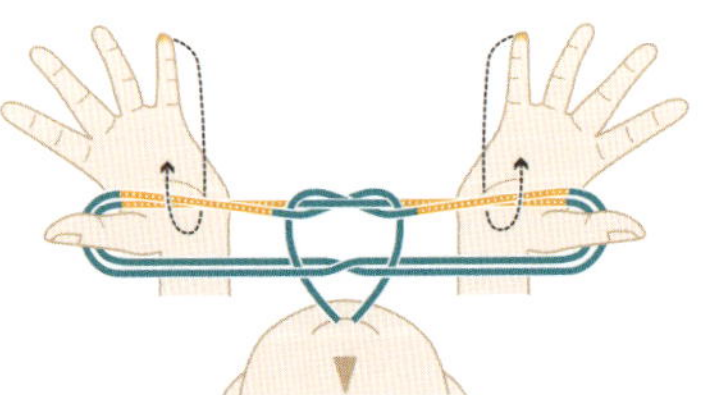

8 小指で━を2本ともとる

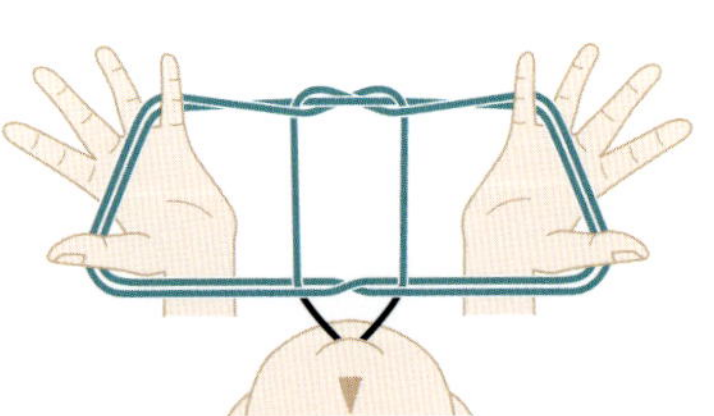

9 口の━をはなし、指先をむこうにむける
注:両手を広げすぎないようにします

おはなし

両手を前後にふる

「にわとりが土をほっているよ」

「たまごが2こ、うまれました！」

つくえの上において、
右手と左手で■をそれぞれ引っぱる

サンタのおうち

あるさむい国に、サンタの兄弟がすんでいました

はじめのかまえ P12

ふつう ★★

ロシア

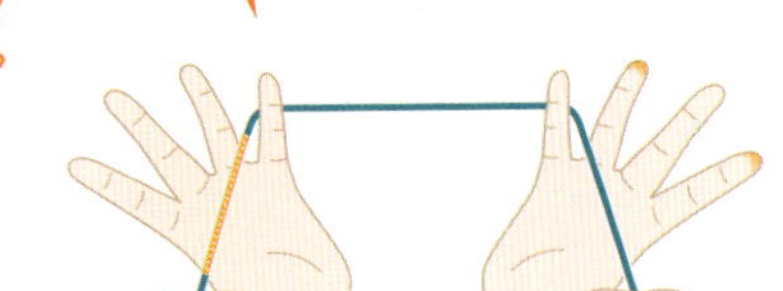

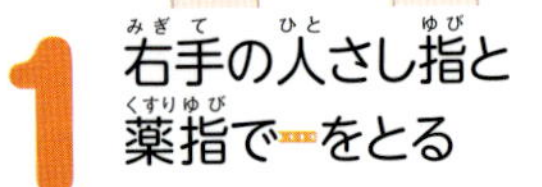

1 右手の人さし指と薬指で━をとる

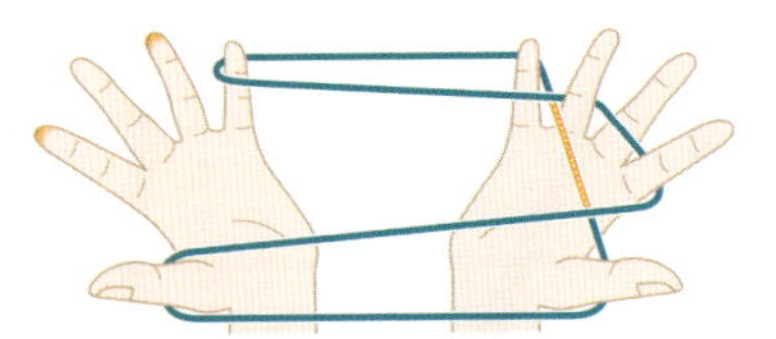

2 左手の人さし指と薬指で━をとる

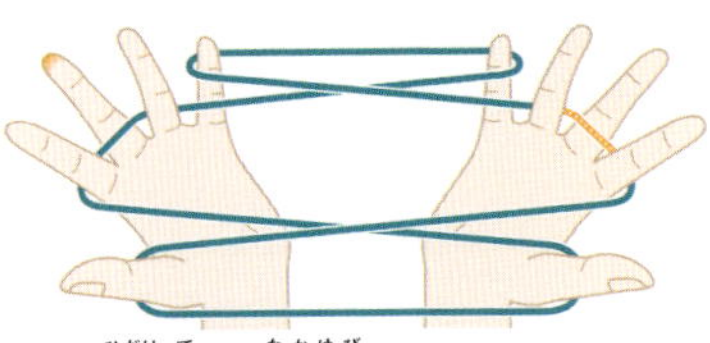

3 左手の中指で━をとる

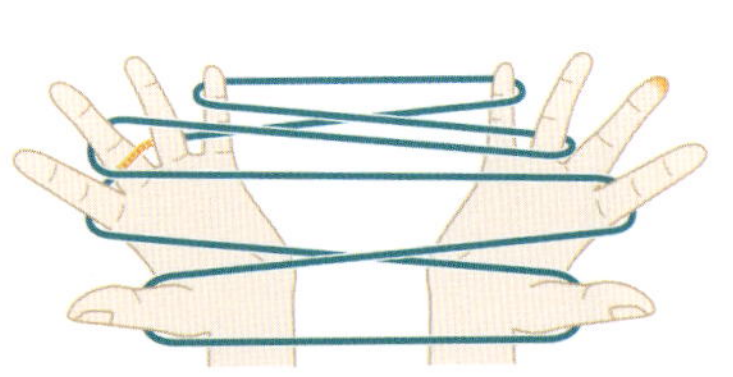

4 右手の中指で━をとる

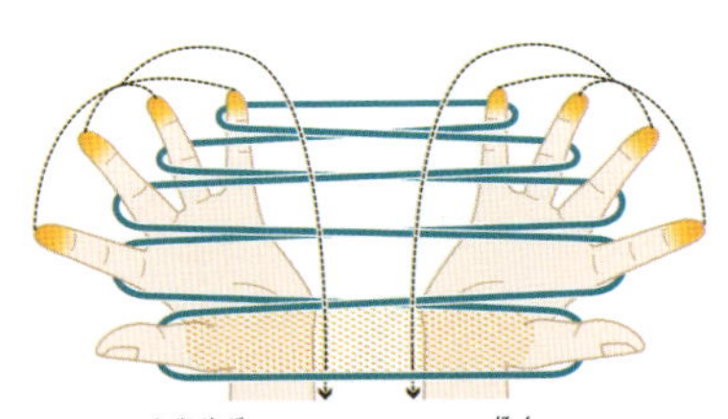

5 親指いがいの4本の指を◎に入れる

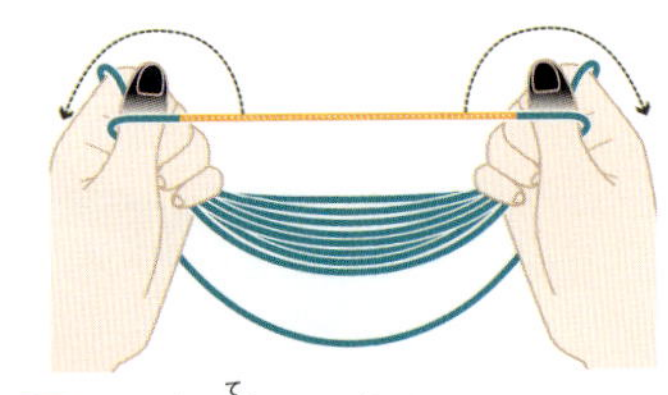

6 ━を手のこうにかける

注:親指からは外します

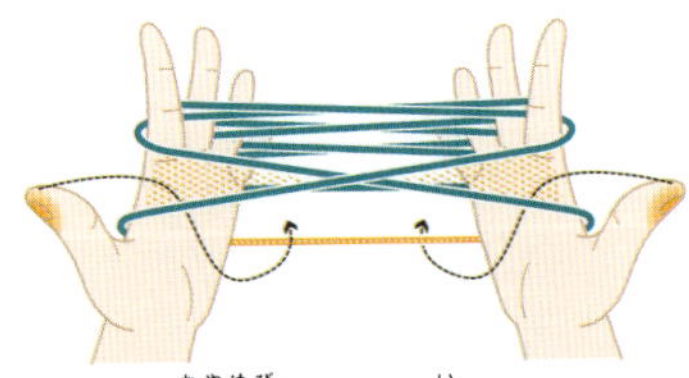

7 親指を◎に入れて━をとる

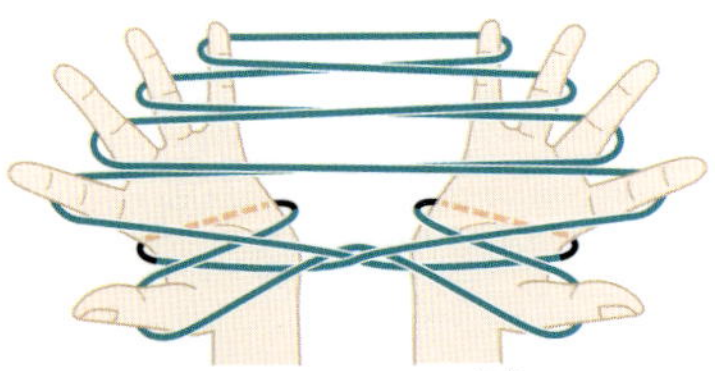

8 手のこうの━を外し、指先をむこうにむける

おはなし

「あるところに、
サンタクロースの兄弟が
すんでいました」

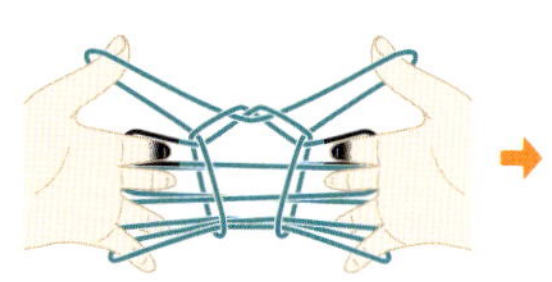

人さし指の
━を外す

「兄さん！　雪でやねに
あなが空いてしまったよ」
「早く直して子どもたちの
ところへ行かないと！」

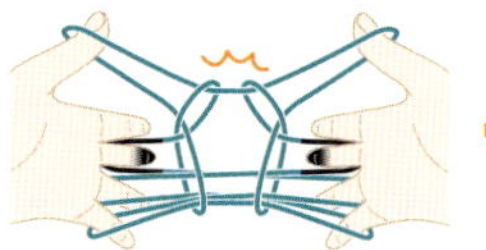

中指の━を外す

「なかよしのふたりは
力を合わせて
やねを直しました」

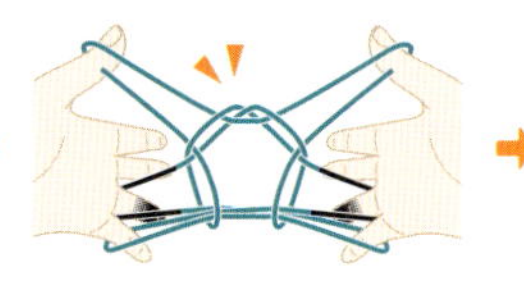

薬指の
━を外す

「さて、やねも直ったし、
兄さんは東へ、ぼくは西へ
プレゼントをくばりに行こう！」

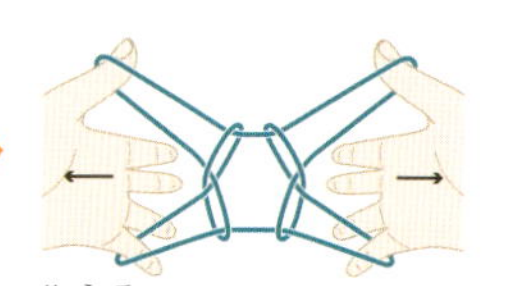

両手を
左右に広げる

「そうしてふたりの兄弟は
それぞれ出かけていきました」

林にかくれたトナカイ

林にすむトナカイ。クリスマスのきせつになると……

はじめのかまえ P12

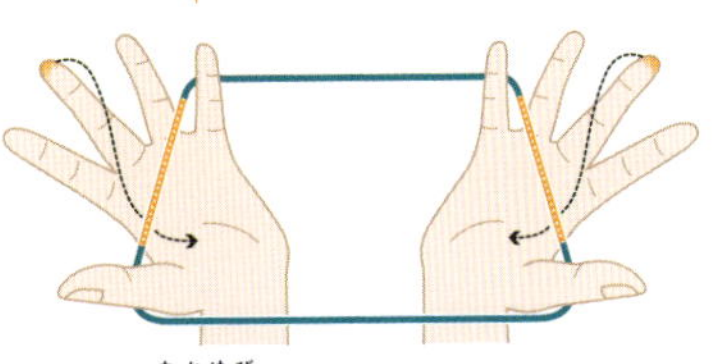

1 中指で━をとる

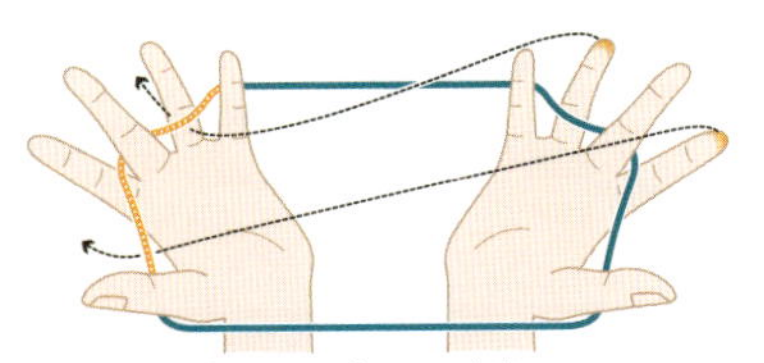

2 右手の人さし指、薬指で━をとる

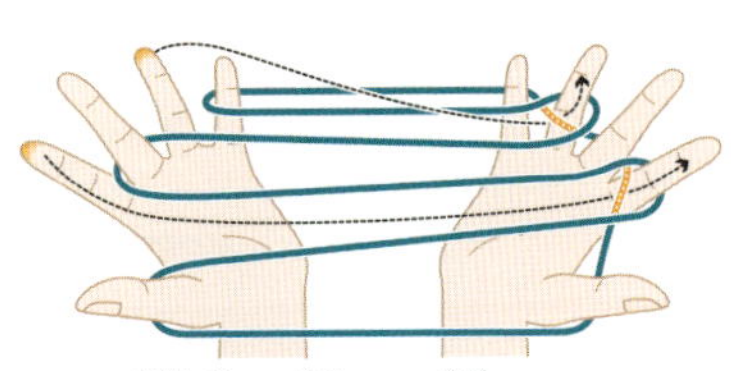

3 左手の人さし指、薬指で━をとる

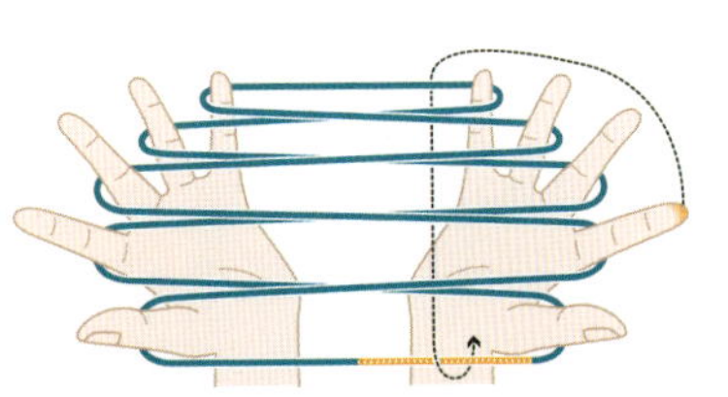

4 すべてのひもの下をくぐり、右手の人さし指で━を上からとる

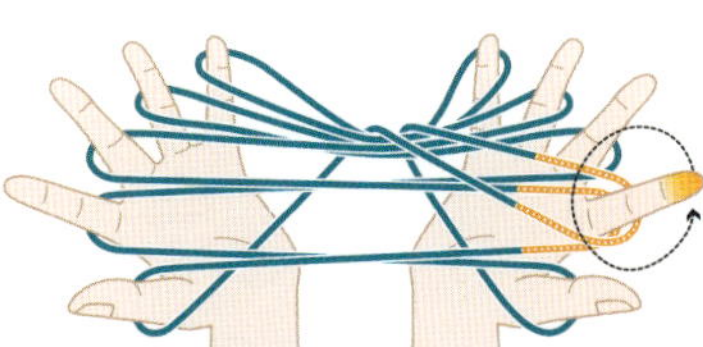

5 ━の2本をまきつけるように右手の人さし指を回す

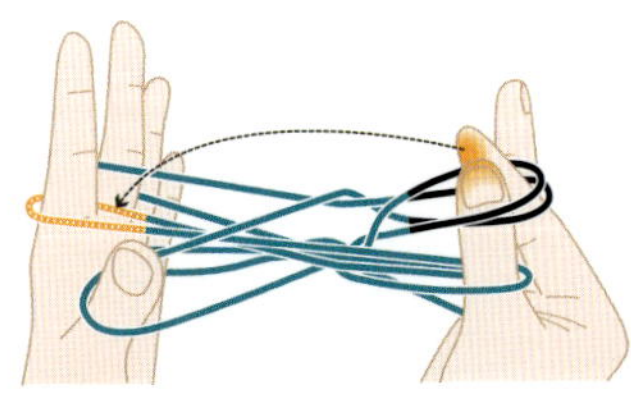

6 右手の親指と人さし指で━をつかみ、━を外す

注：右手の親指も━のわの中に入れてからつかみます

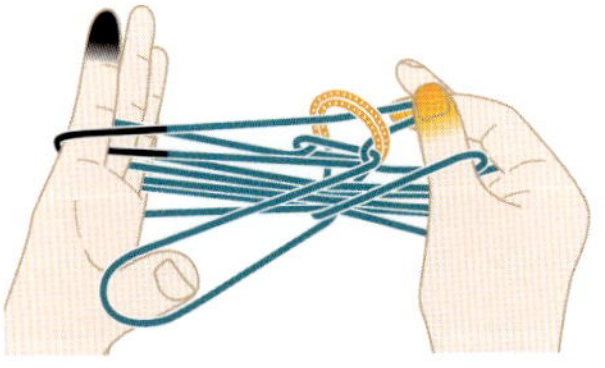

7 つかんだひもを━のわの中に通し、左手の人さし指の━を外す

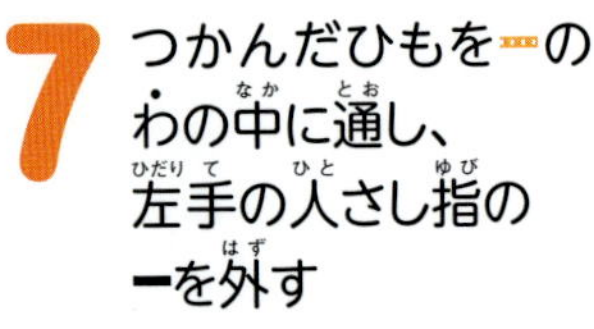

ふつう ★★

アメリカほか

ビーズ

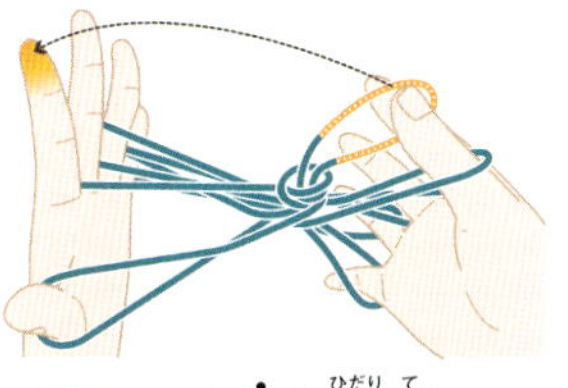

8 ━のわを左手の人さし指にかける

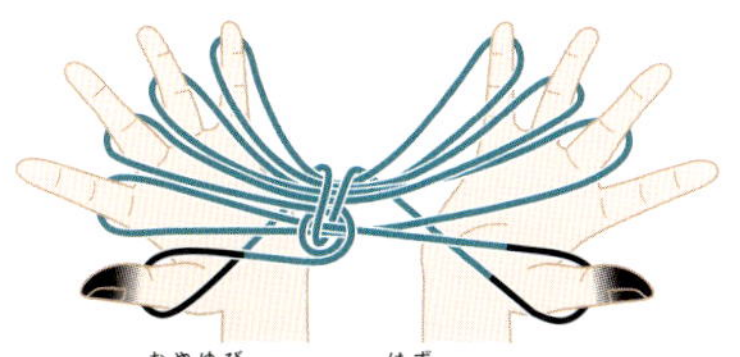

9 親指の━を外し、指先をむこうにむける

おはなし

中指と薬指の━を外す

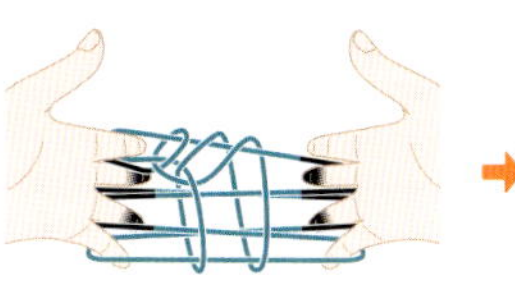

「木のかげから
トナカイが出てきたよ！」

両手を左右に広げる

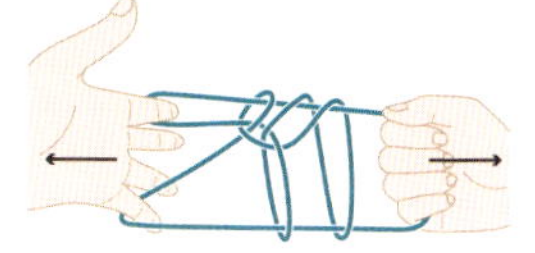

「遠くへ、遠くへ走って行き、
すがたが見えなくなって
しまいました」

ビーズをつかって
目にすると
かわいいよ

できあがり

魚

せなかにトゲのあるかわった魚のできあがり

人さし指のかまえ P13

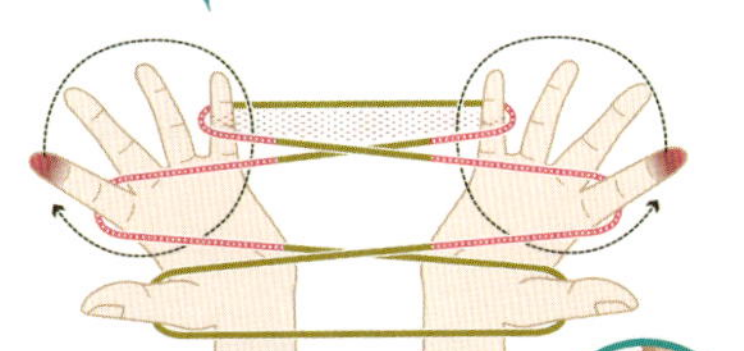

1 人さし指を◯に上から入れ、━を3本引っかけるようにして回す

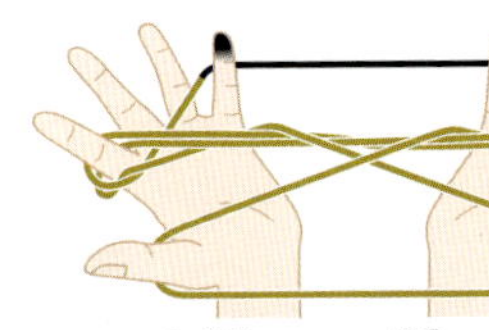

2 小指の━を外す

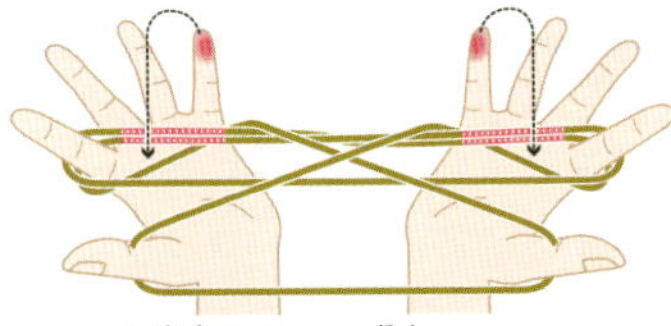

3 小指で━を2本おし下げる

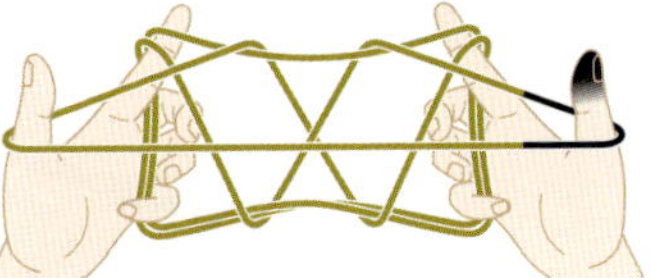

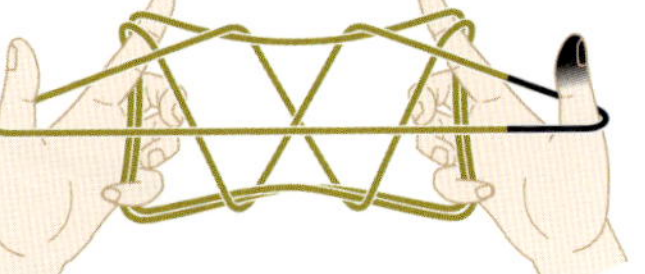

4 右手の親指の━を外す

注：引っぱらないようそっと外しましょう

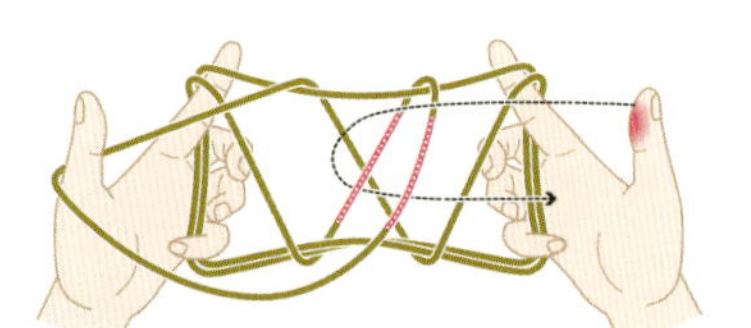

5 右手の親指で━を2本上からとる

6 右手の親指で━をとる

注：親指の━はしぜんに外れます

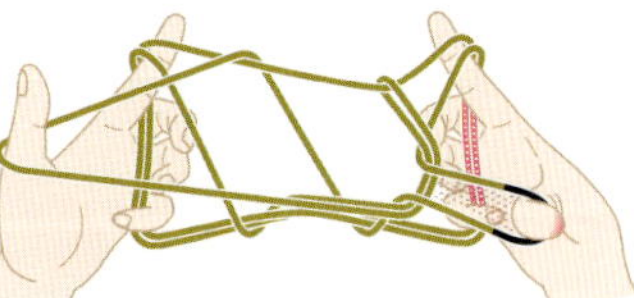

7 右手の親指の━をいちど外し、◯に上から入れて━を2本ともとる

注：小指からはしぜんに外れます

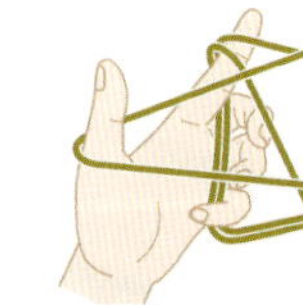

8 右手の親指の━を2本とも小指にうつす

むずかしい ★★★

トレスかいきょう

ビーズ

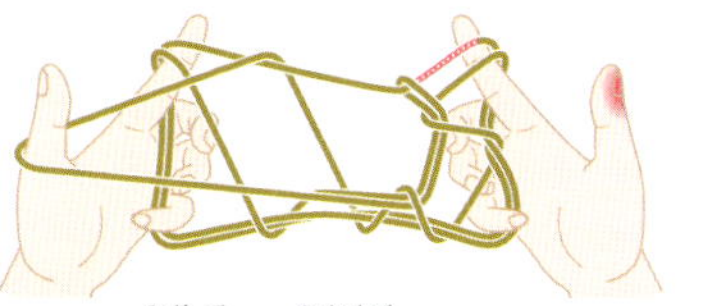

9 右手の親指で
┅をとる

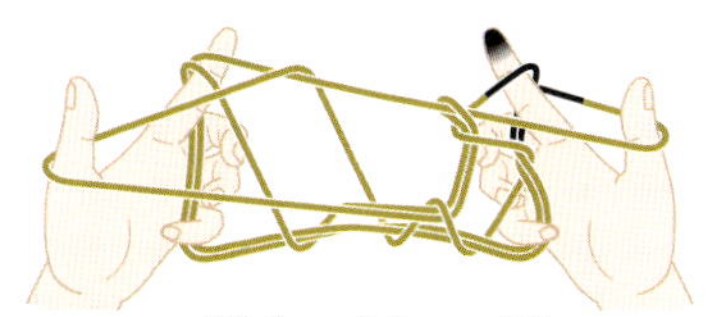

10 右手の人さし指の
━を2本とも外す

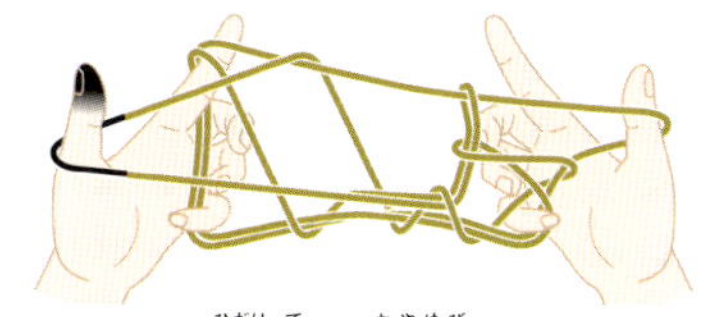

11 左手の親指の
━を外す

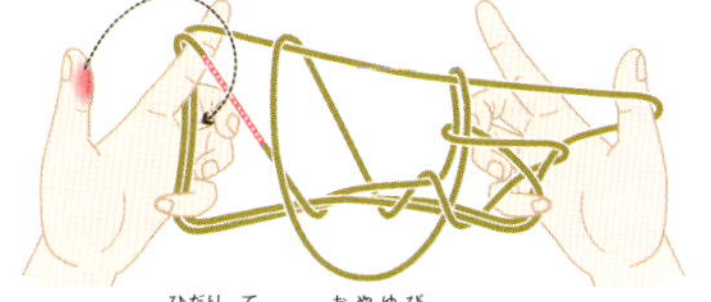

12 左手の親指で
┅を上からとる

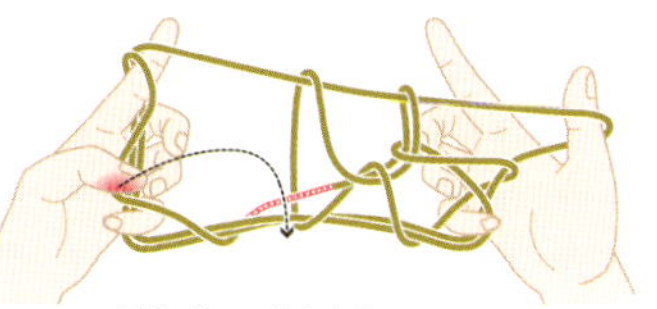

13 左手の親指で
┅を上からとる
注:もっているひもも外さない
ようにします

あばらぼね

みんなの体もこうなっているんだよ

むずかしい ★★★

アメリカ

左手の人さし指にひもをかける

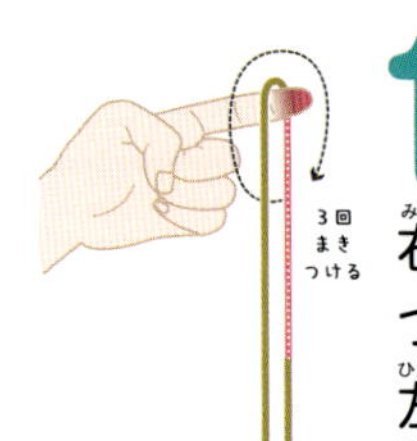

1 右手で━を つかみ、左手の 人さし指に 3しゅう まきつける

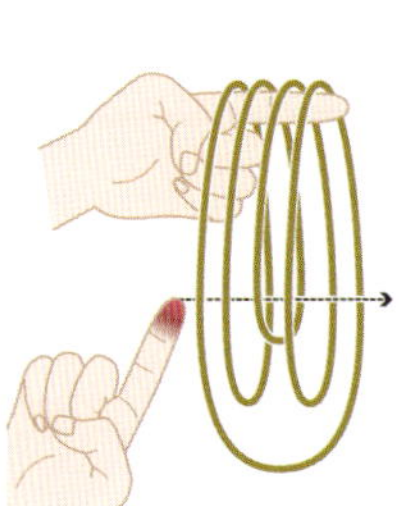

2 右手の 人さし指を わの中に 通す

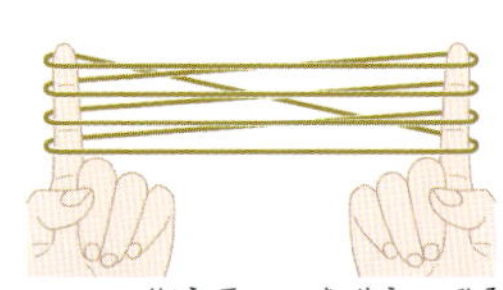

3 両手を左右に広げる
注：手前の4本はまっすぐ、後ろは1本をななめにします

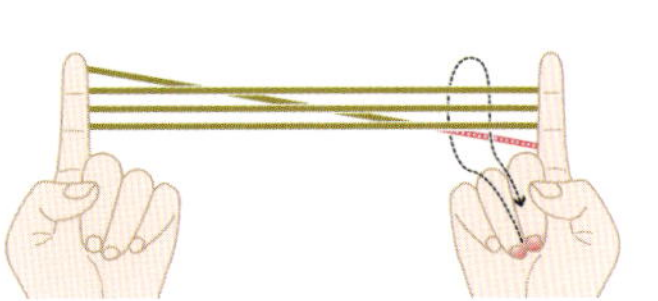

4 右手の中指と薬指で━を上からとる
注：図は後ろ側のひもです

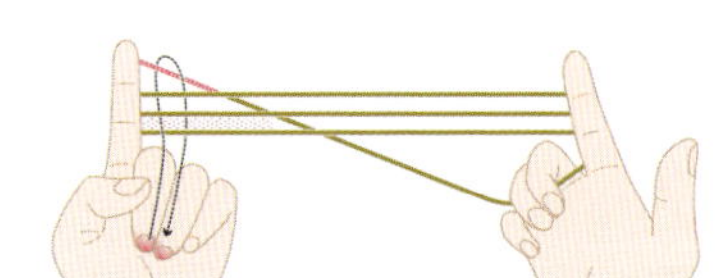

5 左手の中指と薬指を◌に入れて━を上からとる
注：図は後ろ側のひもです

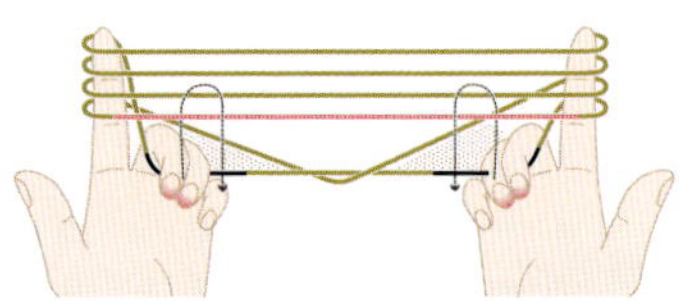

6 中指と薬指で━を上からとり、◌を通しておし下げる
注：━はしぜんに外れます

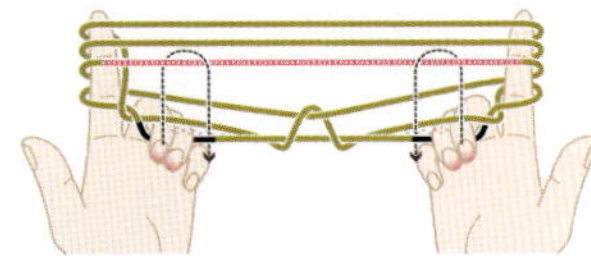

7 中指と薬指で━を上からとり、◌を通しておし下げる
注：━はしぜんに外れます

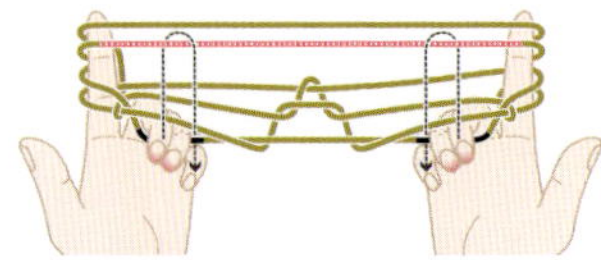

8 中指と薬指で━を上からとり、◌を通しておし下げる
注：━はしぜんに外れます

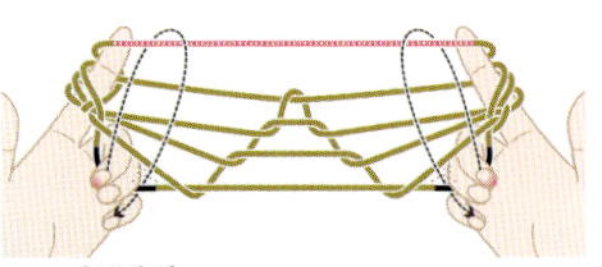

9 中指で━を上からとり、◌を通しておし下げる
注：━はしぜんに外れます

10
の2本も
下からじゅんに
6 〜 9と同じように
とる
11
中指と薬指のを
小指にうつし、
形をととのえる
できあがり

2羽のらいちょう

かんたんそうに見えるけど、じつはとってもむずかしい

左手の親指と小指にひもをかける

1
━を薬指と小指に2しゅうまきつけ、指の間から出す

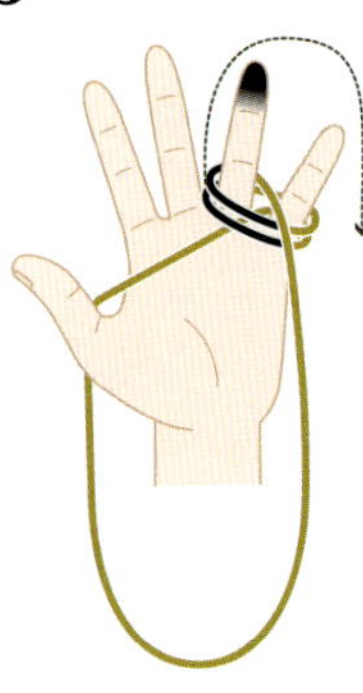

2
薬指の━を2本とも小指をまたいで外す

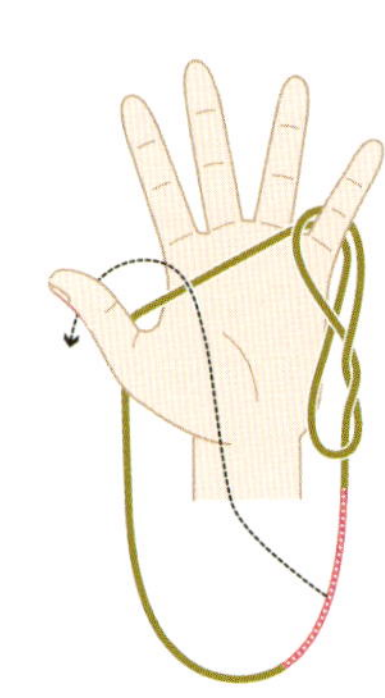

3
━を親指にかける
注:手のひらの前を通るようにします

4
━を小指にかける

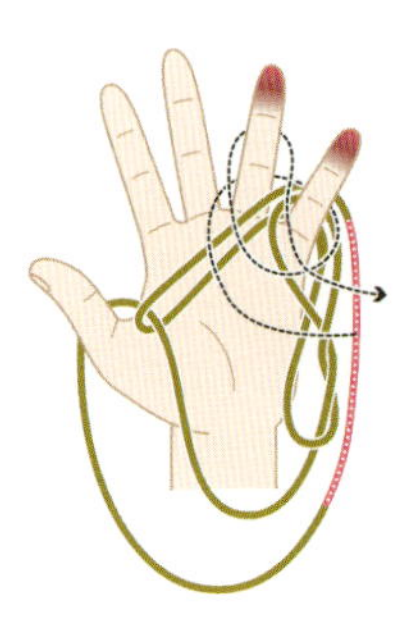

5
━を薬指と小指に2しゅうまきつけ、指の間から出す

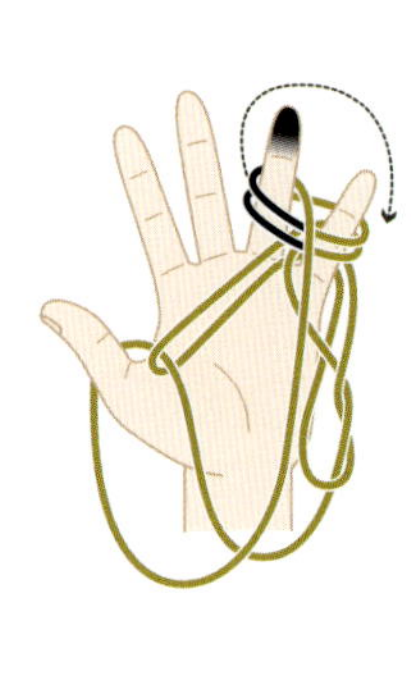

6
薬指の━を2本とも小指をまたいで外す

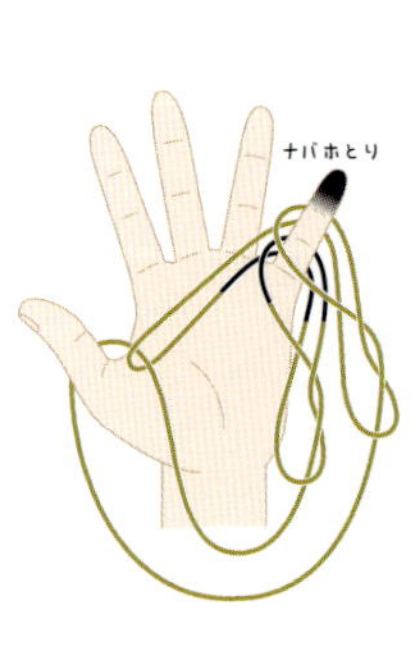

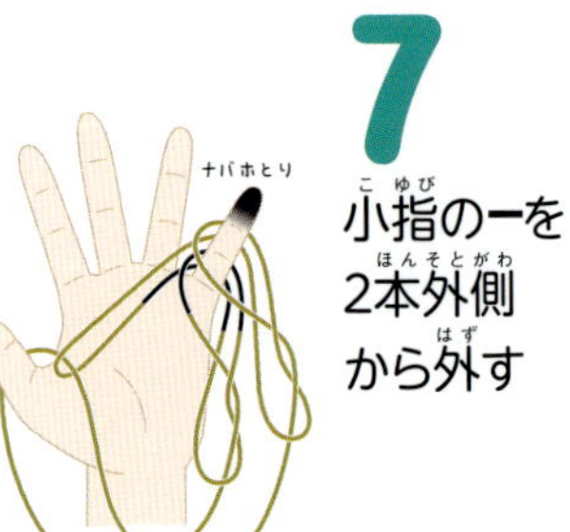

7
小指の━を2本外側から外す

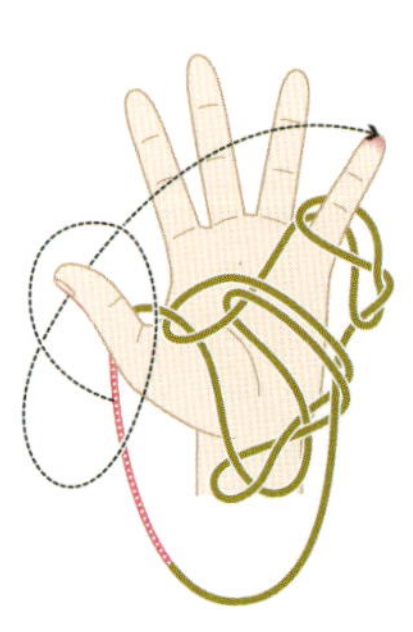

8
━をいちど外し、親指と小指に外側からかける

むずかしい ★★★

シベリアほか

ビーズ

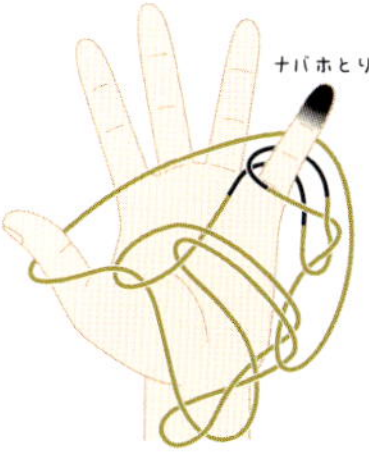

9
小指の━を2本外側から外す

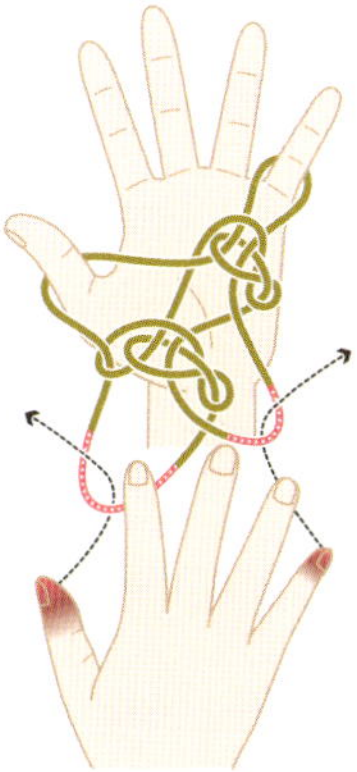

10
右手の親指と小指で━をそれぞれ下からとり、指先をむこうにむける

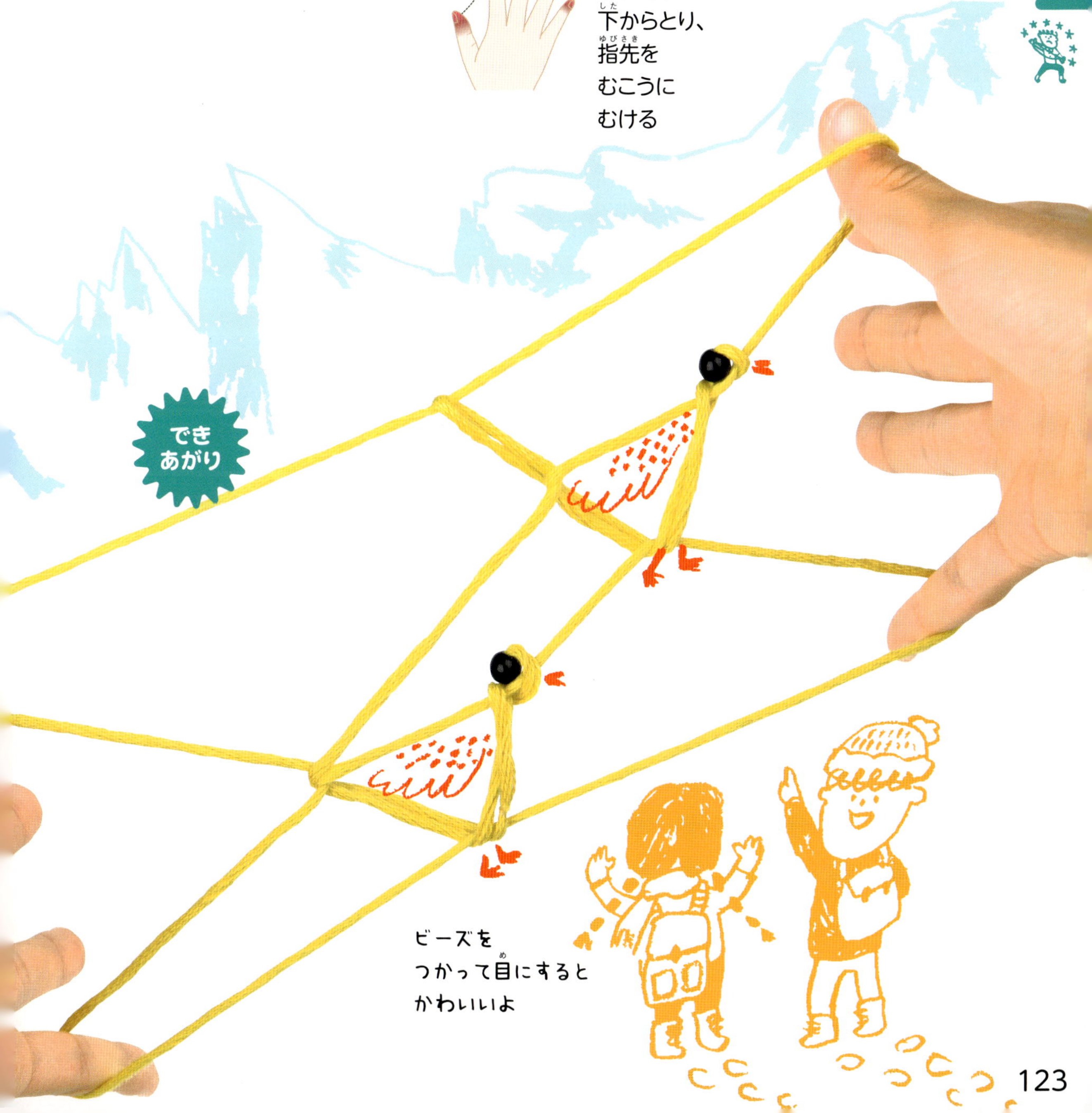

できあがり

ビーズをつかって目にするとかわいいよ

天の川

天の川には200000000いじょうもの星があるんだって

人さし指のかまえ P13

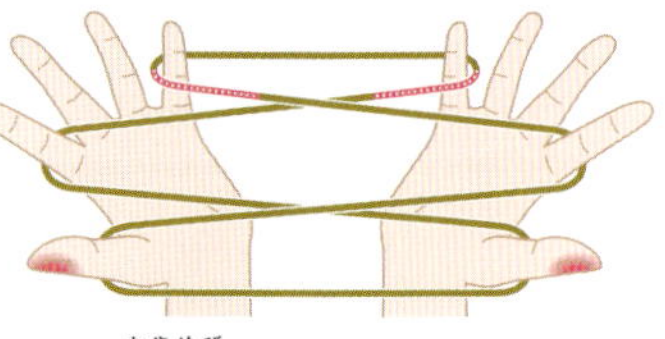

1 親指で━をとる

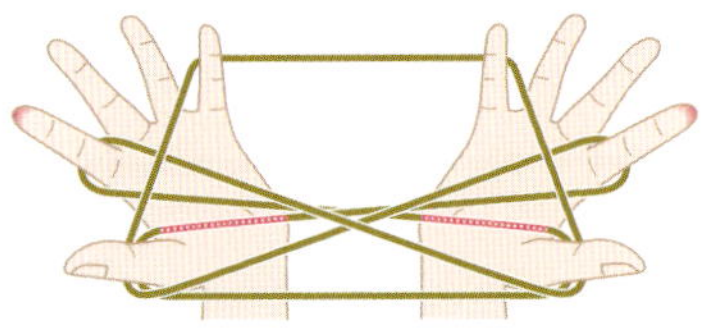

2 人さし指で━をとる

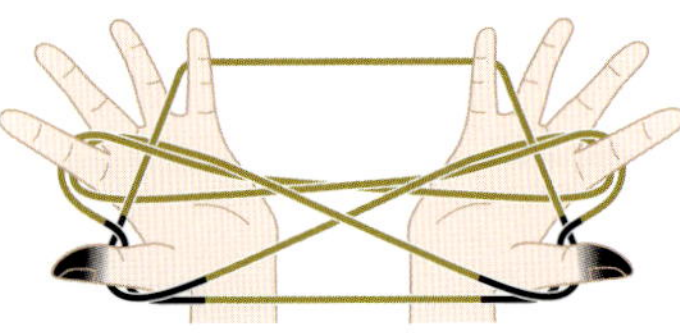

3 親指の━を2本とも外す

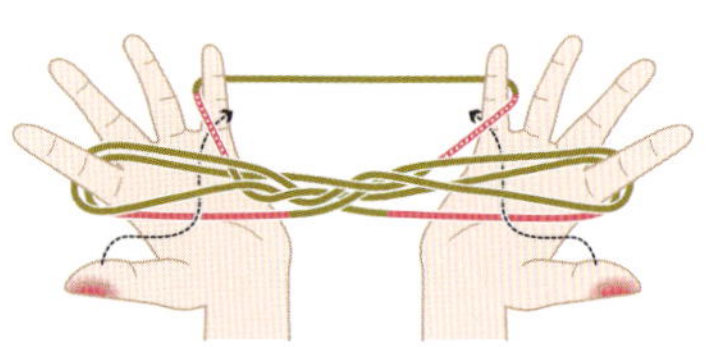

4 親指で━をおし下げ、その間から━をとる

5 小指の━を外す

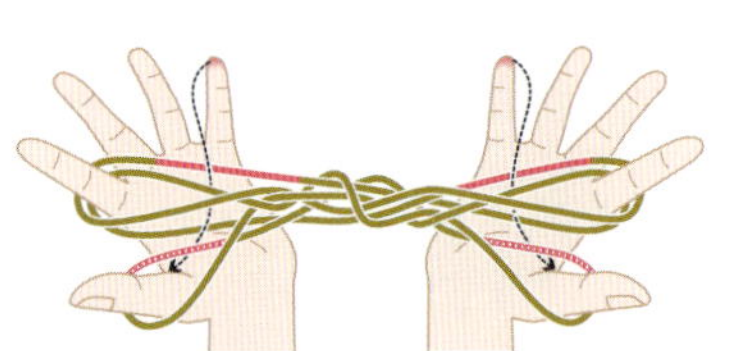

6 小指で━をおし下げ、その間から━をとる

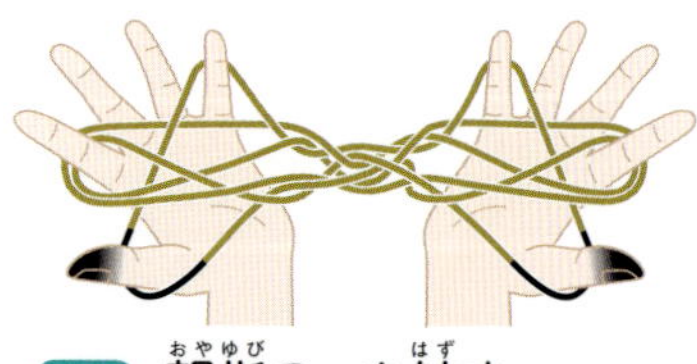

7 親指の━を外す

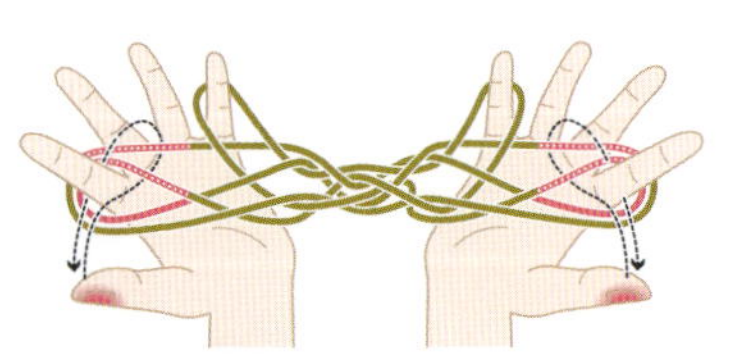

8 親指で━をおし下げ、その間から━を2本とる

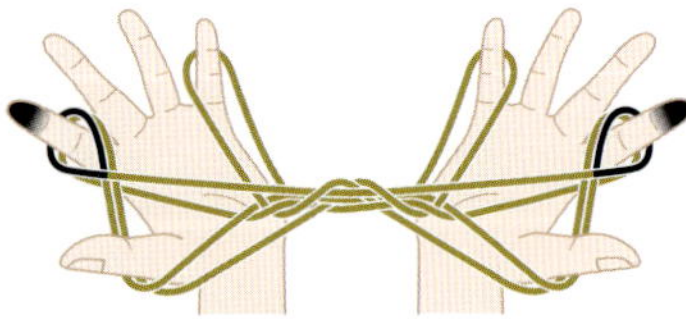

9 人さし指の━を外す
注：上の1本だけを外します

むずかしい ★★★

パプアニューギニア

長いひも

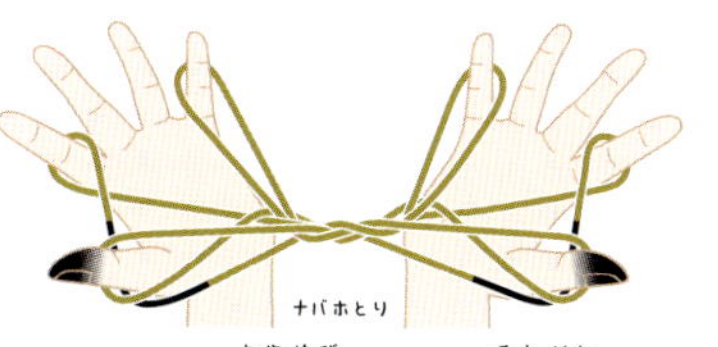

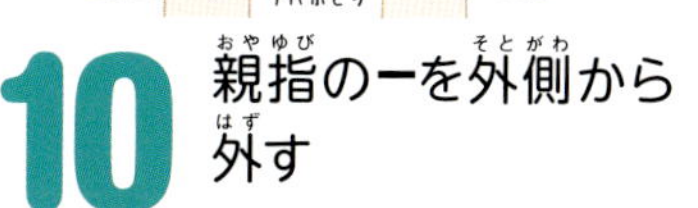

10 親指の━を外側から外す

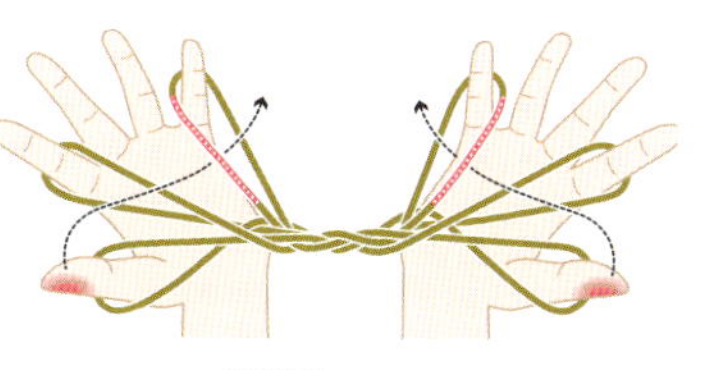

11 親指で━をとる

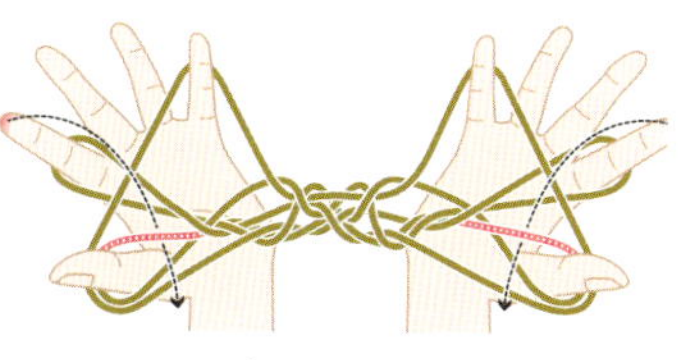

12 人さし指で━をとりながら、手のひらをむこうにむける

14だんばしご

これができれば、きみも“あやとりマスター”だ!!

「4だんばしご」(P84)をつくる

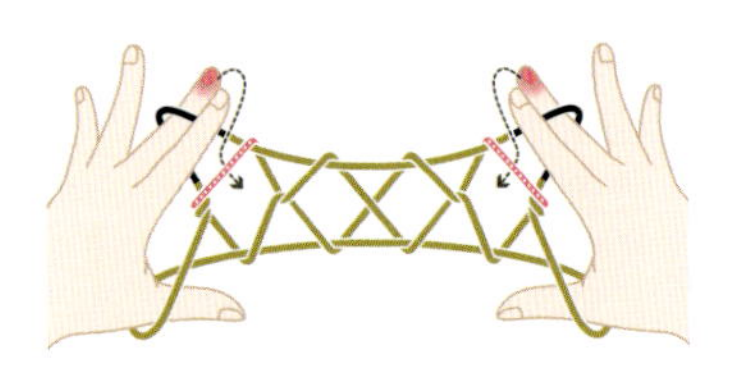

1 中指で━をとる
注:━はしぜんに外れます

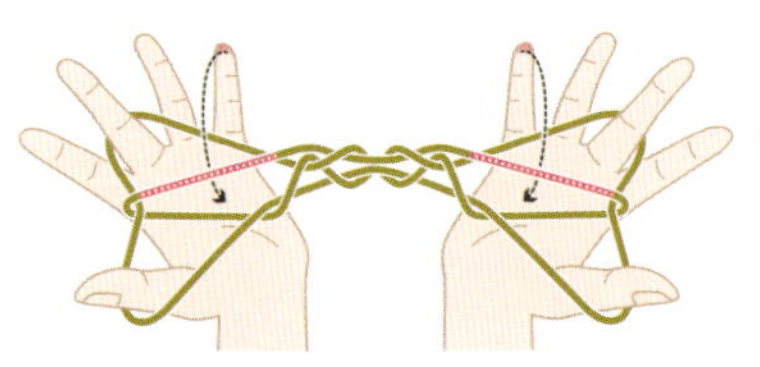

2 小指で━をとる

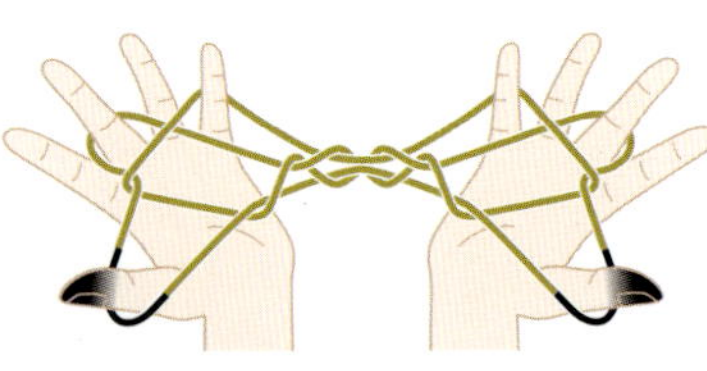

3 親指の━を外す

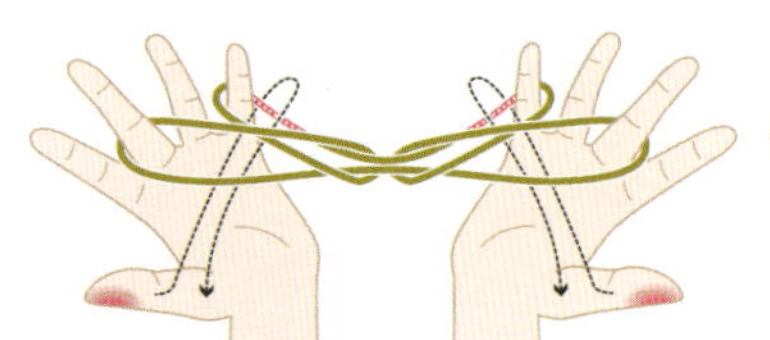

4 すべてのひもの下をくぐり、親指で━をとる

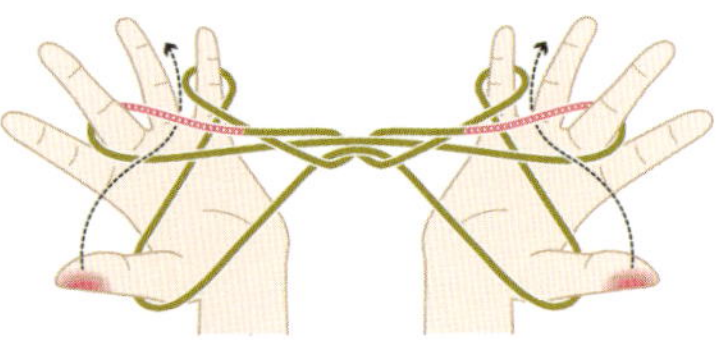

5 親指で━をとる

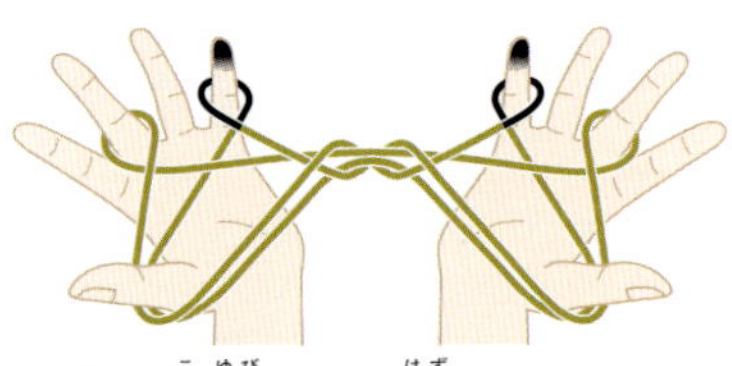

6 小指の━を外す

むずかしい ★★★

日本(そうさく)

長いひも

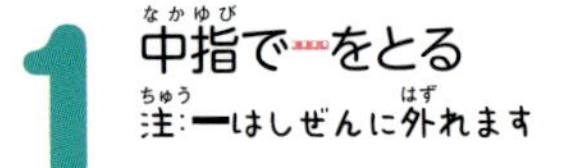

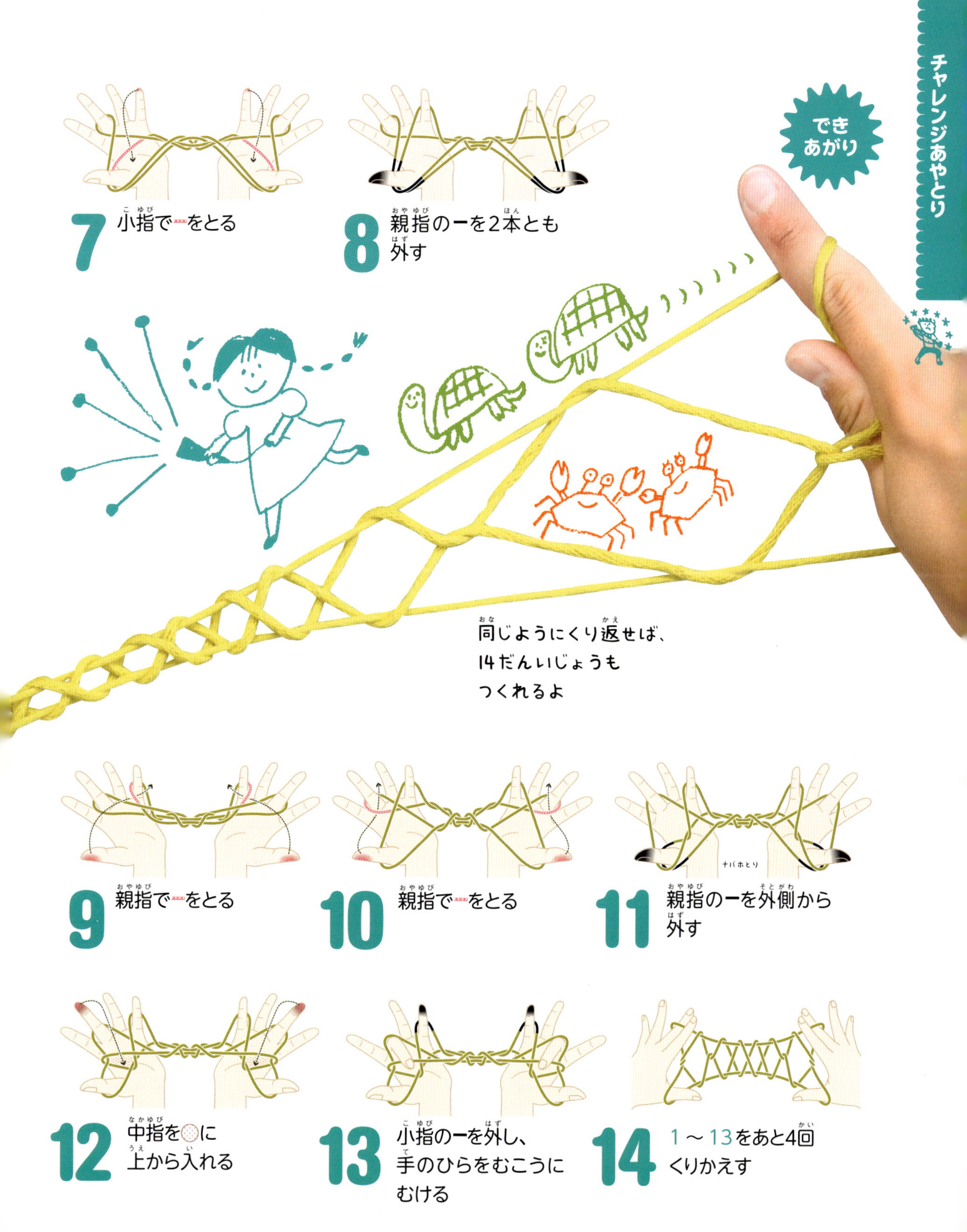
チャレンジあやとり
7 小指でーをとる
8 親指のーを2本とも外す
できあがり
同じようにくり返せば、
14だんいじょうも
つくれるよ
9 親指でーをとる
10 親指でーをとる
ナバホとり
11 親指のーを外側から外す
12 中指を◯に上から入れる
13 小指のーを外し、手のひらをむこうにむける
14 1 ～ 13をあと4回くりかえす

著者

有木昭久　ありき てるひさ

日本児童遊戯研究所所長。子どもの遊び研究家。あやとり作家。川崎青葉幼稚園、さぎぬま幼稚園遊び講師。公開講座「ありんこと遊ぶかい」主催。学生時代より「ありんこ子ども会」を主催し、「ありんこ」と呼ばれ親しまれている。日本伝承の遊びを基礎に、子どもの遊びに関する実技、講演のワークショップを全国で開催。

〈著書〉
『わかりやすい　あやとり百科』『できたよ！　ひとりあやとり』（ポプラ社）、『親子で楽しむ　あやとりずかん』（学研）、『みんなであそぼう　650のあそびのヒント集』『親子でたのしむ　ストロー工作』（福音館書店）、『つどいと仲間づくりの伝承・創作集団ゲーム集』（黎明書房）など多数

親子で遊べる
大人気！　あやとりDX（デラックス）

著　者　有木昭久
発行者　高橋秀雄
発行所　**株式会社 高橋書店**
〒170-6014 東京都豊島区東池袋3-1-1 サンシャイン60 14階
電話　03-5957-7103

ISBN978-4-471-12354-3　©TAKAHASHI SHOTEN　Printed in Japan

定価はカバーに表示してあります。

本書の内容についてのご質問は「書名、質問事項（ページ、内容）、お客様のご連絡先」を明記のうえ、郵送、FAX、ホームページお問い合わせフォームから小社へお送りください。
回答にはお時間をいただく場合がございます。また、電話によるお問い合わせ、本書の内容を超えたご質問にはお答えできませんので、ご了承ください。本書に関する正誤等の情報は、小社ホームページもご参照ください。

【内容についての問い合わせ先】
書　面　〒170-6014 東京都豊島区東池袋3-1-1 サンシャイン60 14階　高橋書店編集部
ＦＡＸ　03-5957-7079
メール　小社ホームページお問い合わせフォームから　(https://www.takahashishoten.co.jp/)

【不良品についての問い合わせ先】
ページの順序間違い・抜けなど物理的欠陥がございましたら、電話03-5957-7076へお問い合わせください。ただし、古書店等で購入・入手された商品の交換には一切応じられません。